Paul Watzlawick
Münchhausens Zopf
oder
Psychotherapie und »Wirklichkeit«

**SERIE PIPER**
Band 1237

*Zu diesem Buch*

Baron von Münchhausen versinkt auf einem Ritt im Morast und zieht sich am eigenen Zopf aus dem Sumpf heraus. Ein ähnliches Kunststück wird von Menschen verlangt, die sich in der Welt nicht mehr orientieren können und deshalb »den Boden unter den Füßen« verlieren. Ist es möglich, sich doch am eigenen Zopf aus dem Rahmen der Welt zu ziehen und diese dann von außen »mit neuen Augen« zu sehen? Mit dieser zentralen Frage beschäftigt sich Paul Watzlawick in diesem Buch, wobei er unter anderem vier Persönlichkeiten würdigt, die zu diesem Thema wesentliche Beiträge geleistet haben: Gregory Bateson, Don D. Jackson, Milton H. Erickson und Heinz von Foerster.

In den 11 Kapiteln seines Buches zeigt Paul Watzlawick an vielen Beispielen, wie durch konstruktive Umdeutungen alte Weltbilder sich auflösen und neue »Wirklichkeiten« entstehen.

*Paul Watzlawick*, geboren 1921 in Villach/Kärnten, studierte Philosophie und Sprachen. Promotion 1949, anschließend Ausbildung in Psychotherapie (Analytikerdiplom 1954). 1957 bis 1960 Professor für Psychotherapie in El Salvador, seit 1960 Forschungsbeauftragter am Mental Research Institute in Palo Alto/Kalifornien, seit 1967 auch Lehrauftrag an der Abteilung für Psychiatrie der Stanford University. Veröffentlichungen u. a.: Menschliche Kommunikation (mit Janet H. Beavin und Don D. Jackson), 1969; Lösungen (mit John H. Weakland und Richard Fisch), 1974; Wie wirklich ist die Wirklichkeit?, 1976; Die Möglichkeit des Andersseins, 1977; Gebrauchsanweisung für Amerika, 1978; Die erfundene Wirklichkeit (Hg.), 1981; Anleitung zum Unglücklichsein, 1983; Vom Schlechten des Guten oder Hekates Lösungen, 1986.

Paul Watzlawick

# Münchhausens Zopf
# oder
# Psychotherapie und
# »Wirklichkeit«

Gesammelte Aufsätze
und Vorträge

Mit 6 Abbildungen

Piper
München  Zürich

Von Paul Watzlawick liegen in der Serie Piper
außerdem vor:
Wie wirklich ist die Wirklichkeit? (174)
Die erfundene Wirklichkeit (Hg.) (373)
Anleitung zum Unglücklichsein (470)
Die Unsicherheit unserer Wirklichkeit
(mit Franz Kreuzer) (742)
Interaktion (hg. mit John H. Weakland) (1222)
Vom Schlechten des Guten (1304)

Für die Neuausgabe im Taschenbuch hat
der Autor den Text durchgesehen.

ISBN 3-492-11237-4
Juni 1992
2. Auflage, 16.–20. Tausend September 1994
R. Piper GmbH & Co. KG, München
Lizenzausgabe mit Genehmigung des Hans Huber Verlags, Bern
© 1988 Paul Watzlawick, Palo Alto, und (für die deutsche
Ausgabe dieser Sammlung) Verlag Hans Huber, Bern 1988
Umschlag: Frederico Luci,
unter Verwendung eines Entwurfs für Notgeld der Stadt Rintel
von Rudolf Hillebrecht
© Archiv für Kunst und Geschichte, Berlin
Gesamtherstellung: Clausen & Bosse, Leck
Printed in Germany

# Inhaltsverzeichnis

# Vorwort

Dieser Sammelband versucht, einen Überblick über die Entwicklung des Denkmodells zu geben, wie sie von mir als Mitglied des *Mental Research Institute* (MRI) in Palo Alto (Kalifornien) miterlebt und in Aufsätzen und Vorträgen dargelegt wurde. Es ist eine Entwicklung, die untrennbar mit dem Einfluß von vier ungewöhnlichen, richtungweisenden Persönlichkeiten verbunden ist.

Anfang der fünfziger Jahre hatte der Anthropologe und Kommunikationsforscher GREGORY BATESON im Rahmen eines großangelegten Forschungsauftrags damit begonnen, die der klassischen Psychotherapie zugrundeliegende lineare Kausalitätsauffassung (von Ursache zu Wirkung) durch die anthropologische, zirkuläre Sichtweise zu ersetzen. Anders ausgedrückt: Statt zu fragen, »warum?« (z. B. »Warum, d. h. aufgrund welcher determinierenden Ursachen in seiner individuellen Vergangenheit, verhält sich dieser Mensch heute in dieser irrationalen Weise?«), fragte BATESON: »Welche Wirkungen der Wirkung beeinflussen ihre eigene Ursache?« oder »Wie muß der gegenwärtige, zwischenmenschliche Kontext beschaffen sein, in dem das betreffende Verhalten angepaßt, sinnvoll, ja sogar die einzig mögliche Reaktion ist?« Mit dieser grundsätzlichen Fragestellung wurde BATESON einer der ersten, die die kommunikationstheoretische und daher *systemische* Auffassung in die Psychiatrie einführten. (Das 5. Kapitel dieses Buches geht ausführlich auf diese Thematik ein.)

Je mehr sich die BATESON-Gruppe im Rahmen ihrer allgemeinen Untersuchungen den verhaltensmäßigen (pragmatischen) Wirkungen menschlicher Kommunikation und Interaktion auch den Phänomenen gestörten Verhaltens zuwandte, desto mehr wuchs die Notwendigkeit der Mitarbeit eines auf diesem Gebiete ausgebildeten Fachmannes. BATESON fand ihn in der Person des damals bereits international bekannten Psychiaters und Psychoanalytikers DON D. JACKSON. Die Wahl hätte kaum glücklicher sein können. JACKSON war zu diesem Zeitpunkt bereits von der klassischen Analyse der Ursachen in der Vergangenheit abgerückt und hatte damit begonnen, menschliche Bezugssysteme (Ehepaare und Familien) statt Einzelpersonen zu behandeln. Was ihn so besonders auszeichnete, war seine ungewöhnliche Fähigkeit, problemerzeugende und problemerhaltende Interaktionsmuster im Jetzt und Hier zu erfassen und durch gezielte, aktive therapeutische Interventionen zu beeinflussen. Aus der Zeit dieser Zusammenarbeit stammt eine Reihe bahnbrechender Veröffentlichungen, vor allem die erste Formulierung der Doppelbindungstheorie.

Im Jahre 1959 gründete JACKSON das MRI. Es war zunächst eine Abteilung der *Palo Alto Medical Research Foundation* und machte sich 1963 dann selbständig. BATESONS Forschungsauftrag lief 1962 aus, doch bis zu jenem Zeitpunkt standen die beiden Institutionen in enger Zusammenarbeit; von Außenstehenden daher oft für *eine* Gruppe mit dem Phantasienamen »Palo Alto Group« gehalten.

Der grundlegende Einfluß der anderen beiden Persönlichkeiten – des genialen Hypnotherapeuten Milton H. Ericksons und des international bekannten Bio-Kybernetikers Heinz von Foersters – wird in den Einleitungen zu Kapitel 4 und 7 dargelegt.

Die weitere Entwicklung wird jeweils zum Beginn der einzelnen Kapitel in einer kurzen, kursiv gesetzten Vorbemerkung dargestellt.

*Paul Watzlawick*                                            im Mai 1988

# Kapitel 1

# Wesen und Formen
# menschlicher Beziehungen

*Kapitel 1 gründet sich auf die Ergebnisse der im Vorwort geschilderten Zusammenarbeit in der sogenannten »Palo Alto Group«, referiert aber auch über die Weiterentwicklung der kybernetischen, system-theoretischen und pragmatischen Aspekte menschlicher Kommunikation und ihrer Probleme.*

*Kybernetik, allgemeine Systemlehre und Pragmatik als Basis des Studiums menschlicher Beziehungen*

Angenommen, ein des Schachspiels Unkundiger beobachtet in einem fremden Land zwei Personen, die in einer offensichtlich symbolischen Tätigkeit begriffen sind: Sie bewegen Figuren auf einem Brett. Da er der Landessprache nicht mächtig ist, kann er die beiden nicht nach einer Erklärung ihres Verhaltens fragen. Dagegen ist es ihm möglich, durch genügend lange Beobachtung der Verhaltensabläufe zwischen den beiden Spielern (vermutlich über mehrere Partien hinweg) die gesamten Regeln des Schachspiels abzuleiten und das Schachmatt als dessen Ziel zu erkennen. Er wird dies dadurch erreichen, daß er das Verhalten der Spieler auf seine Gesetzmäßigkeit hin untersucht und dabei feststellt, daß gewisse Verhaltensformen (Züge) bei bestimmten Figuren häufig, bei anderen nie auftreten. Dies legt ihm nahe, daß die Spieler bestimmten, aus der Beobachtung ableitbaren Regeln folgen.

Hierzu müssen wir festhalten: Der Beobachter zog seine Schlüsse ohne die Möglichkeit einer direkten Befragung. Er erzielte dieses Resultat ohne die Notwendigkeit, dem Spiel selbst irgendeinen tieferen Sinn zuzuschreiben oder auch nur etwas im landläufigen Sinn zu erklären. Das Ergebnis seiner Beobachtungen ist vielmehr ein Satz einfacher Regeln (eine

9

»Grammatik« oder ein Algorithmus, Kalkül, Code, Progamm oder *Plan*) (MILLER 1960), der für die Myriaden der möglichen Verhaltensvarianten zwischen den Spielern gültig ist. Und schließlich gelang dem Beobachter diese Ableitung der Spielregeln ohne die Notwendigkeit irgendeiner Einsicht in die Motive, Absichten, Gefühle oder Persönlichkeiten der Spieler. Der Versuch einer Standortbestimmung dieses Vorgehens läßt sich nach drei einander ergänzenden Gesichtspunkten vornehmen:

1. Insofern als hierbei die Gesamtheit der möglichen Verhaltensformen in Betracht gezogen und die Gesetzmäßigkeit des Auftretens bzw. Nichtauftretens dieser Formen untersucht wird, ist die Methode *kybernetisch*. Grundsätzlich neu ist an der Kybernetik ja gerade, daß sie nicht die Eigenschaften losgelöster Elementarteilchen oder künstlich isolierter Variablen untersucht, sondern die Wechselwirkungen zwischen diesen Bestandteilen.

So verweist z. B. ASHBY (1956, S. 11) in seiner Besprechung von Transformationen (also Zustandsänderungen) darauf, daß es in kybernetischer Sicht weder darauf ankommt, zu definieren, worin die Transformationen »wirklich« bestehen, noch die Gründe der eingetretenen Änderung zu erforschen; wesentlich ist nur die Aufstellung eines Satzes von Operanden und die Beschreibung ihrer Zustandsänderungen. Somit bezieht sich die Transformation auf das, *was* eintritt, und nicht darauf, *warum* es eintritt.

2. Insofern als der Beobachter die beiden Spieler und ihr gegenseitiges Verhalten als Ganzheit auffaßt, ist sein Vorgehen *system*orientiert. Wo immer Ganzheiten zum Gegenstand der Untersuchung werden, erweist es sich, daß sie in ihrem Aufbau, Wirken und eventuellen Versagen Gesetzmäßigkeiten unterliegen, die mehr und andersgeartet sind, als sich aus der Summe der Eigenschaften ihrer Einzelbestandteile ableiten ließe. Der Biologe VON BERTALANFFY (1950, S. 134–165) begründete auf dieser Grundtatsache seine allgemeine Systemlehre, deren Anliegen bekanntlich die Erforschung von Isomorphien im Verhalten von Ganzheiten ist, ob sich letztere nun aus Atomen, Molekülen, Zellen, Zellverbänden, Organismen, Individuen, Gesellschaften, Kulturen usw. zusammensetzen.

3. Die allen Systemen innewohnende Ordnung setzt aber voraus, daß in ihnen alle Teile wechselseitig in ganz bestimmten Beziehungen stehen, also untereinander *kommunizieren*. Insofern als der Beobachter das kommunikative Verhalten der Spieler (ihre Züge) erforschte, d. h. den Gebrauch von Zeichen (die Schachfiguren) und dessen Wirkung auf die, die die Zeichen verwenden (die Spieler), untersuchte, fällt sein Verhalten in den Bereich der *Pragmatik*.

Von den eben erwähnten drei Disziplinen ist die Pragmatik für das Verständnis menschlicher Beziehungen zweifellos am bedeutendsten. Morris hat sie als jenes Teilgebiet der Semiotik (der allgemeinen Theorie der Zeichen und Sprachen) definiert, das vom Gebrauch von Zeichen und deren Wirkungen auf die, die sie selbst gebrauchen, handelt. Morris beruft sich u. a. auf Peirce (1934), Gallie (1966), James (1907), Dewey (1950) und Mead (1968), während sein Werk seinerseits den Wiener Kreis der logischen Positivisten (Kraft 1968) beeinflußte, wobei vor allem Carnap (1934, 1942) zu erwähnen ist. Auch für Carnap ist die Erforschung einer Sprache nicht nur das Studium ihrer formalen Struktur (ihrer Syntax), sondern auch ihrer Beziehung zu den durch sie bezeichneten Objekten (Semantik) und zu den sie verwendenden Individuen (Pragmatik).

Was die Interdependenz dieser drei Gebiete betrifft, so bietet sich ihrer Einprägsamkeit wegen Georges Formulierung der Semiotik (1962) an, wonach es »in vieler Hinsicht zutreffend ist, zu sagen, die Syntax entspreche der mathematischen Logik, die Semantik der Philosophie bzw. der Wissenschaftstheorie und die Pragmatik der Psychologie, doch sind diese Gebiete nicht klar voneinander abtrennbar«. Zum selben Thema bemerkt Cherry (1967, S. 263) in seinem überaus lesenswerten Buch über Kommunikationsforschung, daß diese drei Teilgebiete nicht etwa völlig voneinander getrennt sind, »sie überschneiden sich vielmehr, so wie sich beispielsweise Chemie, Geologie und Physik überschneiden«.

Nun ist es allerdings so, daß sich die spärliche Literatur über die Pragmatik fast ausschließlich mit der Beziehung zwischen dem Benützer eines Zeichens (also dem Sender oder Empfänger) und dem Zeichen selbst befaßt. Es scheint uns jedoch nicht nur zulässig, sondern unerläßlich, die Trias Sender – Zeichen – Empfänger als kleinste Einheit jeder pragmatischen Untersuchung aufzufassen und sie als unteilbar zu behandeln. Es ist nicht die Absicht dieser Studie, die Frage des guten Bischofs BERKELEY zu beantworten, ob der im einsamen Walde umstürzende Baum auch dann ein Geräusch verursacht, wenn niemand da ist, es zu hören. Wir glauben, daß es selbst vom Standpunkt der Grundlagenforschung (geschweige denn von dem der praktischen Kommunikationsforschung) aus müßig ist, die Beziehung zwischen Sender und Zeichen ohne Mitberücksichtigung des Empfängers und dessen Reaktion oder die zwischen Empfänger und Zeichen unter Außerachtlassung des Senders zu untersuchen – genau wie es kaum der Mühe wert wäre, das Spielverhalten (die Züge) eines Schachspielers ohne Bezug auf die Züge seines Partners zu studieren. Schon PEIRCE (1934) verwies darauf, daß Zeichen nicht sozusagen im luftleeren Raum existieren, sondern daß jedes Zeichen im Empfänger als Reaktion ein anderes auslöst, dies wiederum ein drittes im ursprünglichen Sender und so fort. Damit aber ist ein entscheidender Schritt getan: Unser Blickpunkt verschiebt sich vom Individuum auf die *Beziehung zwischen* Individuen als ein Phänomen sui generis – und sobald dies der Fall ist, kommen wir in Konflikt mit althergebrachten Auffassungen vom Menschen und seinem Verhalten. (Wie der Leser feststellen wird, erwähnen wir fast ausschließlich dyadische Beziehungen. Dies ist lediglich als Vereinfachung unserer Darlegungen aufzufassen und soll nicht bedeuten, daß das Gesagte sinngemäß nicht auch auf multiple Beziehungen anwendbar ist. Ähnlich verhält es sich damit, daß wir die averbale Kommunikation fast nicht erwähnen. Wenn dadurch gelegentlich der Eindruck entsteht, als handle die Pragmatik nur von verbalen Kommunikationsformen, so sei an dieser Stelle ausdrücklich festgestellt, daß in allen zu beschreibenden Strukturen sowohl verbale wie averbale Kommunikationsweisen auftreten können. Und schließlich sei erwähnt, daß sich unsere Darlegungen hauptsächlich auf angloamerikanisches Material stützen. Wir sind uns dieser Einseitigkeit bewußt, durch die europäische Autoren und Quellen ungenügend berücksichtigt werden.)

Grundsätzlich gibt es zwei sehr verschiedene Inhalte menschlicher Wahrnehmung: Gegenstände und Beziehungen. Was Gegenstände im weitesten Sinne betrifft, also Objekte in der Außenwelt, so ist es sinnvoll, sie etwa im Sinne von LEIBNIZ als Monaden zu betrachten und nach den sie charakterisierenden Eigenschaften zu fragen. Wenn sich dabei Meinungsverschiedenheiten ergeben, so können diese oft durch objektive Untersuchungen beigelegt werden, wenn auch diese Untersuchungen gelegentlich überaus schwierig sein mögen. Und es ist dann außerdem sinnvoll, zu sagen, daß in dieser Meinungsverschiedenheit eine Ansicht richtig und die andere falsch war. Auf dieser monadischen Grundlage beruht die Tradition des abendländischen Denkens; sie trennt die Welt in Subjekt und Objekt, spiegelt sich in der Struktur der indoeuropäischen Sprachen wider und ist seit ARISTOTELES das Grundschema der klassischen Logik.

Ganz im Gegensatz zu Gegenständen sind menschliche Beziehungen aber nicht Phänomene, die objektiv, sozusagen als Dinge für sich selbst existieren und über deren Eigenschaften ebenfalls Consensus möglich sein müßte. Vor allem trifft es keineswegs zu, daß im Falle von Meinungsverschiedenheiten über die Eigenart einer menschlichen Beziehung einer der Partner recht und der andere unrecht hat oder, um eines unserer Hauptthemen schon jetzt zu streifen, einer der Partner »normal« und der andere »verrückt« ist. Beziehungen, die Inhalte unserer *zwischenmenschlichen*, pragmatischen Wirklichkeit, sind nicht im selben Sinne wirklich wie Objekte; sie haben Realität vielmehr nur in der Sicht der Partner, und selbst diese Realität wird von den Partnern günstigenfalls nur mehr oder weniger geteilt. Wenn A seine Sicht der Beziehung mit B mit der Feststellung umreißt: »Ich weiß, daß du mich nicht leiden kannst«, und B dann mit der Aussage: »Du denkst immer das Schlechteste von mir« als seiner Definition ihrer Beziehung antwortet, so besteht der Natur der menschlichen Kommunikation nach keine Möglichkeit, diese Kontroverse durch Heranziehung objektiver Beweise zu lösen. Pragmatische Gegebenheiten lassen sich nicht monadisch bestimmen. Wird dies aber dennoch versucht und werden Beziehungsphänomene entweder völlig außer acht gelassen oder als Epiphänomene betrachtet, ist es unvermeidlich, der Monade hypothetische Eigenschaften zuzuschreiben, die sie entweder überhaupt nicht hat oder die unbeweisbar sind. Für unsere Überlegungen ist von besonderer Bedeutung, daß sich dieses Problem wie ein roter Faden durch die Auffassungen vom Menschen und seinem Verhalten zieht, wie unvereinbar auch diese Auffassungen in jeder anderen Hinsicht sein mögen. Da die Seele objektiv unerforschbar ist, eignet sich die menschliche Monade ganz besonders für die Zuschreibung unbeweisbarer Eigenschaften, in denen rein logische, linguistische und semantische Ungereimtheiten nur zu leicht ihr Unwesen treiben können. Diese Gefahr ist sogar in den exakten Wissenschaften allgegenwärtig; man denke nur an die scheinbar so unschuldige und einfache Annahme der klassischen Astronomie von der Gleichzeitigkeit zweier Ereignisse als Ausgangspunkt grundlegender, aber wertloser theoretischer Ableitungen. Für uns Laien ist es immer noch schwer verständlich, daß diese Annahme wissenschaftlich unbrauchbar, da unbeweisbar sein soll. Der dem Wiener Kreis nahestehende AYER verweist in »Language, Truth and Logic« (O. J., S. 152) darauf, wie gerade EINSTEINS Definition der Gleichzeitigkeit es offenkundig machte, »wie notwendig es für den Experimentalphysiker ist, über klare und definitive Analysen der von ihm verwendeten Begriffe zu verfügen. Und diese Notwendigkeit ist in den weniger fortgeschrittenen Wissenschaftszweigen noch größer. So ist z. B. das bisherige Scheitern der Psychologen, sich von der Metaphysik zu befreien und ihre Untersuchungen zu koordinieren, in erster Linie eine Folge ihrer Verwendung von Symbolen wie ›Intelligenz‹ oder ›Empathie‹ oder ›unbewußtes Selbst‹, die nicht präzis definiert sind. Besonders die Theorien der Psychoanalytiker sind voll von metaphysischen Elementen, die eine philosophische Durchleuchtung ihrer Symbole ausmerzen würde«.

Wenn nun einmal der menschlichen Monade gewisse Eigenschaften zugeschrieben sind, so ist es durchaus sinnvoll, diese als Erklärungsprinzipien für Verhalten heranzuziehen. In monadischer Sicht hat Verhalten einen Sinn, weil dahinter eine Ursache (z. B. ein Trieb, ein Bedürfnis, ein Willensakt, eine

Verdrängung, ein Charakterzug) liegt. Die Fata-Morgana-Natur dieser Begriffe, die immer unklarer werden, je genauer man sie untersucht, hat besonders in den letzten Jahren zunehmende Skepsis hervorgerufen. Dagegen hat die tierische Verhaltensforschung bewiesen, daß es prinzipiell möglich ist, Verhaltensabläufe ohne Zuhilfenahme derartiger Begriffe zu systematisieren, und zwar in einer sich ausschließlich auf Verhaltensredundanzen gründenden Beobachtungsweise, die nichts im hergebrachten Sinne »erklärt« und der von uns eingangs erwähnten Schachanalogie entspricht. Natürlich hätte unser imaginärer Beobachter dem Spiel als Ganzem und jeder einzelnen Figur im besonderen einen ganz bestimmten, »tieferen« oder »symbolischen« Sinn zuschreiben können – zum Verständnis des Verhaltens der Spieler würde eine solche mythologische oder metaphysische Deutung des Spiels aber ebensowenig beitragen wie astrologische Deutungen zum Verständnis der Astronomie.

Damit glauben wir, einen grundsätzlichen Unterschied zwischen der monadischen und der pragmatischen Anschauungsweise umrissen zu haben. In monadischer Sicht fragen wir nach Grund, Ursprung, Ursache, also *warum?* – in pragmatischer Sicht fragen wir, *was* jetzt und hier vorgeht.

Mit dem bisher Gesagten scheinen wir den Stab über uns selbst gebrochen und uns zu Vertretern einer oberflächlichen und seelenlosen Auffassung gemacht zu haben, die die Würde und Freiheit des Menschen und damit die Wirklichkeit und den Reichtum seiner Innenwelt verneint. So war es freilich nicht gemeint. Es ist hier vielmehr von einem Vorgehen die Rede, das die naturgegebenen Beschränkungen im Auge zu behalten versucht. Genau wie in der modernen Physik kommt es auch hier auf den Standpunkt des Beobachters an. Im *Eigen*erleben wird der monadische Standpunkt immer der einzig mögliche sein, werden Anlage, frühere Erfahrungen, Gefühle, Überzeugungen usw. bestimmend bleiben. In seiner Privatsphäre wird auch der radikalste Pragmatiker zutiefst von seiner subjektiven Willensfreiheit und damit von seinen ethischen Verpflichtungen überzeugt sein. Darauf haben die Philosophen immer wieder verwiesen; so etwa Sartre, für den die einzige Freiheit, die wir nicht haben, die ist, *nicht* frei zu sein. Für die Zwecke einer wissenschaftlichen Verhaltensforschung aber sind alle erwähnten Begriffe trotz ihrer Ehrwürdigkeit unbrauchbar, da sie sich einer objektiven Untersuchung entziehen. Der Forscher muß sich daher mit einem ganz anderen Standpunkt bescheiden: Er muß menschliches Verhalten unter Verzicht auf all jene Kriterien untersuchen, die ihm sein subjektives Eigenerleben dauernd soufficert. Diese Beschränkung hilft uns nicht nur, die fatalen Folgen der Vermischung von Subjekt und Objekt, von monadischen und pragmatischen Prinzipien zu vermeiden, sondern eröffnet uns – wie zu zeigen sein wird – neue, fruchtbare Perspektiven, wie das schon längst in allen anderen Disziplinen der Fall ist, die den Schritt vom Monadischen ins Gebiet der Interaktion zwischen Monaden getan haben. Schon MORRIS (1938, S. 77–137) bemerkt, daß es für die Semiotik nicht nötig ist, »Privaterlebnisse« semiotischer Abläufe zu leugnen, es aber vom Standpunkt der Verhaltenslehre bestritten werden muß, »daß solche Erlebnisse von zentraler Bedeutung seien oder daß die Tatsache ihrer Existenz das objektive Studium der Semiosis (und damit der Zeichen, Designata und Interpretanten) unmöglich oder auch nur unvollständig mache«.

*Gesetzmäßigkeiten bzw. Pathologien von Beziehungssystemen*

Der gegenwärtige Stand unseres Wissens vom Wesen der Beziehungen ist fragmentarisch. Dies ist einerseits verständlich, da das Fehlen einer nicht monadisch orientierten Sprache jede Untersuchung von Beziehungen und selbst das Denken über Beziehungsphänomene überaus erschwert. Wenn man aber andererseits bedenkt, daß Bezogenheit einer der unmittelbarsten Aspekte menschlicher Existenz ist, so ist der Grad unserer Ignoranz erstaunlich und beweist wieder einmal, daß das unmittelbar Gegebene am schwersten zu erfassen ist. Es ist im Rahmen dieses Referats nicht möglich, darauf einzugehen, wie wenig unsere Auffassung der Wirklichkeit auf »Tatsachen« beruht und wie weitgehend das, was wir »wirklich« nennen, das Ergebnis entweder selbst getroffener zwischenmenschlicher

Abmachungen ist oder solcher, in die wir als Angehörige einer bestimmten Kultur, Gesellschaftsschicht, Familie usw. buchstäblich hineingeboren werden. Wirklich *ist* letzten Endes, was von einer genügend großen Zahl von Menschen wirklich *genannt* wird. In diesem extremen Sinn ist Wirklichkeit eine zwischenmenschliche Vereinbarung, genau wie der Gebrauch einer Sprache auf der stillschweigenden und meist ganz unbewußten Vereinbarung beruht, daß bestimmte Laute und Zeichen ganz bestimmte Bedeutung haben. »Die »Wirklichkeit« einer Banknote z. B. besteht nicht primär darin, daß sie ein verschiedenfarbig bedruckter Papierzettel ist, sondern in der zwischenmenschlichen Übereinkunft, daß dieser Gegenstand einen spezifischen Wert darstellt. – BATESON (persönliche Mitteilung) berichtet, daß die Bewohner einer bestimmten Küstengegend von Neuguinea für größere Transaktionen sich schwerer mühlsteinartig behauener Steine bedienten (als alltägliches Bargeld verwendeten sie Muscheln). Eines Tages wurde einer dieser Steine zur Bezahlung eines größeren Kaufes von einem Dorf zum andern über eine breite Flußmündung transportiert. Das Boot kenterte in der Brandung, und der Stein verschwand auf Nimmerwiedersehen im tiefen Wasser. Da der Vorfall allgemein bekannt war, wurde dieser Stein auch weiterhin als Zahlungsmittel verwendet, obwohl er sozusagen nur noch in den Köpfen aller Beteiligten existierte.

EPIKTET schon stellte fest, daß es nicht die Dinge selbst sind, die uns beunruhigen, sondern die Meinungen, die wir von den Dingen haben. Wie sehr aber diese Meinungen zwischenmenschlicher Natur sind, dafür hat die moderne Anthropologie von DURKHEIM bis in unsere Tage herein sehr überzeugendes Material geliefert.

Trotz der eben erwähnten Schwierigkeiten ist es möglich, die Grundsätze einer Pragmatik der menschlichen Kommunikation – also einer Lehre von den menschlichen Beziehungen – wenigstens zu skizzieren und die damit zusammenhängenden Störungen des Zwischenmenschlichen klinisch zu belegen. (Eine ausführliche Darlegung des hier folgenden Materials findet sich bei WATZLAWICK [1964], dem einige der hier verwendeten Beispiele entnommen wurden.)

Die im folgenden dargelegten Grundzüge erheben weder Anspruch auf Vollständigkeit noch auf bestmögliche Formulierung.

1. Während kaum Zweifel darüber bestehen können, daß Verhalten in der Gegenwart durch Erfahrungen in der Vergangenheit bestimmt wird, ist das Wesen einer menschlichen Beziehung – recht eigentlich im Sinne WERTHEIMERS – mehr und andersgeartet als die Summe aller Einstellungen, Haltungen, Anlagen, Erwartungen usw., die die Partner aus ihrem individuellen Vorleben in die Beziehung mitbringen. Das Wesen einer Beziehung erweist sich als ein komplexes Phänomen sui generis, das seine eigene Gesetzmäßigkeit und seine eigenen Pathologien hat und dessen Eigenschaften sich weder auf den einen noch den anderen Partner zurückführen lassen. Analogien aus anderen Disziplinen bieten sich an: Wasser ist mehr und etwas anderes als die bloße Summation der Eigenschaften von Wasserstoff und Sauerstoff; die Biologen arbeiten mit dem Begriff der *Neubildungen*; die Volkswirtschaftler haben längst den Versuch aufgegeben, das wirtschaftliche Verhalten großer Bevölkerungsgruppen sozusagen durch Addition oder Multiplikation des Verhaltens einzelner Individuen zu erfassen.

Nun liegt es im Wesen der überpersönlichen Natur von Beziehungsphänomenen, daß ihre Struktur dem Außenstehenden verhältnismäßig leicht, den Partnern selbst aber nicht zugänglich ist – etwa so, wie es unmöglich ist, den eigenen Körper als Ganzes wahrzunehmen, weil die Augen als die Organe dieser Wahrnehmung selbst Teil des wahrzunehmenden Körpers sind. Dies aber führt zwangsläufig dazu, daß bei Auftreten von Beziehungskonflikten die Schuld daran der Böswilligkeit oder Verrücktheit des Partners zugeschrieben wird, denn »offensichtlich« liegt sie nicht bei einem selbst, und eine dritte Möglichkeit scheint es bei zwei Partnern nicht zu geben. Mag diese einseitige Sicht menschlicher Konflikte im Falle der Partner selbst von daher begreiflich sein, so wird sie dann überaus bedenklich, wenn sie auch zur Grundlage psychopathologischer Erklärungen gemacht wird. Solange menschliches Verhalten aber monadisch gesehen wird, ist dies unvermeidlich, und wir sprechen daher von »Patienten«, »Geisteskrankheiten« und dergleichen. Es ist eine unserer Thesen, daß es zwar gestörte Beziehungen, nicht aber gestörte Individuen gibt, oder genauer gesagt, daß Verhaltensstörungen eine Funktion menschlicher Beziehungen, nicht aber kranker Seelen sind. (Es braucht wohl nicht besonders betont zu werden, daß sich diese These nur auf die sog. funktionellen und nicht auch die organisch bedingten Störungen erstreckt.) Hierzu zwei Beispiele:

Wenn sowohl Partner A wie auch B ihre wesentliche Erfüllung im Geben sehen, so wird ihre Beziehung mit großer Wahrscheinlichkeit zu einem ganz bestimmten Konflikt führen. Da jeder Geber auf einen Nehmer angewiesen ist, dessen Existenz ihn ja erst zu einem Geber macht, werden beide versuchen, den andern zum Nehmen zu bewegen, und werden beide im Versuch des anderen, das Monopol des Gebens streitig zu machen, einen Beweis von Kälte und Abweisung sehen. Verschärft wird diese Form zwischenpersönlichen Konflikts besonders dadurch, daß in der Sicht beider Partner die »Lieblosigkeit« des anderen nicht klar zu Tage tritt, sondern diabolisch hinter einer unangreifbaren Fassade von Wohlwollen und Hilfsbereitschaft getarnt ist. In »Wirklichkeit« aber fühlen beide, wie wenig der andere sie liebt.

Eine mehr oder weniger ausschließlich auf der Hilfe von A für B beruhende Beziehung läßt ihrer Natur nach nur zwei Entwicklungsmöglichkeiten offen. Entweder bleiben die Bemühungen von A erfolglos, in welchem Falle die Beziehung deswegen Schiffbruch erleiden wird, weil A früher oder später sich von B ausgenützt fühlen und sich entmutigt aus der Beziehung zurückziehen wird. Ist A dagegen erfolgreich und bedarf B daher schließlich seiner Hilfe nicht mehr, so ist damit die Beziehung ihrer Grundlage beraubt und fällt auseinander.

An beiden Beispielen ist festzuhalten: Zum Verständnis und, wie zu zeigen sein wird, zur Beeinflussung solcher Beziehungsstörungen ist es nebensächlich, wie, wann und warum die erwähnten Grundhaltungen der beiden Partner sich in der Vergangenheit herausbildeten. Ferner dürfte es offensichtlich sein, daß die beschriebenen Konflikte nicht auf den einen oder den anderen Partner reduzierbar sind. Wie in der Chemie handelt es sich hier um eine *Verbindung zwischen* zwei Elementen; für sich allein oder auch in Verbindung mit andersgearteten Partnern könnten sich die betreffenden Störungen nicht ergeben. Leider würde es wiederum über den Rahmen dieses Referats hinausgehen, zu zeigen, zu welchen Störungen im zwischenmenschlichen Bereich grundsätzlich ähnliche, aber viel komplexere Beziehungsstrukturen zwangsläufig führen müssen.

2. In der Gegenwart eines anderen Menschen hat alles Verhalten – aktiv oder passiv, absichtlich oder unabsichtlich – Mitteilungscharakter und ist daher Kommunikation. Da es kein *Nicht*-Verhalten gibt, kann man auch nicht *nicht* kommunizieren. Diese anscheinend triviale Feststellung hat wesentliche pragmatische Bedeutung. Es ist nicht schwer, sich zwischenmenschliche Situationen vorzustellen, in denen es höchst wünschenswert wäre, wenn man sich jeder Teilnahme daran enthalten könnte. Eben diese Möglichkeit ist aber dem Wesen menschlicher Kommunikation nach nicht gegeben, was zu ganz bestimmten Ausweichlösungen führt, die wir als *Entwertungen* bezeichnen. Gemeint sind damit alle jene Verhaltensformen, deren Zweck es ist, die eigenen Aussagen oder die des Partners einer klaren Bedeutung zu berauben, so daß man vom anderen nicht auf eine bestimmte Bedeutung festgenagelt und dafür verantwortlich gemacht werden kann. Wir haben diese Manöver (wie Widersprüche, Ungereimtheiten, plötzliche Themenwechsel, unvollständige Sätze, Mißverstehen, unklare oder idiosynkratische Redewendungen, sinnentstellende Verallgemeinerungen, Konkretisierungen von Metaphern oder, umgekehrt, Metaphorisierungen konkret gemeinter Aussagen usw.) an anderer Stelle beschrieben (WATZLAWICK 1964; WATZLAWICK et al. 1969). Ein extremes Beispiel bieten viele als schizophren diagnostizierte Individuen. Wenn wir ihr Verhalten jetzt und hier, also unabhängig von den traditionellen ätiologischen Mutmaßungen, beobachten, so scheinen diese Personen zu versuchen, *nicht* zu kommunizieren. Da aber selbst Kauderwelsch, Stummheit, Regungslosigkeit (Haltungsschweigen) und praktisch jede andere Form der Vermeidung oder Verneinung von Kommunikation selbst eine Kommunikation ist, stehen sie damit vor einem praktisch unlösbaren und theoretisch unendlichen Regreß von Verneinungen. Und wiederum ist es

unnötig, uns zu fragen, welche psychischen Mechanismen und welche Gründe in seinem persönlichen Vorleben den Betreffenden zu diesem Verhalten determinieren; wesentlich ist in pragmatischer Sicht, *daß* er sich so verhält und daß ein solches Verhalten in dieses spezifische Dilemma führen muß.

3. Eine weitere wichtige Eigenschaft der zwischenmenschlichen Wirklichkeit ergibt sich aus der Tatsache, daß jede Mitteilung unvermeidlich zwei Aspekte hat. Zunächst einmal vermittelt jede Kommunikation (verbal oder averbal) eine bestimmte Information, die ihren *Inhalt* darstellt. Darüber hinaus aber hat sie auch einen metakommunikativen Aspekt, d. h. eine Kommunikation darüber, wie diese Kommunikation vom Empfänger aufzufassen ist. Manchmal wird dieser zweite Aspekt durch eine Zusatzbemerkung verstärkt, z. B. »Das ist ein Befehl« oder »Ich meine das natürlich nur als Witz«. Wie diese beiden Beispiele zeigen, definiert die Metakommunikation gleichzeitig auch die Art und Weise, in denen der Sender seine Beziehung zum Empfänger auffaßt; wir nennen sie daher den *Beziehungsaspekt*. »Das ist ein Befehl« bedeutet offensichtlich, daß der Sender den Empfänger in einem Untergebenenverhältnis zu sich sieht. Nur in seltenen Fällen bedienen wir uns derartiger ausdrücklicher Verstärkungen; meist genügt die in jeder Kommunikation enthaltene Beziehungsdefinition. So haben z. B. die beiden Äußerungen: »Es ist wichtig, weich und zügig zu kuppeln« und »Laß die Kupplung einfach aus, das tut dem Getriebe sehr gut« praktisch denselben Inhalt, definieren aber sichtlich sehr verschiedene Beziehungen zwischen Fahrlehrer und Schüler.

Diese beiden Aspekte menschlicher Kommunikation sind begreiflicherweise von einschneidender Bedeutung für das Wesen von Beziehungen. Je nachdem, ob und auf welcher der beiden Stufen Einstimmigkeit oder Unstimmigkeit besteht, ergeben sich ganz spezifische und klar definierbare Beziehungsformen und Beziehungsstörungen. Um nur eine der möglichen Varianten herauszugreifen:

Angenommen, die Partner sind sich auf der Inhaltsstufe, nicht aber auf der Beziehungsstufe einig. Diese Beziehung wird so lange stabil sein, als äußere Notwendigkeiten diese Übereinstimmung auf der Inhaltsstufe erfordern. Sobald dies nicht mehr der Fall ist, werden die beiden ihren bisher latenten Beziehungskonflikt nicht länger übersehen können. Hier finden wir jene Ehen, die gerade dann zerbrechen, wenn äußere Schwierigkeiten überwunden sind, die bis dahin die Gatten zu gemeinsamen Anstrengungen zwangen. Dasselbe gilt für politische oder internationale Koalitionen zwischen ideologisch verschieden orientierten Parteien oder Staaten, wie z. B. die der USA und der UdSSR bis zu ihrem gemeinsamen Sieg im Jahre 1945. Und schließlich muß in diesem Zusammenhang die für das Gleichgewicht von Familien oft so wichtige Sündenbockrolle eines Kindes erwähnt werden, dessen Problem (Schulversagen, Neurose, Psychose, Jugendkriminalität) die Eltern zu gemeinsamem Handeln zwingt und deren Ehe damit eine Pseudofestigkeit verleiht, die sie in Wirklichkeit nicht hat. In der klinischen Praxis läßt es sich immer wieder beobachten, wie der Besserung im Verhalten des Kindes eine Ehekrise der Eltern folgt, die das Kind dann sehr oft wieder in seine Rolle zurückzuzwingen scheint.

4. Obwohl wir eben feststellten, daß alle Kommunikation beide Aspekte hat, ist der Anteil des Beziehungsaspektes von weitaus überragender Bedeutung. Die Erfahrungstatsache, daß wir im tagtäglichen Verkehr mit den uns nahestehenden Menschen viel weniger Information als Beziehungsdefinitionen austauschen (rein sachliche, also z. B. berufliche Besprechungen wenigstens teilweise ausgenommen), wirft die Frage auf, welchem Zwecke dieses kommunikative Verhalten dient. Sowohl die Entwicklungspsychologie als auch die modernen Experimente mit der Einschränkung von Sinnesreizen (sensory deprivation) lehren uns, daß Menschen weder körperlich noch seelisch das gänzliche Fehlen von Kommunikation mit anderen überleben könnten. Die Behauptung des mysteriösen Kaspar Hauser\*, er sei, solange er sich erinnern könne, immer allein in

---

\* Er tauchte am 26. Mai 1828 in Nürnberg mit einem anonymen Empfehlungsbrief an die Behörden auf, gab an, 1812 geboren zu sein, konnte darüber hinaus aber mit Ausnahme der Erinnerung an seine Dunkelhaft keinerlei Angaben über seine Vergangenheit machen. Er wurde bald zum Gegenstand vie-

einem finsteren Gelaß gehalten worden, ist einfach unglaub-
würdig. Dagegen klingt jene Beschreibung eines frühen
psycholinguistischen Experiments durchaus glaubbar, obwohl
oder vielleicht gerade weil es so weit über das von SPITZ (1960)
beschriebene Phänomen des Marasmus und Hospitalismus hin-
ausgeht: Nach der Chronik des Fraters SALIMBENE VON PARMA
(1926) wollte Kaiser FRIEDRICH II. die Ursprache des Menschen dadurch feststellen, daß er mehrere Kinder von Geburt
auf von Ammen aufziehen ließ, die Auftrag hatten, sich der
Kinder in jeder Weise anzunehmen, doch nicht zu ihnen oder in
ihrer Gegenwart zu sprechen. Auf diese Weise hoffte der Kaiser herauszufinden, ob sie spontan hebräisch, griechisch oder
lateinisch zu sprechen beginnen würden. Leider führte das Experiment trotz der vorzüglichen Versuchsanordnung zu keinem
Ergebnis, »Es war verlorene Mühe, denn die Kleinen starben
alle«. Laut FREY (1965) berichtet schon HERODOT von einem
ähnlichen Versuch in Ägypten.

*Warum* Menschen (und vermutlich bis zu einem bestimmten
Grad alle Säugetiere) auf Gedeih und Verderb auf Kommunikation angewiesen sind, läßt sich beim heutigen Stand unseres
Wissens noch nicht eindeutig beantworten. *Daß* wir aber davon
abhängen, steht außer Frage. Wenn wir unser alltägliches kom-
munikatives Verhalten daraufhin untersuchen, so erweist es
sich, daß es sich dabei auf der Beziehungsstufe um einen nimmer endenden Prozeß des Anbietens, Annehmens, Verwer-
fens, Entwertens oder Neuformulierens von Beziehungsdefinitionen handelt. Unsere eigenen Untersuchungen bestätigen
die Resultate vieler anderer Forscher (z. B. BATESON 1960,
S. 90–105; JOHNSON et al. 1956; LAING 1961; LAING & ESTER-
SON 1964; LAING et al. 1966; LIDZ et al. 1958; WYNNE et al.
1958), wonach die Anerkennung unserer zwischenmenschlichen Wahrnehmungen, also die Annahme und Bestätigung
unserer Beziehungsdefinitionen durch unsere Partner, von

ler romantischer Theorien, und das Rätsel wurde am 14. Dezember 1833 ver-
ewigt, als er mit mehreren Stichwunden, die ihm angeblich von einem unbekannten Täter zugefügt worden waren, nach Hause zurückkehrte und drei
Tage später starb.

grundlegender Bedeutung für unsere geistige Gesundheit ist. Von einem anderen verstanden zu sein bedeutet, daß der andere unsere eigene Sicht der zwischenmenschlichen Wirklichkeit mit uns teilt, sie also gewissermaßen ratifiziert. In gesunden, tragfähigen Beziehungen scheinen die Partner hier weitgehende, stillschweigende Übereinstimmungen gefunden zu haben; in »kranken«, konfliktgeladenen Beziehungen wehren sie sich verzweifelt dagegen, der Definition des anderen unterworfen zu werden, wobei für alle Beteiligten ein Unterliegen buchstäblich mit Todesangst verbunden zu sein scheint. Die Äußerungen Schizophrener, »leer«, »Marionetten« oder »Roboter« zu sein, drücken dies in nur zu beredter Sprache aus.

5. Nun sind, wie schon erwähnt, Beziehungsdefinitionen weder wahr noch falsch, sondern werden bestenfalls nur mehr oder weniger von den Partnern geteilt. Dieses »Mehr oder Weniger« aber hat tiefgreifende Bedeutung. Typischerweise wissen wir viel mehr über die pathologischen als über die positiven Charakteristiken menschlicher Kommunikation auf der metakommunikativen Ebene, »wo Wirklichkeit Glaubenssache ist«, um BATESONS zutreffende Formulierung (1951, Kap. 8) zu wiederholen. Wenn wir im folgenden versuchen, die ichentwertenden pathogenen Kommunikationsformen in drei Gruppen zusammenzufassen, so soll dies nicht bedeuten, daß wir diese Einteilung für erschöpfend halten, noch daß zwischen diesen und »normalen« Kommunikationsformen ein qualitativer Unterschied besteht; wie anderswo gibt es auch hier nur Übergänge und keine scharfen Grenzen.

a) Wenn Partner B auf eine Mitteilung von A mit einer Äußerung reagiert, die einerseits den Erhalt der Mitteilung von A bestätigt, andererseits aber sowohl deren Inhalts- als auch deren Beziehungsaspekt brüskiert, so sprechen wir von einer *Tangentialisierung* im Sinne RUESCHS (1957). In einem seiner Beispiele zeigt ein Kind stolz seiner Mutter einen eben gefundenen Wurm. Die Mutter sieht ihn an und sagt mit kalter, ablehnender Stimme: »Wasch sofort deine Hände.« Sie läßt damit beim Anblick der schmutzigen Hände ihres Kindes dessen Mitteilung sozusagen in der Luft hängen und leitet von sich aus einen neuen, auf den des Kindes nichtbezogenen Kommunikationsablauf ein. RUESCH bemerkt dazu: Hätte die Mutter gesagt: »Ja, das ist ein schöner Wurm«, und dann eine Pause eingelegt, so hätte sie darauf die neue Mitteilung einleiten können: »Und jetzt geh und wasch aber deine Hände.«

Eine Reihe ähnlicher Kommunikationsstrukturen beschrieb eine argentinische Forschungsgruppe unter SLUZKI (1966) und bezeichnete sie als *zwischenpersönliche Entwertungen* (transacciones descalificadoras). Ihr gemeinsamer Nenner besteht darin, daß die Mitteilung des einen Partners durch eine Äußerung des anderen entwertet wird, deren Beziehungsaspekt mehrdeutig oder unklar ist und die im Widerspruch zum Inhalt der Äußerung des anderen oder zur Situation steht, in der dieser Kommunikationsablauf stattfindet. Diese Entwertungen können Lachen oder Zorn hervorrufen, noch wahrscheinlicher aber Perplexität, da es für Partner A unklar bleibt, ob B mit dem Inhalt seiner Mitteilung übereinstimmt, ihn ablehnt, übelnimmt, sich darüber lustig macht oder ihn bereits wußte. In einem der Beispiele beschwert sich der Sohn: »Du behandelst mich wie ein Kind«, und die Mutter antwortet: »Aber du *bist* mein Kind.« Eine derartige Antwort kann gegebenenfalls ausgesprochen lähmend wirken; handelt es sich hier doch praktisch um eine Form der von ERICKSON (1964, S. 183–207) beschriebenen »Konfusionstechnik« in Hypnose. Um über die Wirkung dieser Entwertung hinwegzukommen und das Gespräch so einigermaßen auf den festen Grund der Logik zurückzuführen, müßte der Sohn eine nicht unkomplizierte, metakommunikative Deutung vornehmen und darauf verweisen, daß er »Kind« im Sinne von »Unreife«, die Mutter aber im Sinne von »Sohn« verwendete. Aber besonders dann, wenn der Sohn ein sog. Patient ist, dürfte ihm diese Richtigstellung sehr schwerfallen, während es für die Mutter ein leichtes wäre, diesen Versuch als weiteren Beweis seiner Geistesgestörtheit aufzufassen und liebevoll zu ignorieren. Ein ähnliches Beispiel aus einer unserer eigenen Untersuchungen ist das einer Mutter, deren psychotischer Sohn eines Tages in der Wohnung herumzuschießen begann. Auf die Frage, was sie in dieser gefährlichen Situation getan habe, antwortete sie: »Ich sagte ihm zum hundertsten Male, daß er nicht *in* der Wohnung spielen soll.«

b) In der zweiten Gruppe, den *Mystifikationen*, ergibt sich der Widerspruch nicht zwischen Mitteilung und Antwort, sondern zwischen der Mitteilung und dem Kontext, in dem der Kommunikationsablauf stattfindet. In ihrer abstraktesten Form besagt eine *Mystifikation*: »Was du siehst (oder denkst, hörst, fühlst), ist falsch. *Ich* sage dir, was wirklich ist (beziehungsweise was du sehen, hören oder fühlen sollst).« Auf Menschen, die ihren eigenen Wahrnehmungen zu vertrauen gelernt haben, wird dies eine geringe Wirkung haben. In lebenswichtigen Beziehungen aber (besonders zwischen Kind und Eltern) oder in extremen Situationen (wie politischer Verfolgung und Gehirnwäsche) versetzt eine Mystifikation den Empfänger in eine unhaltbare Lage. Wenn es ihm nämlich unmöglich oder nicht gestattet ist, die Situation durch entsprechende Metakommunikation zu entmystifizieren, ist er in seiner Zwangslage gefangen, und die Falle kann schließlich dadurch völlig unentrinnbar gemacht werden, daß die Mystifikation auf seine Wahrnehmung der Mystifikation selbst ausgedehnt wird. Wie der Londoner Psychiater LAING (1965, S. 343–363), der diesen Begriff in die Psychopathologie eingeführt hat, dazu bemerkt, »ist jede mystifizierte Person definitionsgemäß verwirrt; was aber nicht bedeutet, daß sie sich auch verwirrt zu *fühlen* braucht«.

In ihren Untersuchungen an der MAYO-Klinik fanden JOHNSON et al. (1956, S. 143–148) praktisch dieselbe Kommunikationsstruktur in den von ihnen beobachteten Familien schizophrener Patienten:

»Wenn, wie dies häufig der Fall war, die Kinder den Zorn oder die Feindseligkeit eines Elternteils wahrnahmen, so verneinte dieser sofort seinen Zorn und bestand darauf, daß auch das Kind ihn verneine, so daß das Kind vor dem Dilemma stand, ob es den Eltern oder seinen eigenen Sinneswahrnehmungen glauben sollte. Wenn es seinen Sinnen vertraute, behielt es seinen sicheren Kontakt mit der Wirklichkeit; vertraute es dagegen den Eltern, so sicherte es damit diese wichtige Beziehung, verfälschte aber seine Wirklichkeitswahrnehmung.«

Mit anderen Worten, die Mitteilungen der Eltern versetzten

das Kind dadurch in eine Zwangslage, daß sie ein unlösbares Dilemma zwischen dem Inhalts- und dem Beziehungsaspekt ihrer Kommunikation schufen.

Wie in einem ähnlichen Kontext die versuchte (hier aber abgewiesene) Mystifikation der Mutter ihrer schizophrenen Tochter nur die Wahl zwischen Verrücktheit oder Böswilligkeit läßt, veranschaulicht ein Beispiel LAINGS (1965):

Mutter: Ich nehme es dir nicht übel, daß du so mit mir sprichst. Ich weiß, daß du es nicht wirklich meinst.
Tochter: Ich meine es aber so.
Mutter: Nein, ich weiß, daß du es nicht so meinst; du kannst bloß nicht anders.
Tochter: Natürlich kann ich.
Mutter: Nein, ich weiß, du kannst nicht anders, weil du krank bist. Wenn ich nur einen Augenblick annehmen müßte, daß du nicht krank bist, so wäre ich böse auf dich.

Eine wichtige Variation dieses Themas ergibt sich dann, wenn A seine Beziehung zu B zuerst in einer bestimmten Weise definiert und, sobald B diese Definition akzeptiert, sie plötzlich ändert und B der Verrücktheit oder Böswilligkeit bezichtigt, weil er ihre Beziehung nicht immer schon so gesehen hat. Sobald B sich dann dieser zweiten Definition unterwirft, kann A ihn wiederum dafür verurteilen, nicht die ursprüngliche Beziehungsdefinition anzuerkennen. Abläufe dieser Art wurden zuerst von SEARLES (1959, S. 1–18) beschrieben. Er erwähnt sechs Varianten, die er mit großer Häufigkeit in seiner Arbeit mit Schizophrenen, deren Eltern beziehungsweise Gatten und zuweilen auch deren Psychotherapeuten feststellen konnte. So kann A z. B. ein und dasselbe Thema zuerst in spaßhafter und dann in todernster Form behandeln und B dementsprechend dafür tadeln, keinen Humor zu besitzen oder aber nicht den nötigen Ernst an den Tag zu legen. In ähnlicher Weise kann A sich in einer Situation sexuell provokativ verhalten, die jede sexuelle Annäherung ausschließt, und den anderen, je nach dessen Reaktion, der Gehemmtheit oder der Schamlosigkeit bezichtigen.

c) Schließlich gibt es eine Form von Mitteilungen, die ihren eigenen Widerspruch in sich enthalten. Sie gleichen grundsätz-lich den klassischen *Paradoxien* der Logik. WITTGENSTEIN (1956) dürfte der erste gewesen sein, der auf die pragmatische Bedeutung der Paradoxien hinwies:

»Die verschiedenen, halb scherzhaften Einkleidungen des logischen Paradoxes sind nur insofern interessant, als sie einen daran erinnern, daß eine ernsthafte Einkleidung des Paradoxes vonnöten ist, um seine Funktion eigentlich zu verstehen. Es fragt sich: Welche Rolle kann ein solcher logischer Irrtum in einem Sprachspiel spielen?«

Untersuchen wir zunächst die klassische Paradoxie des Lüg-ners, also die Aussage »Ich lüge« (eine vereinfachte Form der berühmten Selbstdefinition EPIMENIDES', des Kreters, der an-geblich sagte, alle Kreter seien Lügner). Dieser Satz hat eine ungewöhnliche Struktur, denn einerseits sagt er etwas aus (»Ich lüge«), andererseits sagt er gleichzeitig aber auch etwas über seine eigene Aussage aus, nämlich: »Ich lüge, daher lüge ich auch, wenn ich sage: ›Ich lüge‹.« Es läßt sich nun unschwer erkennen, daß eine Handlungsanweisung von identischer Struktur nur durch Nichtbefolgen befolgt werden kann oder daß aufgrund einer derart paradox formulierten Beziehungs-definition die Beziehung nur dann der Definition entspricht, wenn sie ihr nicht entspricht, und umgekehrt – und damit steht weitreichender Verwirrung der zwischenpersönlichen Wirk-lichkeit nichts mehr im Wege. Leider ist es unmöglich, hier Bei-spiele solcher sehr komplexer Beziehungskonflikte zu geben, doch soll wenigstens die in menschlichen Beziehungen häufig-ste Paradoxie, die Aufforderung »Sei spontan!« erwähnt wer-den, also eine Aufforderung zu bestimmtem Verhalten, das sei-ner Natur nach nur spontan sein kann. Der Empfänger kommt damit in eine unhaltbare Situation; er müßte spontan etwas tun, was von ihm *verlangt* wird, und dies ist sowohl rein logisch als auch der Natur menschlicher Kommunikation nach unmög-lich.

Ein Beispiel dafür ist die häufig anzutreffende Ehesituation, in der die Frau mit der Passivität und mangelnden Dominanz ihres Mannes auch ihr selbst gegenüber unzufrieden ist und in der einen oder andern Form die Forderung an ihn richtet: »Ich möchte von dir mehr beherrscht werden.« Oberflächlich besehen scheint dies ein begreiflicher Wunsch zu sein, in der Tat versetzt diese Forderung aber beide in eine unhaltbare Situation. Es stehen nun nur zwei Alternativen offen, und beide sind unbefriedigend: Bleibt der Mann weiterhin passiv, so wird sie natürlich unzufrieden sein; wird er nun aber dominanter, so ist sie unzufrieden, da er ihr ja doch nur nachgab, statt sie zu beherrschen. Zwar wünscht sie diese Haltung, doch sollte sie sich »spontan« ergeben haben und nicht weil sie ihn dazu aufforderte. Mit anderen Worten, er tut das Richtige aus dem falschen Grund.

Ein etwas anders geartetes Beispiel einer zwischenmenschlichen Paradoxie ist folgendes: Eine Ehe droht an der unsinnigen Eifersucht der Frau zu scheitern. Merkwürdigerweise ist der Mann übertrieben starr, moralistisch und asketisch – in monadischer Sicht also ein denkbar unwahrscheinliches Objekt weiblicher Eifersucht. Besonderen Wert legt er auf die oft wiederholte Feststellung, er habe zeit seines Lebens niemandem Anlaß gegeben, an seinem Wort zu zweifeln. Seine Frau, offensichtlich eine viel gelöstere, lebensfrohere Person, scheint sich mit seiner Haltung abgefunden zu haben, jedoch mit einer Ausnahme: Sie ist nicht willens, ihren (sehr mäßigen) Alkoholgenuß aufzugeben, ein Umstand, der seit Beginn der vieljährigen Ehe immer wieder zu Zwistigkeiten geführt hat. Vor etwa zwei Jahren drohte der Mann ihr im Zorn, er werde, falls sie dieses Laster nicht aufgebe, sich seinerseits eines zulegen, und ließ durchblicken, daß er damit Affären mit anderen Frauen meinte. Da die erhoffte abschreckende Wirkung ausblieb, entschloß er sich einige Monate später, seiner Frau ihre Cocktails offiziell zu gestatten. An diesem Punkt nun brach ihre Eifersucht aus, denn, so sagte sie sich, er ist unbedingt vertrauenswürdig, daher *muß* er jetzt seine Drohung wahrmachen und vertrauensunwürdig (d. h. untreu) werden.

Paradoxe Kommunikationen wurden zum ersten Mal in den fünfziger Jahren von einer von BATESON geleiteten Forschungsgruppe untersucht und *Doppelbindungen* (double binds) genannt. Das Resultat dieser Arbeiten wurde 1956 (S. 251–264) im Referat »Toward a Theory of Schizophrenia«

veröffentlicht. In ihrer abstraktesten Form läßt sich eine Doppelbindung in folgende Bestandteile zerlegen:

1. eine komplementäre Beziehung (z. B. zwischen Eltern und Kind);

2. eine Mitteilung, deren Struktur negative Selbstrückbezüglichkeit aufweist, d. h. die verneint, was sie aussagt, und aussagt, was sie verneint;

3. eine Situation, die sich nicht vermeiden läßt, sowie die Unfähigkeit oder Unmöglichkeit, die Paradoxie durch Metakommunikation zu lösen.

An der obigen höchst skizzenhaften und anekdotischen Darlegung pathogener Kommunikationsstrukturen ist zur Vermeidung von Mißverständnissen besonders folgendes festzuhalten: Es handelt sich nicht um »Einbahnstraßen«, sondern um Teufelskreise, in denen alle Teilnehmer gefangen sind. Je nachdem aber, wie diese die Kontinuität ihrer Interaktion »interpunktieren« (oder wie sich dies dank der Unzulänglichkeit unserer monadisch orientierten Sprachen bei Beschreibungsversuchen nur zu leicht ergibt), entsteht die Illusion eines Anfangs, den ein Kreis natürlich nicht hat. Jede der beschriebenen Strukturen ruft nicht nur eine ganz bestimmte Reaktion im Partner hervor, sondern diese Reaktion selbst trägt zur Verewigung der Struktur bei. Wie die letzten beiden Beispiele zeigen, ist es, wenn einmal eine paradoxe Mitteilung gemacht ist, nur schwer, wenn überhaupt möglich, ihre pragmatische Wirkung rückgängig zu machen, und *beide* Partner sind daher in ihr gefangen.

### Pathogene Kommunikationsformen

Jeder Versuch, auf pathogene und pathologische Beziehungssysteme einzuwirken, stößt auf das zähe Beharrungsvermögen dieser Strukturen, das jeder Vernunft hohnzusprechen scheint und in monadischer Sicht Anlaß zu Hypothesen von sadomasochistischen Bedürfnissen oder den Manifestationen eines Todestriebs geführt hat. Warum setzen sich viele Beziehungen fort, obwohl die Partner tief unglücklich und unzufrieden sind, und warum brechen sie die Beziehung nicht nur nicht ab, sondern ermöglichen ihr Fortbestehen durch dauernde schmerzvolle Anpassungen? Damit ist aber wiederum die Frage »Warum?« aufgeworfen, und sobald dies der Fall ist, wird unser Denken fast unvermeidlich auf monadischen Bahnen in die Vergangenheit gelenkt. Zwei moderne Auffassungen widersprechen jedoch dieser Denkweise. Von BERTALANFFY (1962, S. 1–20) hat als eine der typischen Eigenschaften offener Systeme (d. h. solcher, die mit ihrer Umwelt in dauernder Wechselbeziehung stehen) ihre *Äquifinalität* postuliert. Er versteht darunter die Tatsache, daß in diesen Systemen sehr verschiedene Anfangszustände oder Ausgangsbedingungen zu gleichen Endzuständen führen können, womit nach unserer Erfahrung mit menschlichen Beziehungssystemen auch der umgekehrte Tatbestand gegeben zu sein scheint: Identische Anfangszustände können zu sehr verschiedenen Endzuständen führen. (Wir können dabei nicht übersehen, daß damit der Wert vieler psychologischer Reihen- und Vergleichsuntersuchungen, Normierungen, Kalibrierungen usw. in Frage gestellt ist.) Die zweite hier hereinspielende Auffassung ist JACKSONS (1957, S. 79–90) Ausdehnung des Begriffs der *Homöostasis* auf menschliche Beziehungssysteme. Demnach erhält ein System, einmal konstituiert, seine Stabilität mit Hilfe von Regelungsprozessen, die mit den von CLAUDE BERNARD, CANNON und vielen anderen untersuchten homöostatischen Prozessen in der Physiologie isomorph sind, sozusagen ihr Eigenleben und ihre Eigengesetzlichkeit haben und daher in keiner nachweisbaren Kausalbeziehung mit dem historischen Zustandekommen des Systems zu stehen brauchen.

Wie schon mehrfach betont, ist es in dieser Sicht daher verlorene Liebesmühe, feststellen zu wollen, wann, warum und wie irgendeiner dieser Regelungsprozesse in das System eingeführt wurde; wesentlich sowohl für die Grundlagenforschung als auch für die praktische Beeinflussung eines solchen Systems ist vielmehr, daß sein Verhalten, rein empirisch gesehen, regelgesteuert zu sein scheint und daß eine Verletzung dieser hypothetischen Regeln Reaktionen hervorruft, die systemspezifisch sind und sich nach genügend langer Beobachtung voraussagen lassen. Was diese Regeln betrifft, so zeichnen sich gut funktionierende Systeme offenbar durch größere Flexibilität und ein größeres Repertoire von Regeln aus, während »kranke«, d. h. konfliktreiche Systeme über wenige und starre Regeln verfügen – eine Erfahrungstatsache, die durchaus nicht im Widerspruch zu den oft chaotischen Oberflächenmanifestationen dieser Systeme steht.

Zusätzlich aber zu diesem grundlegenden Unterschied ermangeln diese Systeme einer weiteren wichtigen Eigenschaft, die in der Struktur tragfähiger Systeme zu liegen scheint: Pathologische Systeme verfügen über keine hinlänglichen Metaregeln, d. h. Regeln für die *Änderung* ihrer Regeln. Es dürfte ohne weiteres klar sein, daß ein solches System einerseits nicht mit einer Situation fertig werden kann, für die seine Regeln (sein Verhaltensrepertoire) inadäquat sind, daß es andererseits aber auch nicht imstande sein wird, aus sich selbst heraus entweder neue Regeln hervorzubringen oder bestehende Regeln zu ändern, daß damit die betreffende Situation gemeistert werden könnte. Ein solches System wird sich vielmehr in einem Circulus vitiosus verfangen, den wir ein Spiel ohne Ende nennen. In diesem Phänomen enthüllt sich wiederum eine allgemeine Systemeigenschaft, die keineswegs auf menschliche Systeme beschränkt ist; sie tritt in analoger Form als sog. Halteproblem in mathematischen Entscheidungsverfahren dann auf, wenn ein Computer einen Wert errechnen soll, der nicht in der Domäne des Programms liegt. Der Rechner durchläuft dann typischerweise immer wieder alle ihm möglichen Lösungsversuche, ohne zu einem Resultat zu kommen und – was uns an diesem Phänomen am wichtigsten erscheint – ohne andererseits zu melden, daß das Problem unentscheidbar ist (Davis 1958, S. 10). Ganz analoge Probleme treten in internationalen Beziehungen auf, wie dies z. B. Osgood (1962, S. 155–228) darlegt:

»Unsere politischen und militärischen Führer sind praktisch einstimmig in ihren öffentlichen Erklärungen, daß wir im Rüstungswettlauf führend werden und führend bleiben müssen; ebenso einstimmig schweigen sie sich darüber aus, was dann geschehen soll. Angenommen, wir erreichen den Zustand der idealen gegenseitigen Abschreckung... was dann? Kein vernünftiger Mensch kann sich unseren Planeten auf ewig in zwei bewaffnete Lager gespalten vorstellen, die bereit sind, sich gegenseitig zu vernichten, und dies ›Frieden‹ und ›Sicherheit‹ nennen. Der springende Punkt ist, daß die Politik der gegenseitigen Abschreckung *keine Vorkehrungen für ihre eigene Lösung beinhaltet.*«

Es besteht Grund zur Hoffnung, daß die Kommunikationsforschung dem Kliniker früher oder später neue Wege zum Verständnis von Spielen ohne Ende in menschlichen Systemen eröffnen wird. Es seien in diesem Zusammenhang nur drei Hypothesen hinsichtlich des Auftretens bestimmter Mystifikationen, Entwertungen und Doppelbindungen in Familien erwähnt. Weitgehend, vielleicht übermäßig vereinfachend und unvermeidlich wiederum unterstellend, als bestünde jeweils ein ganz bestimmter Ausgangspunkt, postulieren wir diese Hypothesen:

1. Wer für seine *Wahrnehmungen* der Wirklichkeit oder seiner selbst von für ihn wichtigen anderen Menschen getadelt wird (meistens ein Kind von seinen Eltern), wird dazu neigen, seinen Sinnen zu mißtrauen. Aufgrund dieser Unsicherheit dürfte er dann von den anderen aufgefordert werden, sich mehr anzustrengen, die Dinge »richtig« zu sehen, womit früher oder später auch unterstellt wird: »Du mußt verrückt sein, wenn du solche Anschauungen hast.« Es wird für ihn folglich zunehmend schwieriger werden, sich sowohl in unpersönlichen als auch zwischenpersönlichen Kontexten zurechtzufinden, und er wird dazu neigen, erfolglos nach Sinnzusammenhängen zu forschen, die die anderen anscheinend sehr klar sehen, er aber nicht. In monadischer Sicht und unter Außerachtlassung der pragmatischen Situation wird sein Verhalten dem klinischen Bild der Schizophrenie entsprechen.

2. Wer von für ihn wichtigen anderen dafür getadelt wird, *Gefühle* zu haben, die er nicht haben sollte (oder umgekehrt, bestimmte Gefühle nicht zu empfinden, die er haben sollte), wird sich schließlich für seine Unfähigkeit schuldig fühlen, die »rechten« Gefühle zu haben, um von den anderen akzeptiert zu werden. Dieses Schuldgefühl selbst kann dann eines jener Ge-

fühle werden, die er nicht haben sollte. Ein Dilemma dieser Art ergibt sich am häufigsten dann, wenn Eltern die normale gelegentliche Traurigkeit (oder Mutlosigkeit oder Müdigkeit) eines Kindes als stillschweigende Kritik an ihrem elterlichen Wert auffassen. Die Eltern werden dann dazu neigen, das Recht des Kindes an diesen Stimmungen streitig zu machen; etwa: »Nach all dem, das wir für dich getan, und allen Opfern, die wir für dich gebracht haben, solltest du zufrieden und froh sein.« Traurigkeit wird so mit Undankbarkeit und Schlechtigkeit verquickt. In seinen erfolglosen Bemühungen, zu fühlen, was er fühlen »sollte«, wird der Betreffende ein Verhalten an den Tag legen, das in monadischer Sicht und unter Außerachtlassung der pragmatischen Situation dem klinischen Bild der Depression entspricht. Depressionen scheinen sich in ähnlicher Weise auch dort zu ergeben, wo jemand für etwas zur Verantwortung gezogen wird, worauf er keinen Einfluß hat (z. B. Ehezwiste seiner Eltern, Krankheit oder Mißerfolg von Familienmitgliedern oder elterliche Erwartungen, die die physischen, intellektuellen oder emotionalen Fähigkeiten des Kindes überschreiten).

3. Wer von für ihn wichtigen anderen Verhaltensanweisungen empfängt, die bestimmte *Handlungen* sowohl verlangen als auch verbieten, wird dadurch in eine paradoxe Situation versetzt, in der er nur durch Ungehorsam gehorchen kann. Der Prototyp einer solchen Handlungsanweisung ist: »Tu, was ich sage, und nicht, was ich möchte.« Beispiele dafür liefern die Eltern, die von ihrem Jungen erwarten, daß er sowohl Respekt für Gesetz und Ordnung habe als auch ein Draufgänger sei. Oder sie legen so großen Wert auf Verdienen, daß für sie jedes Mittel diesen Zweck heiligt, wobei sie aber gleichzeitig ihrem Kind einschärfen, daß man immer ehrlich sein muß. Oder eine Mutter beginnt ihre Tochter schon in ungewöhnlich frühem Alter vor den Gefahren und der Häßlichkeit alles Sexuellen zu warnen, besteht aber gleichzeitig darauf, daß das Mädchen bei den Jungen stets »populär« sei. Das sich daraus ergebende Verhalten entspricht in monadischer Sicht und unter Außerachtlassung der pragmatischen Situation der sozialen Definition von Kriminalität oder Haltlosigkeit.

So weit diese Hypothesen. Sie sind ein Versuch, die pragmatische Perspektive auf die klinische Nosologie anzuwenden. Gerade aber dieser Versuch ist fragwürdig, denn es ist wahrscheinlich, daß unser zukünftiges, besseres Verständnis von Beziehungsphänomenen eine Revision des Begriffs der Verhaltensstörungen und ihrer Therapie von Grund auf nötig machen wird.

Wie weit wir davon noch entfernt sind, beweist allein schon der Umstand, daß wir selbst in diesen Darlegungen dauernd Anleihen bei der monadischen Terminologie (z. B. Psychopathologie, Schizophrenie, Neurose usw.) zu machen gezwungen sind.

### Schlußfolgerungen auf Verhaltensbeeinflussung

Damit sind wir beim vielleicht faszinierendsten Aspekt der Pragmatik menschlicher Beziehungen angelangt: bei der Frage der Verhaltensbeeinflussung. Wenn es zutrifft, daß ein System in dem Grade pathologisch ist, als es nicht aus sich selbst Regeln für die Änderung seiner Regeln hervorbringen kann, so ist es die offensichtliche Aufgabe einer wirksamen Therapie, diese Regeln von außen in das System einzuführen. Indem die Angehörigen eines solchen Systems in Kommunikation mit einem Außenseiter treten, der nicht in ihrem Spiel ohne Ende verfangen ist, kann dieses erweiterte System dann sozusagen von außen her Überblick über seine ursprüngliche Struktur gewinnen und verändernd einwirken. Was ein Spiel ohne Ende zum Teufelskreis macht, ist ja gerade die Unmöglichkeit, vom Inneren des Kreises aus die nicht darin enthaltenen Alternativen zu sehen. Wiederum scheint es WITTGENSTEIN (1956) gewesen zu sein, der als erster, wenn auch in einem ganz anderen Kontext, diesen Sachverhalt beschrieb:

»Nehmen wir ... an, [ein] Spiel sei so, daß, wer anfängt, immer durch einen bestimmten einfachen Trick gewinnen kann. Darauf aber sei man nicht gekommen – es ist also ein Spiel. Nun macht uns jemand darauf aufmerksam – und es hört auf, ein Spiel zu sein ...

Das heißt doch...: daß der andere uns nicht auf etwas aufmerksam gemacht hat, sondern daß er uns statt unseres ein anderes Spiel gelehrt hat. – Aber wie konnte durch das neue das alte obsolet werden? – Wir sehen nun etwas anderes und können nicht mehr naiv weiterspielen.«

WITTGENSTEIN behandelt hier ganz offenbar nicht Fragen der Verhaltensbeeinflussung, doch was er im letzten Absatz des Zitats erwähnt, hat unmittelbar Bedeutung für unsere Überlegungen: Der andere hat uns nicht auf etwas aufmerksam gemacht, sondern uns statt unseres ein anderes Spiel gelehrt – und nun können wir nicht naiv das alte weiterspielen. Wie unterschiedlich auch die klassischen Schulen der Psychotherapie untereinander sonst sein mögen, eines haben sie gemeinsam, nämlich die therapeutische Wirkung, die sie der Deutung, Konfrontierung, Erklärung – kurz, dem »Aufmerksammachen« im Sinne des erwähnten Zitats – und der daraus angeblich folgenden *Einsicht* zuschreiben. Für diesen Eckpfeiler aller psychodynamischen Theorien vom menschlichen Verhalten fehlt indessen jeder praktische Nachweis – er ist ein Dogma und damit ein Bestandteil einer *Lehre* vom Menschen, nicht aber eine Eigenschaft der menschlichen Natur.

In pragmatischer Sicht ist nicht nur, wie schon erwähnt, die angebliche Bedeutung des Kausalzusammenhangs zwischen bestimmten Faktoren in der Vergangenheit (Pathogenese) und bestimmten anderen in der Gegenwart (Symptomatik) fragwürdig, sondern ganz besonders das Postulat des Erkennens dieses Zusammenhangs (Einsicht) als Vorbedingung einer Änderung. Im alltäglichen Leben ist Einsicht kaum je der Begleiter, geschweige denn der Vorläufer von Wandlung und Reifen. Es wird uns bestenfalls zu einem bestimmten Zeitpunkt und in einer bestimmten Situation klar, daß wir z. B. noch vor einem halben Jahr in dieser Situation ganz anders reagiert hätten. Umgekehrt trifft man in der Praxis immer wieder Personen, die nach langer Psychotherapie jede nur erdenkliche Einsicht besitzen, ohne davon im geringsten zu profitieren. Natürlich läßt sich das immer damit erklären, daß der Betreffende eben noch nicht die richtige Einsicht gewonnen hat und noch eingehendere Analyse braucht. Wie grundsätzlich anders sich jedoch spontane Veränderungen der zwischenmenschlichen Wirklichkeit ergeben können, soll das folgende, uns kürzlich bekanntgewordene Beispiel veranschaulichen:

Ein vierjähriges Mädchen brach am ersten Tage seines Kindergartenbesuchs beim Weggehen der Mutter in so verzweifeltes Weinen aus, daß es für diese unvermeidlich wurde, bei dem Kind zu bleiben. Dieselbe Szene wiederholte sich an allen folgenden Tagen; die Mutter konnte sich nicht entfernen, und die Situation wurde für sie nicht nur zu einer schweren zeitlichen, sondern auch gefühlsmäßigen Belastung. Nach etwa zwei Monaten und noch bevor der schulpsychologische Dienst eine Chance hatte, sich des Falles anzunehmen, brachte eines Morgens aus uns unbekannten Gründen der Vater das Mädchen in den Kindergarten, lieferte sie ab und fuhr zur Arbeit. Das Kind weinte zwar etwas, beruhigte sich aber rasch. Wie bisher brachte die Mutter das Kind am nächsten Morgen zur Schule; zu ihrem großen Erstaunen ergab sich, wie schon am Vortag, keine Szene, und dabei blieb es.

Über die Einfachheit dieser Spontanlösung ließen sich alle möglichen Spekulationen anstellen; grundlegend bleibt aber, daß dieses System nur einer winzigen und anscheinend ganz zufälligen Änderung seiner Regeln bedurfte. Nachträglich könnte man freilich sagen, daß hier »offensichtlich« keine ernste, tiefgreifende Störung vorlag. Es kann aber kaum ein Zweifel daran bestehen, daß der Fall einen ganz anderen Verlauf genommen hätte, wenn der gerade für solche Probleme vorgesehene Apparat zum Eingreifen gekommen wäre. Der Fall hätte die Diagnose »Schulphobie« erhalten, und je nach der wissenschaftlichen Orientierung des Therapeuten wäre die prägenitale Fixierung des Kindes, das neurotische Bedürfnis der Mutter, ihre Tochter in Abhängigkeit zu halten, oder irgendwelche anderen intrapsychischen, monadischen Aspekte zum Gegenstand ebenso tiefer wie iatrogener Analysen geworden. Auf den Gedanken, das Kind einfach vom Vater in die Schule bringen zu lassen, wäre höchstwahrscheinlich schon allein deswegen niemand gekommen, weil diese Maßnahme keine erhellende Wirkung auf die Ursachen einer bereits klar diagnostizierten psychischen Fehlentwicklung zu haben scheint.

Pragmatische Verhaltensbeeinflussungen zielen in WITT-
GENSTEINS Sinn also darauf ab, statt des alten »ein anderes
Spiel zu lehren«. Werden einem menschlichen Beziehungssystem von außen her neue Verhaltensregeln zugeführt, so werden Verhaltensänderungen möglich, für die in monadischer
Auffassung Einsicht erforderlich wäre. Natürlich handelt es
sich bei diesen Interventionen um komplexere Maßnahmen als
um bloße Feststellungen der gewünschten Änderung, wie
»Seid nett zueinander« oder dergleichen. Auch dieses Thema
kann im Rahmen unserer Ausführungen nur gestreift werden,
wobei von vielen möglichen Beeinflussungen sich wiederum
die Paradoxien als die typischsten Beispiele anbieten. Sie sind
die wirksamsten Interventionen, die wir kennen. Ihrem Aufbau nach sind sie Spiegelbilder der pathogenen Doppelbindungen. Grundsätzlich wird nämlich in jeder therapeutischen Doppelbindung jenes Verhalten »verschrieben«, das die Patienten
zu ändern wünschen. Da es sich dabei um symptomatisches
Verhalten handelt und jedes Symptom als spontanes, d. h. un-
kontrollierbares Verhalten aufgefaßt werden kann, stellen
diese sog. *Symptomverschreibungen* vollgültige »Sei-spontan!«-Paradoxien dar. Mit anderen Worten, eine therapeutische Doppelbindung ist so zusammengesetzt, daß sie a) das
(spontane, symptomatische) Verhalten vorschreibt, das geändert werden soll, b) diese Verhaltensanweisung als Mittel der
Änderung dargestellt und c) eine Paradoxie hervorruft, weil
der Patient dadurch aufgefordert wird, sozusagen auf Kom-
mando spontan zu sein. Wenn man z. B. allem »gesunden
Menschenverstand« zum Hohn einem in dauernden Zwisten
verbissenen Ehepaar es zur Auflage macht, zusätzlich zu ihren
sowieso sich täglich ergebenden Krächen jeden Abend um acht
Uhr einen absichtlichen Streit zu haben, so werden die Partner
aller Wahrscheinlichkeit nach nicht nur diesen Streit nicht vom
Zaun brechen können, sondern es auch sonst viel schwieriger
finden, zu streiten. Intuitive Therapeuten haben solche Interventionen seit langem angewandt und beschrieben, so z. B.
FRANKL (1966) als paradoxe Intentionen, ROSEN (1953) unter
dem Titel »Wiederholung der Psychose« und JACKSON (1963,
S. 306–307).

Die Welt unserer Beziehungen ist ja überhaupt von Paradoxien durchzogen. So ist z. B. gerade dann die Stabilität einer Beziehung wesentlich gesichert, wenn die Partner die Möglichkeit ihres Auseinanderfallens realistisch ins Auge fassen. Andererseits können Liebende, die glauben, nicht ohne einander leben zu können, meist auch nicht miteinander leben. Der unter den dauernden Selbstmorddrohungen seiner Frau stehende Ehemann wird ihr und damit der Ehe wirksamer dadurch helfen, wenn er sachlich und in allen Einzelheiten sich nach ihren Wünschen für ihr Begräbnis erkundigt, als wenn er ihre Depression durch seine Panik erhöht.

Es ist uns sogar die Spontanremission einer Agoraphobie bekannt, die dadurch zustande kam, daß der Patient sich die Doppelbindung *selbst* auferlegte und damit den Teufelskreis seines symptomatischen Spiels ohne Ende sprengte:

Die Neurose dieses Mannes war im Laufe mehrerer Jahre zu einer immer unerträglicheren Belastung geworden. Jeder Versuch, der zunehmenden Verkleinerung seines angstfreien Territoriums entgegenzuwirken, führte zu buchstäblicher Todesangst. In seiner Verzweiflung entschloß er sich eines Tages, Selbstmord zu verüben, und wählte dazu die Fahrt zu einem 50 Kilometer entfernten Aussichtsberg – überzeugt, daß ihn mit zunehmender Entfernung von seinem Haus ein Herzschlag oder dergleichen erlösen würde. Zu seinem unbeschreiblichen Erstaunen kam er nicht nur wohlbehalten auf dem Berggipfel an, sondern fand sich zum ersten Mal in vielen Jahren vollkommen angstfrei. Seine Phobie ist in den letzten sechs Jahren nicht nur nicht zurückgekehrt oder durch andere Symptome ersetzt worden, sondern es ist ihm (wie der mit ihm zusammenarbeitende Psychiater verbürgt) gelungen, in der Zwischenzeit mehreren anderen schwer phobischen Patienten mit derselben Methode weitgehend zu helfen. (Dem mit der Zen-Literatur vertrauten Leser dürfte die Ähnlichkeit zwischen diesem Beispiel und dem Lehrsatz nicht entgehen, wonach die Erleuchtung erst dann kommt, wenn der Suchende jedes Streben nach ihr aufgegeben hat.)

## Ausblick auf die Neuentwicklung der Kommunikationsforschung

Abschließend einige Gedanken über die weitere Entwicklung der Kommunikationsforschung. Wir sind überzeugt, daß in kommenden Jahren ein wachsendes Interesse an Beziehungsphänomenen ihre Erforschung vorantreiben wird. Dem heutigen Stande unseres Wissens nach kann angenommen werden, daß dies auch zu neuen, fruchtbaren Perspektiven interdisziplinärer Art führen dürfte. Das Idealziel wäre natürlich eine so umfassende Systematisierung der Pragmatik, daß sich daraus eine Grammatik oder ein Kalkül menschlicher Beziehungen ableiten ließe. Dieses Ziel mag utopisch sein, besonders wenn wir bedenken, daß schon die Erforschung der Syntax einer natürlichen Sprache große Schwierigkeiten bietet, während die Hoffnung auf eine Systematisierung der Semantik auf zunehmende Skepsis stößt. Wieviel unrealistischer muß demnach die Absicht sein, dieses Ziel auf dem weit komplexeren Gebiet der Pragmatik zu erreichen! Wir glauben, daß Erfolg oder Scheitern hier von der Lösung zweier Grundprobleme abhängt. Das erste betrifft die averbale Kommunikation, deren Erfassung weit schwierigere und kostspieligere Methoden erfordern wird als die der rein verbalen. Das zweite Problem hat mit der schon erwähnten Tatsache zu tun, daß wir keine Sprache zum Ausdruck und zur Beschreibung metakommunikativer Phänomene haben. Während z. B. die Mathematiker über Zahlen und algebraische Symbole zum Ausdruck mathematischer Sätze (also von Gleichungen, Formeln usw.) verfügen und die natürlichen Sprachen zum Ausdruck metamathematischer Aussagen verwenden können, besitzen wir lediglich *eine* Sprache sowohl für Kommunikation als auch Metakommunikation. Diese Schwierigkeit ist einschneidender, als es dieser kurze Hinweis vielleicht vermuten läßt. Ferner ist zu erwarten, daß sich hier das Problem der Unentscheidbarkeit im Sinne GÖDELS (1931, S. 173–198) zunehmend bemerkbar machen dürfte. GÖDEL hat bekanntlich nachgewiesen, daß kein formales System, dessen Komplexität zumindest der der Arithmetik entspricht, seine eigene Geschlossenheit und Folgerichtigkeit ohne Zuhilfenahme von Begriffen darstellen kann, die allgemeiner als das System selbst und daher nicht mehr Teil des Systems sind. Damit aber ergibt sich ein theoretisch unendlicher Regreß.

Aber selbst wenn diese Schwierigkeiten sich als unlösbar erweisen sollten, so ist dennoch anzunehmen, daß auch Teillösungen fruchtbare Resultate ergeben werden. Die vorliegenden Ausführungen sind ein Versuch, die Anwendbarkeit pragmatischer Prinzipien für das Verständnis und auf die Beeinflussung menschlicher Beziehungen zu veranschaulichen. Dies soll nicht bedeuten, daß sie nur dort gelten. Diese Prinzipien müssen vielmehr als Systemeigenschaften aufgefaßt werden und sind daher auch in anderen Beziehungssystemen gültig. Die moderne Disziplin, die entweder als Konflikts- oder Friedensforschung bekannt ist, fußt weitgehend auf ihnen. Und schließlich ist es vielleicht nicht überoptimistisch, anzunehmen, daß die Pragmatik uns neue Ausblicke auf das Wesen der uns umgebenden Wirklichkeit und unsere Stellung gegenüber dieser Wirklichkeit eröffnen dürfte.

# Kapitel 2

# Der Wandel des Menschenbildes in der Psychiatrie

*Aus dem Übergang vom monadischen, introspektiven, retrospektiven, intrapsychischen Ansatz der klassischen Therapieschulen zur systemischen Sicht erwächst auch ein neues Bild vom Menschen. Kapitel 2 versucht, diesen Übergang parallel zur historischen Erweiterung des wissenschaftlichen Weltbildes darzustellen, das, vom antiken Begriff der statischen* Materie *ausgehend, seine unerhörte Bereicherung durch das Dazukommen der* energetischen *Sichtweise erfuhr, und in unserer Zeit völlig neue, zusätzliche Dimensionen durch die Einbeziehung des Begriffs der* Information *annimmt.*

In einem 1911 veröffentlichten Lehrbuch erwähnt der Verfasser, einer der hervorragendsten Vertreter der europäischen Psychiatrie unseres Jahrhunderts, den Brief eines Schizophrenen an seine Mutter:

Liebe Mamma! Heute befinde ich mich besser als gestern. Es ist mir eigentlich gar nicht um's Schreiben. Ich schreibe Dir aber doch sehr gern. Ich kann ja zweimal d'ran machen. Ich hätte mich gestern, am Sonntag, so sehr gefreut, wenn Du und Luise und ich in den Park hätten gehen dürfen. Von der Stephansburg hat man eine so schöne Aussicht. Es ist eigentlich sehr schön im Burghölzli. Luise hat auf den letzten zwei Briefen, ich will sagen auf – den Couverts, nein Briefumschlägen, die ich erhalten habe, geschrieben, Burghölzli. Ich habe aber wo ich das Datum hingesetzt, Burghölzli geschrieben. Es gibt auch Patienten im Burghölzli die sagen Hölzliburg. Andere reden von einer Fabrik. Man kann es auch für eine Kuranstalt halten. [...] Alle Menschen haben Augen. Es gibt auch solche, die blind sind. Die Blinden werden dann von einem Knaben am Arm geführt. Es muß sehr schrecklich sein, nichts zu sehen. Es gibt auch Leute, die nichts sehen und noch dazu solche, die nichts hören. Aber ich kenne auch einige, die hören zu viel. Man kann zu viel hören. Man kann auch zu viel sehen. Im Burghölzli hat es viele Kranke. Man sagt ihnen Patienten.

Einer hat mir gut gefallen. Er heißt E. Sch. Der lehrte mich: Im Burghölzli gibts vielerlei, Patienten, Insassen, Wärter. – Dann hats noch
solche, die gar nicht hier sind. Es sind alles merkwürdige Leute.

Und der Verfasser des Lehrbuchs, Prof. EUGEN BLEULER,
führt dazu aus:

Ein nicht schizophrener Briefschreiber würde berichten, was an der
Umgebung auf sein Befinden Einfluß hat, was ihn irgendwie ange-
nehm oder unangenehm berührt, oder dann, was den Adressaten
interessieren kann. Hier fehlt ein solches Ziel: das Gemeinsame aller
Ideen besteht darin, daß sie an des Patienten Umgebung anknüpfen,
nicht aber, daß sie Beziehungen zu ihm haben. [...] Sind aber auch die
ausgedrückten Ideen alle richtig, so ist das Schreiben doch bedeutungslos. Patient hatte das Ziel, zu schreiben, aber nicht, *etwas* zu
schreiben.

Vor 70 Jahren waren diese Schlußfolgerungen zwingend und
überzeugend: Der Brief ist Ausdruck eines zerrütteten Geistes. Wir Heutigen – Laien oder Fachleute – finden es schwierig, den Sinn des Briefes so aufzufassen. In unserem Denken
hat sich inzwischen ein Wandel vollzogen; wir sind eher bereit,
in diesem Brief Andeutungen zu sehen, Innuendos, die von den
*Beziehungen* des Schreibers zu seiner Mutter und, im weiteren
Sinne, zu seinen Mitmenschen und dem Anstaltsmilieu handeln. Noch offensichtlicher wird dieser Wandel im folgenden
Zitat aus einem 1970 veröffentlichten Buch:

Mit ihm stimmt etwas nicht
   denn er würde sich nicht so verhalten
     wenn es bei ihm stimmte
   also verhält er sich so
   weil etwas mit ihm nicht stimmt
Er glaubt nicht, daß mit ihm etwas nicht stimmt
denn
   was unter anderem
   mit ihm nicht stimmt
   ist, daß er nicht glaubt, daß irgendetwas
   mit ihm nicht stimmt
daher
   müssen wir ihm zur Einsicht verhelfen,
   daß die Tatsache, daß er nicht glaubt, daß irgendetwas

mit ihm nicht stimmt
unter anderem das ist,
was mit ihm nicht stimmt

Es handelt sich hier um ein Zitat aus dem aphoristischen Buch *Knoten* des Londoner Psychiaters RONALD LAING (1970), das man – mit etwas Humor – ebenfalls als Lehrbuch der Psychiatrie bezeichnen könnte. Der Bezugsrahmen ist hier freilich ein ganz anderer. Es geht nicht um die Manifestationen eines gestörten Geistes, sondern um eine gestörte Beziehung oder, genauer gesagt, um die eigenen Annahmen über die Annahmen des anderen. Diese Annahmen sind aber reine Konstruktionen und nicht feststellbare Tatsachen oder gar platonische Wahrheiten. Die Art und Weise, wie eine Beziehung von den Beziehungspartnern gesehen wird, entzieht sich jeder objektiven Verifikation. Feststellbar ist aber der Grad der Harmonie, die den Partnern aus einer mehr oder weniger übereinstimmenden Definition ihrer Beziehung erwächst, beziehungsweise die *Folie à deux*, wenn sie allzu weit von der Art und Weise abweicht, wie andere Menschen die Beziehung definieren, oder schließlich die Folgen der schweren Konflikte, die sich aus der Nichtübereinstimmung der individuellen Beziehungsdefinitionen der Partner ergeben.

In diesen wenigen Sätzen ist vieles vorweggenommen, das näher belegt werden muß, um dem Thema dieses Vortrags gerecht zu werden.

Das Menschenbild der Psychiatrie war bekanntlich jahrtausendelang von religiösen, magischen, dämonischen oder abergläubischen Vorstellungen beherrscht. Diese weit zurückliegenden Auffassungen sollen uns hier nicht beschäftigen, obwohl es für einen mit der Materie vertrauten Chronisten sicherlich reizvoll wäre, unleugbare, aber peinliche Parallelen zwischen gewissen »Behandlungs«-Methoden jener finsteren Zeiten und noch bestehenden Praxen aufzuzeigen.

Im Zeitalter der Aufklärung vollzieht sich insofern ein entscheidender Wandel, als man dazu übergeht, auch in den seelischen Störungen nach objektiven Gründen zu suchen. Statt Dämonen regiert nun bekanntlich die *Déesse raison* und gibt den wissenschaftlichen Ton an. Mit dieser Einsetzung der Vernunft als höchster menschlicher Instanz kommt folgerichtigerweise der Wunsch nach Objektivierung der Welt, d. h. nach der Reinigung des wissenschaftlichen Weltbilds von unbeweisbaren Dogmen, Vorurteilen, Annahmen, Mythen und dergleichen. Der erste Schritt zur Herbeiführung objektiver Ordnung im kaleidoskopischen Durcheinander der Natur bestand darin, Gemeinsamkeiten, Ähnlichkeiten, verbindende Elemente zu finden und die Gegenstände der Beobachtungen in Gruppen und Untergruppen einzuteilen und danach zu benennen – in einem Wort: zu klassifizieren. Zu diesem Zwecke wurden die Dinge im So-Sein ihrer physischen Eigenschaften erfaßt. Und auf die Gefahr hin, die Vereinfachung dieser Darlegung über alles zulässige Maß auszudehnen, ließe sich vielleicht sagen, daß daher die *Materie* (im antiken Sinne) Forschungsobjekt wurde – wenigstens was ihre eben erwähnten Eigenschaften und Erscheinungsformen betrifft.

Wie jede andere Disziplin stützt sich auch die Psychiatrie auf das wissenschaftliche Weltbild der betreffenden Epoche. Es fällt allerdings auf, daß sie es niemals fertigzubringen scheint, an der Spitze des Fortschritts zu stehen, sondern länger als andere Fachgebiete an den von jenen bereits überholten Paradigmata festhält. Was immer der Grund dafür sein mag, so finden wir, *grosso modo*, daß das Menschenbild der Psychiatrie sich zunächst am Begriff der Veranlagung reproduziert. In dieser Sicht sind wir von Natur aus auf bestimmte Eigenschaften hin angelegt, die sich freilich erst im Laufe des Lebens verwirklichen und ausprägen. Sie werden aber als vorgegeben und daher weitgehend unveränderlich gesehen. Wenngleich man in diesem Zusammenhang von Materie nur metaphorisch sprechen kann, handelt es sich doch um materielle Eigenschaften wie etwa die Konstitution. Um die Menschen in ihrem So-Sein zu verstehen, betreibt man Physiognomik; ein Klassifikationsverfahren, das auf ARISTOTELES zurückgehen dürfte und im 18. und 19. Jahrhundert mit Namen wie LAVATER, CARUS und anderen verbunden ist. Zu Beginn des 19. Jahrhunderts entwickeln GALL und sein Schüler SPURZHEIM eine Methode, die Phrenologie, die bekanntlich die Veranlagungen und daher auch den Charakter eines Menschen aus der Form des Schädels und besonders seiner Unebenheiten ableitet, indem sie aus ihnen Vermutungen auf die darunterliegenden Hirnpartien zieht. Etwas später spricht LOMBROSO vom *Reo nato*, dem mit einer organischen Minderwertigkeit geborenen Verbrecher; einem Menschen also, dessen Handeln ein für allemal so festgelegt ist, wie die Farbe seiner Augen.

Während das Bild des Menschen noch in solchen statischen Eigenschaften gesucht wurde, hatte das Weltbild der Wissenschaft in anderen Sparten diesen materiebezogenen Gesichtspunkt längst hinter sich gelassen. Die entscheidende Wendung, die freilich auch ihrerseits Ansätze bereits in der Antike hat, ergab sich durch die Einführung des Begriffs der *Energie*. Diese in der Formulierung des ersten Hauptsatzes der Wärmelehre gipfelnde Entwicklung ist für die schwindelerregenden Fortschritte der Technik in den letzten drei Jahrhunderten verantwortlich. Im Zusammenspiel von Materie und Energie, von den angeborenen Gegebenheiten und ihren dynamischen Wechselwirkungen, ergaben sich Verständniskategorien, die dem Weltbild der statischen Materie verschlossen geblieben waren. Mit FREUD – wenn wir wieder von wichtigen Vorläufern simplifizierend absehen wollen – tritt der Begriff der Energie auch in die Psychiatrie ein. Seelische Gegebenheiten werden nun als dynamische Abläufe gesehen. Wie der Physiker, beginnt nun auch der Seelenarzt, in Begriffen einer (freilich hypothetischen, metaphorischen) Energie, der Libido, zu denken. FREUD spricht von einem Libidoquantum; seelische Energie ist demnach in einem bestimmten Maße gegeben, kann aber Transformationen ihrer Erscheinungsformen durchlaufen. Nicht von ungefähr heißt eines der bedeutendsten Werke JUNGS in jener Epoche *Wandlungen und Symbole der Libido*. Dem psychoanalytischen Modell steht die Hydraulik Pate: Die Libido verhält sich wie eine etwas zähe Flüssigkeit, die einmal erreichte Positionen nie mehr ganz aufgibt, in ihrem streng determinierten Flusse aber durch Hindernisse abgelenkt oder gestaut werden kann. Ein solcher Stau mag regressiv zur Wiederbelebung bereits weitgehend aufgegebener Seitenarme führen; er mag andererseits aber auch sublimierend höhergelagerte

Abfuhrmöglichkeiten aktivieren. Die Metapher ist von unerhörtem heuristischen Wert. Sie ermöglicht das Bild einer Energetik der Seele, die unser Wissen um die Gründe menschlichen Handelns vertieft und bisher unbekannte therapeutische Möglichkeiten eröffnet. Der Mensch erweist sich als tiefer, komplexer, aber auch zerrissener und determinierter, als man ihn bisher zu denken wagte. Die sublunare Welt von Wahn und Traum wird wissenschaftlich erhellt und gedeutet.

Wie jede Metapher hat aber auch die der Psychodynamik ihre Grenzen. Das Bild des von seinen Trieben geschobenen, kausalbedingten Menschen (dem JUNG das Bild des nach vorwärts, final gezogenen Individuums entgegenstellt) erweist sich unvermeidlicherweise genau dort als unbefriedigend, wo das der Psychoanalyse zugrundeliegende wissenschaftliche Weltbild selbst gewisse Antworten schuldig zu bleiben beginnt. Diese Fragestellungen betreffen z.B. die unleugbare Erfahrungstatsache, daß aus niedrigeren Organisations- und Funktionsformen höhere Komplexitäten hervorgehen. Irgendwo liegt da ein Widerspruch, fehlt da ein Erklärungsprinzip, das das klassische wissenschaftliche Weltbild nicht zu liefern vermag. BERGSON versucht eine Antwort mittels des Postulats eines *Élan vital*; JUNG greift auf die antike Idee der Entelechie zurück. Noch näher liegt es, eben doch wieder das Walten eines höheren Ordnungsprinzips zu postulieren, das seinen eigenen Gesetzen von Ursache und Wirkung nicht unterworfen ist – genau wie die Allmacht Gottes in dem rührenden scholastischen Dilemma doch nicht in Frage gestellt ist, obwohl Er jenen fatalen Felsen nicht zu schaffen vermag, der so riesig ist, daß nicht einmal Er ihn aufheben kann.

Und doch war die Antwort nicht nur schon bekannt, sondern sogar längst in die Praxis umgesetzt; wenn auch auf einem Gebiete, das scheinbar völlig abseits lag. Als JAMES WATT im 18. Jahrhundert an seinen Plänen für die Dampfmaschine arbeitete, wurde ihm vorgehalten, daß die Idee unausführbar sei. Im streng linear-kausalen Denken seiner Zeit hätte eine außerhalb der Maschine stehende Instanz, sozusagen ein *Spiritus rector*, die Steuerung der Dampfzufuhr übernehmen müssen. Etwas prosaischer ausgedrückt: Zum Funktionieren der Maschine schien ein Bedienungsmann erforderlich, der jeweils im rechten Augenblick eines der beiden Dampfventile schloß und das andere öffnete und damit die Hin- und Herbewegung des Kolbens möglich machte. Bekanntlich löste WATT das Problem dadurch, daß er die Bewegung *des Kolbens selbst* mittels des Schiebers in den Dienst der Öffnung und Schließung der Dampfeinlässe stellte. Heute scheint uns diese Lösung selbstverständlich, handelt es sich dabei doch um eine ganz frühe Anwendung des heute alltäglichen Prinzipis der Selbstregulierung, nämlich einer Rückkoppelung von Wirkung auf ihre eigene Ursache in Form einer kreisförmigen Kausalität. Dem streng deterministischen, linearen Kausalitätsdenken jener Epoche war es anscheinend unfaßbar, daß eine Wirkung ihre eigene Ursache beeinflussen und damit einen Mechanismus herstellen kann, dem gewissermaßen »intelligentes« Verhalten nicht abzusprechen ist. Noch überraschendere Anwendung fand dieses Prinzip in WATTS Erfindung des Fliehkraftreglers, der die Drehzahl und Leistung der Maschine auch bei wechselnder Belastung konstant hält.

Als nach Ende des 2. Weltkriegs bis dahin geheimgehaltene Forschungsergebnisse zugänglich wurden, erwies es sich, daß die Entwicklung moderner Waffensysteme zu einer noch viel weiter reichenden Änderung des wissenschaftlichen Weltbilds geführt hatte. Wenn es auch hoffentlich nicht zutrifft, daß der Krieg der Vater *aller* Dinge ist, so waren hier doch rein militärische Probleme der Anstoß. Beispiele dafür sind: die Entwicklung von Feuerleitgeräten zur Bekämpfung hoch- und raschfliegender Flugzeuge, oder die Notwendigkeit, Panzer mit einer Kanone auszurüsten, deren Lafette die regellosen Bewegungen des Fahrzeugs auf unebenem Terrain ausgleicht und damit das Anvisieren und Beschießen eines Ziels auch bei rascher Fahrt ermöglicht. Die damit verbundenen Regelungsprobleme haben nichts mehr mit Energie zu tun; Energie steht nämlich in diesen komplexen Systemen an allen benötigten Punkten zur Verfügung. Wie schon beim Fliehkraftregler kommt hier ein völlig neues Prinzip ins Spiel. Wie angedeutet, wird dabei eine Rückwirkung einer Wirkung auf ihre eigene Ursache hergestellt oder, genauer ausgedrückt, ein kleiner Teil

der Folge eines Ereignisses wird auf das Ereignis selbst zurück-
geleitet – jedoch nicht als Plus oder Minus an Energie, sondern
als Signal, als *Information*. Damit aber ist das klassische wissenschaftliche Weltbild von Materie und Energie um einen
dritten, unabhängigen Begriff erweitert. Um wiederum enorm
zu simplifizieren, läßt sich sagen, daß die elektronische Revolution, die kybernetischen und systemtheoretischen Ansätze und
auch die Erforschung der menschlichen Kommunikation hier
ihren Anfang haben.

Wie schon erwähnt, folgt die Psychiatrie dem wissenschaftlichen Paradigma der betreffenden Epoche mit respektvoller
Verzögerung. Ansätze zum Ziehen der notwendigen Folgerun-
gen aber bestehen immerhin seit geraumer Zeit.

Der Kinderpsychiatrie war es schon vor Jahrzehnten bekannt, daß das Verhalten des geistesgestörten Kindes nicht nur
ein schweres Problem für seine Eltern darstellte und daher die
ganze Familie beeinflußte, sondern auch, daß das Verhalten
der Eltern einen unleugbaren, offensichtlichen Einfluß auf den
Störungsgrad des Kindes hatte. Diese Einsicht ergab sich dadurch, daß wenigstens bei ambulanter Behandlung die Mutter
den kleinen Patienten in die Klinik bringt, auf ihn wartet und
ihn wieder nach Hause zurückbringt. Viel öfter als bei erwachsenen Patienten hat der behandelnde Arzt also die fast zufällige
Möglichkeit, die Interaktion zwischen Mutter und Kind zu beobachten und festzustellen, daß sehr oft die Auslöser der
Störungen von der Mutter und nicht vom Kinde ausgehen. Besonders im Hinblick auf die extreme Asymmetrie der Mutter-
Kind-Beziehung, in der das Kind weitgehend von der Mutter
abhängt, führte diese Beobachtung zum logischen Schluß von
der Mutter als der Verursacherin der Schwierigkeiten des Kindes. Damit schien ein neuer Gesichtspunkt gewonnen – in
Wirklichkeit hatte man aber nur die Richtung der Kausalab-
läufe umgekehrt, d. h. die Positionen von Ursache und Wirkung vertauscht.

An dem auch dieser Auffassung zugrundeliegenden Kausali-
tätsschema hatte sich nichts geändert; genau wie im Menschenbild der in den sechziger Jahren so viel Furore machenden Anti-
psychiatrie ganz einfach Ursache zu Wirkung und Wirkung zu

Ursache umfunktioniert wurde: Wenn vorher der Patient für verrückt und die Gesellschaft für unschuldig und normal galt, wurden nun Gesellschaft und Familie als soziale Erzübel gesehen und der sogenannte Patient als der einzig Normale in einem kranken und krankmachenden Milieu. Auch hier hatte sich am grundlegenden Denkmodell nichts geändert, nur die Zuschreibung ursächlicher Schuld war umgekrempelt worden.

Mit dem Einbruch des Informationsbegriffes in die Wissenschaft trat jedoch ein Wandel ein. Zu offensichtlich waren die Denkanstöße, die aus anderen Wissensgebieten her an die Psychiatrie gelangten. Die Auffassung der menschlichen Monade, des Individuums, als dem Maß aller Dinge und seiner seelischen Störungen daher als rein intrapsychischer Natur, wurde langsam unhaltbar. Selbst wenn eine Störung ihre Ursache ausschließlich im Kräftespiel der seelischen Energetik hätte, so wären ihre Auswirkungen dennoch zwischenmenschlich, d. h. sie ließen sich nur aus dem Verhalten des Betreffenden feststellen. Denn wie kommt der Diagnostiker überhaupt zur Annahme einer psychischen Störung? Ausschließlich durch die Beobachtung des Verhaltens; wobei unter Verhalten natürlich auch die Übermittlung sprachlicher Information zu verstehen ist – also Träume, freie Assoziationen und selbst scheinbar objektive Testergebnisse wie beim Rorschach, dem TAT, den Intelligenzmessungen und dergleichen*. Im Menschenbild der klassischen Psychiatrie gilt aber dieses Verhalten, obwohl Roh-

---

* So ist z. B. ein berichteter Traum nicht einfach der Bericht eines Traums. Er ist vielmehr der Bericht des Traums eines Menschen, der weiß, daß er seinem Psychiater Träume berichten soll, der ferner weiß, oder zumindest annimmt, daß gewisse Träume in irgendeinem Sinne für positiv, andere dagegen für negativ gelten, daß der Psychiater darauf in der einen oder anderen Weise reagieren wird, daß er, der Träumer, dann auf diese Reaktion reagieren wird müssen, usw. usw. Das Phänomen war bereits FREUD wohlbekannt, er nannte diese Träume »Gefälligkeitsträume«. Nicht viel anders geht es mit den Projektivtests, die lange Zeit für Instrumente galten, durch die sich die Innenwelt nach außen projiziert. Neuere Untersuchungen (z. B. ROSENTHAL 1966, und MISCHEL 1968) beweisen, daß die Deutungen der Testpersonen weitgehend durch die zwischenmenschlichen Gegebenheiten der Testsituation bedingt sind, und daß die Haltungen, Erwartungen und Vorurteile der Versuchsleiter nur zu leicht zu selbsterfüllenden Prophezeiungen werden können.

material und Ausgangspunkt aller Exploration, gleichzeitig doch nur als Folgeerscheinung innerer Gegebenheiten. Das zu Erklärende wird damit unversehens zu seiner eigenen Erklärung. Irgendwie ist man an PLATONS Analogie gemahnt, in der an der Rückwand der Höhle sich die Schatten dessen abzeichnen, was draußen ursächlich und primär vor sich geht. Der Grund aber, weshalb der Psychiater als Beobachter dieses Schattenspiels nicht die an sich naheliegende Konsequenz zieht, sich um 180 Grad herumzudrehen und die Höhle zu verlassen, statt über die Gegebenheiten nur zu spekulieren, ist durch die Auffassung des Individuums als Forschungsobjekt in letzter Instanz und als kontextunabhängiger Monade zwingend bestimmt. Das Bild vom Menschen als dem Maß aller Dinge macht diese epistemologische Akrobatik unausweichlich. Wo anders als *im* Menschen könnte das Menschliche liegen?

Gerade aber hier, mit dieser scheinbar so selbstverständlichen Logik des Innen und Außen, wird Neuland betreten. Wie weit reicht der Mensch? Ist er durch seine Haut klar abgegrenzt? Um eine BATESONsche Analogie (1981) zu verwenden: Ist die Spitze des Blindenstocks der Berührungspunkt des Blinden mit der Außenwelt, oder der Griff, den er in der Hand hält? Liegt er auf halbem Wege zwischen den beiden Enden des Stocks? Gehört der Hammer zur Innen- oder Außenwelt des dahinhämmernden Schusters? Aus diesen einfachen Beispielen erhellt sich die Fragwürdigkeit unserer Auffassung vom Individuum und seiner psychischen Prozesse. Die räumliche Orientierung des Blinden muß den Raum selbst einbeziehen und ferner seinen Stock als Verbindungsglied zwischen ihm und dem Raum. Nicht einmal dieser einfache Vorgang läßt sich in Begriffen des monadischen Menschenbildes erklären. Es handelt sich vielmehr um einen kreisförmigen Informationsablauf, der aus dem Blinden, dem Stock, dem Pflaster des Gehsteigs, den Rückmeldungen des vielfältigen Herumtappens des Stocks und vermutlich vielen weiteren Elementen besteht. Keinem einzigen dieser Elemente und Vorgänge kommt ein Primat zu; sie sind alle gleicherweise unerläßlich. Zusammen bilden sie einen Schaltkreis, der ununterbrochen von Informationen durchlaufen wird und in dem die kleinste quantitative oder qualitative Veränderung an irgendeinem Punkt sofort an alle anderen Punkte des Kreises weitergemeldet wird und deren Funktion verändert. Im Weltbild der modernen Wissenschaft sind diese Kreise die kleinsten, unteilbaren Einheiten. Wollte man sie dennoch in »einfachere« Bestandteile zerlegen, so würde es notwendig, diesen Bestandteilen dann Eigenschaften zuzuschreiben, die sie nicht haben.

Es kann aber nicht nachdrücklich genug betont werden, daß Phänomene, denen wenigstens im Vokabular unserer Umgangssprache seelische oder intelligente Eigenschaften nicht abzusprechen sind, weder der Beteiligung des Menschen noch der eines angenommenen *Spiritus rector* bedürfen. Alles, was in früheren Zeiten für eine von Gott der dumpfen Materie eingehauchte Zweckmäßigkeit und Zielgerichtetheit galt, läßt sich heute zwanglos als notwendige Folge von bestimmten, der Natur im weitesten Sinne innewohnenden Regelungsprozessen verstehen. NORBERT WIENER gab dieser Denkrichtung und ihren technischen Anwendungen den Namen *Kybernetik*. Es sei hierzu ein Beispiel gestattet, das eben wegen seiner Trivialität überzeugt: Wohl jedermann kennt den Wärmeregler (Thermostaten) in modernen Häusern. In Begriffen der modernen Elektronik handelt es sich um eine Vorrichtung von banalster Einfachheit. Der Thermostat mißt die Temperatur im Hause; steigt sie über das gewünschte Maß an, so schaltet er die Heizung ab, sinkt sie unter den eingestellten Wert, so bewirkt diese Abweichung von der Norm das Wiedereinschalten der Heizung. Das bei näherer Überlegung Erstaunliche daran ist, daß dieses lächerlich einfache Instrument es fertigbringt, die Schwankungen der Wetterlage auszugleichen, deren Entstehung so unerhört komplex und durch so zahlreiche unvorhersehbare Faktoren bedingt ist, daß es der Meteorologie bis heute nicht gelungen ist, ein brauchbares mathematisches Modell dieser komplizierten Ursachen und ihrer Wechselwirkungen zu entwerfen. Das kausalgenetische Denken versagt hier also. Der Thermostat dagegen, der weder Fachmann der Wetterkunde ist noch den letzten Wetterbericht gelesen hat, bringt etwas zustande, dem intelligente, »seelische« Fähigkeiten im herkömmlichen Sinne nicht abzusprechen sind; Fähigkeiten, die im Bereich des Physiologischen, also des hautbegrenzten Körpers, übrigens für selbstverständlich gelten. Und wie bringt der Thermostat dies zuwege? Indem er die astronomische Komplexität der zusammenspielenden Faktoren nicht kausal zu erfassen versucht, sondern *eine* einzige Schwankung, die der Temperatur von der gewünschten Norm, aufgreift und – wie schon WATT es tat – diese Abweichung in den Dienst ihrer eigenen Korrektur stellt.

Die meisten von uns sind bereit, diesen Sachverhalt gelassen hinzunehmen, solange es sich um Physiologie, Dampfmaschinen, Kühlschränke, Bügeleisen und hunderterlei andere, alltägliche Anwendungen dieses Prinzips handelt. Sobald es aber in das Bild des Menschen hereinzureichen beginnt, wird es zum Gegenstand heftiger Kontroverse.

Die klassische Auffassung der Seele sowie der psychischen und geistigen Vorgänge im Individuum (die englische Sprache hat für diese Begriffe die ungleich praktischeren Ausdrücke *mind* und *mental*), deren Lokalisierung schon den griechischen Philosophen Schwierigkeiten bereitete und die im Rahmen dieser Vortragsreihe schon von kompetenteren Sprechern behandelt wurde, muß in dieser Sicht dem Bild eines der menschlichen Monade übergeordneten und sie enthaltenden Informationsnetzes weichen. Hier aber entflammt der Widerstand. Die Entthronung des Individuums als Zentrum und letzter Instanz des Menschlichen ist für unser Selbstgefühl mindestens ebenso unannehmbar wie die Relegierung unseres Planeten vom Zentrum des Universums zu einem drittklassigen Trabanten der Sonne zur Zeit der heliozentrischen Revolution. Der unweigerliche Eindruck ist der einer Entwürdigung und Mechanisierung all dessen, was wir im eigentlichsten Sinne für menschlich halten. Es wäre für einen Wissenschaftsphilosophen zweifellos reizvoll, Vergleiche zwischen den doktrinären Argumenten anzustellen, die Galilei nur ein geflüstertes *»Eppur si muove...«* als Antwort ließen, und jenen Einwänden, die dieses Menschenbild empört als »mechanistisch«, »seelenlos« und »oberflächlich« ablehnen und in ihm die altehrwürdige »Tiefe« der Seele vermissen.

Darum nämlich geht es im wesentlichen. Meine langatmige

Einleitung läßt sich auf eine einfache Formel bringen: den Unterschied zwischen den Eigenschaften der Monade und jenen der Beziehung. Auch hierzu ein triviales Beispiel: Der Satz, »Dieser Apfel ist rot«, bezieht sich offensichtlich auf eine Eigenschaft des Objekts Apfel. Er ist somit in seiner Gesamtheit auf das angesprochene Objekt rückführbar. Der Satz, »Dieser Apfel ist größer als jener«, ist dagegen nicht auf den einen oder den anderen Apfel rückführbar; er bezeichnet keine individuelle Eigenschaft, sondern macht eine Aussage, die ausschließlich in der Beziehung der beiden Äpfel Sinn hat. Das »Größersein« schwebt sozusagen im Raum zwischen den beiden Äpfeln, bezieht sich auf beide und hat doch weder mit dem einen noch dem anderen allein zu tun. Um auf den Ausgangspunkt zurückzukommen: BLEULER spricht im zitierten Beispiel von einer Pathologie, die isoliert in der monadischen Seele des Patienten besteht; LAING streicht die Verhedderungen heraus, die sich aus den Fallstricken widersprüchlicher Beziehungsdefinitionen ergeben.

Was wissen wir von Beziehungen? Im Grunde noch sehr wenig. Der Wahrnehmungspsychologie verdanken wir die Erkenntnis, daß nur Beziehungen wahrgenommen werden können. Wir sehen die Figur, weil sie sich vom Hintergrund abhebt. Ein gleichbleibender Ton kann leicht überhört werden; daher die Martinshörner der Feuerwehr. Wenn wir unsere Pupillenbewegungen am dauernden Wechsel des Blickpunkts verhindern, wird visuelle Wahrnehmung schwer, wenn nicht unmöglich; daher die Fixierung der Augen auf einen glänzenden Punkt als traditionelle Technik der Tranceinduktion. Wenn wir tastend die Eigenschaften einer Oberfläche untersuchen, so bewegen wir die Fingerspitze hin und her; ein Stillhalten des Fingers würde uns keine Auskunft vermitteln. Nur an Unterschieden erfassen wir die Welt primär; sekundär reifizieren wir die Unterschiede dann zu statischen Eigenschaften des Wahrgenommenen.

Während aber der Größenunterschied zwischen Äpfeln objektiv meßbar ist, ist eine exakte Beziehungsdefinition im menschlichen Bereich nicht möglich. Das Wesen einer menschlichen Beziehung ist, wie eingangs erwähnt, eine reine Konstruktion, eine Ansichtssache, die von den Partnern bestenfalls mehr oder weniger geteilt wird. Sie ist das Grundthema menschlicher Kommunikation und der Ursprung der meisten menschlichen Konflikte. Vielleicht überrascht diese Behauptung, da wir allzusehr gewohnt sind, Kommunikation primär als Austausch von objektiver, faktischer Information zu verstehen. Doch selbst in der scheinbar unpersönlichsten Mitteilung steckt implicite immer ein Ausdruck dessen, wie der Sender seine Beziehung zum Empfänger sieht. Im bekannten Wiener Witz sieht Graf Bobbys Dienstmädchen zum Fenster hinaus und sagt: »Herr Graf, wir bekommen vielleicht Regen«, worauf Bobby sich steif aufrichtet und sie dezidiert belehrt: »Mizzi, *ich* bekomme vielleicht Regen, und *Sie* bekommen vielleicht Regen.« In anderen Worten, mit dem für Bobby viel zu vertraulichen »wir« verstößt das Mädchen gegen Bobbys Definition der Beziehung als einer streng formalen zwischen Adeligen und Dienstboten. Mit Regen hat das alles überhaupt nichts zu tun.

Warum aber investieren wir Menschen (und übrigens auch die höheren Tiere) so viel Zeit und Anstrengung in die Definitionen unserer Beziehungen zu anderen? Eben weil wir nicht in uns geschlossene Monaden sind. Wie gezeigt werden soll, legen die unbequemen Resultate der Kommunikationsforschung nahe, daß unser Bewußtsein nicht wie ein kleiner Mann im Direktionsbüro des hautbegrenzten Menschenwesens sitzt und in seinem Kopfe ein noch kleinerer Mann, der Bewußtsein seines Bewußtseins hat und uns dann die Antwort auf die Frage schuldig bleibt, wer denn dann das Bewußtsein seines Bewußtseins seines Bewußtseins hat. Nein, gerade die Beobachtung schwergestörten Verhaltens in seinem natürlichen Kontext – also der Familie und nicht im völlig entfremdeten Milieu der psychiatrischen Anstalt – läßt keinen Zweifel darüber, daß wir Menschen uns nur in dem Grade wirklich fühlen und daher ein Bewußtsein »haben«, als unsere Beziehungsdefinitionen zu den Schlüsselpersonen unserer Umwelt von jenen angenommen und sozusagen ratifiziert werden. In diesem Augenblick definiere ich mich Ihnen gegenüber als Vortragender, und Sie scheinen diese Beziehungsdefinition anzunehmen, indem Sie sich wie Zuhörer verhalten. Wenn Sie, meine Damen und Herren, jetzt aber die Marseillaise zu singen oder Freiübungen zu machen begännen, wäre es um mein Gefühl der eigenen Wirklichkeit geschehen. Mein Ich, meine Wirklichkeit, ist also nicht in meinem monadischen Schädel – obwohl ich sie dort oder gegebenenfalls in meinem *Solar plexus* erlebe –, sondern da draußen, zwischen Ihnen und mir, genau wie das Größersein des einen Apfels nicht in diesem Apfel liegt.

Schon MARTIN BUBER (1977, S. 97–102) verweist auf dieses Phänomen:

In allen Gesellschaftsschichten bestätigen Menschen einander [...] in ihren menschlichen Eigenschaften und Fähigkeiten, und eine Gesellschaft kann in dem Maße menschlich genannt werden, in dem ihre Mitglieder einander bestätigen.

Und WILLIAM JAMES soll einmal bemerkt haben: »Eine unmenschlichere Strafe könnte nicht erfunden werden, als daß man – wenn dies möglich wäre – in der Gesellschaft losgelassen und von allen Menschen völlig unbeachtet bleiben würde.«

Solche Konflikte ergeben sich aber in den Interaktionen menschlicher Systeme; vor allem in Familien, aber auch in erweiterten Systemen wie dem Arbeitsmilieu, größeren gesellschaftlichen oder politischen Verbänden und sogar internationalen Beziehungen. Wir hängen auf Gedeih und Verderb von den Ratifizierungen unserer Wirklichkeit durch die anderen ab, die ihrerseits ihre eigene Wirklichkeitserklärung von uns fordern. »L'enfer, c'est les autres« ist die Quintessenz ewiger Verdammnis in JEAN-PAUL SARTRES Drama *Huis clos*.

Hierzu ein praktisches Beispiel. Im klassischen Experiment des Psychologen ASCH (1955, S. 31–35) sitzen sieben Versuchspersonen im Halbkreis vor dem Tisch des Versuchsleiters. Ihre Aufgabe besteht darin, anzugeben, welche von drei parallelen Linien auf einer Tafel ebenso lang ist wie eine einzige Linie auf der zweiten Tafel. In ASCHs Worten:

Das Experiment beginnt ganz normal. Die Versuchspersonen geben ihre Antworten in der Reihenfolge der ihnen zugewiesenen Plätze, und in der ersten Runde geben alle dieselbe Linie an. Ein zweites Tafelpaar wird exponiert, und wieder ist die Antwort der Gruppe einstimmig. Die Teilnehmer scheinen sich mit der Aussicht auf weitere langweilige Experimente abgefunden zu haben. Beim dritten Versuch kommt es zu einer unerwarteten Störung. Ein Teilnehmer wählt eine Linie, die im Widerspruch zur Wahl der anderen Versuchspersonen steht. Er scheint erstaunt, ja sogar fassungslos über diese Meinungsverschiedenheit. Beim nächsten Durchgang ist er wiederum anderer Meinung, während die Wahl der anderen einstimmig bleibt. Der Dissident ist immer bestürzter und unschlüssiger, da sich die Meinungsverschiedenheit auch in den folgenden Versuchen fortsetzt; er zögert mit seiner Antwort, spricht mit leiser Stimme oder zwingt sich zu einem peinlichen Lächeln.

Die Erklärung seines merkwürdigen Verhaltens liegt darin, daß die anderen Teilnehmer vor Beginn des Experiments dahingehend instruiert worden waren, von der dritten Runde an einstimmig eine falsche Antwort zu geben. Der Dissident, die einzige wahre Versuchsperson, befindet sich daher in der bizarren Lage, daß vor ihm fünf und nach ihm eine Person nonchalant und selbstverständlich eine Antwort geben, die in krassem Widerspruch zu seinen eigenen Wahrnehmungen steht. Es stehen ihm nun zwei Möglichkeiten offen: Entweder er vertraut seinen Sinnen und kommt dadurch aber in Konflikt mit der Gruppe oder vermeidet dieses gesellschaftliche Stigma, muß dafür aber seinen Sinnen und seiner Normalität mißtrauen. Asch wies nach, daß sich unter diesen Umständen 36,8 % der Versuchspersonen der Gruppenmeinung unterwarfen, dies aber mit starken Gefühlen von Unwirklichkeit, Depersonalisation und Angst taten. Einem unbestätigten, aber nicht unglaublichen Gerücht zufolge, soll es bei einer Versuchsperson sogar zu einem schizophrenen Schub gekommen sein. Von ihr vielleicht abgesehen, halte man sich vor Augen, daß es sich um klinisch normale Menschen handelte. Wo also liegt die Pathologie? In ihrer Seele, den Antworten der anderen, der Versuchsanordnung? Überall und daher *punktuell* nirgends.

Eine weitere Eigenschaft von Beziehungen geht aus dem eben Gesagten zwanglos hervor und muß daher selbst in dieser summarischen Beschreibung erwähnt werden. Beziehungen haben Gestaltcharakter, d. h. sie sind mehr und andersgeartet als die bloße Summe der Elemente, die die Beziehungspartner in sie bringen. Außerhalb der Psychiatrie ist dieses Phänomen seit langer Zeit bekannt. Fachleute auf dem Gebiet der Zellforschung, der Endokrinologie, der Molekularbiologie, der Neurologie und vieler anderer Disziplinen wissen, daß die Interaktion auch einfachster Bestandteile der organischen Welt zu Phänomenen von enormer Komplexität führt; Phänomene, die sich jeder punktuellen Reduktion auf die einzelnen Bestandteile widersetzen. Werden derartige schreckliche Vereinfachungen aber dennoch versucht, so müssen den betreffenden Bestandteilen Eigenschaften zugeschrieben werden, die sie nicht haben, und das Ganze mündet in wissenschaftlichen Unsinn. Hier versagt also das klassisch-reduktionistische Ursachendenken, die Rückführung der Phänomene auf ihre Ursachen. Langsam dringt diese ernüchternde Tatsache auch in das Menschenbild der Psychiatrie ein. Was in monadischer Sicht als eine bestimmte Krankheitsform einer bestimmten Seele gelten mag, erweist sich in den Kategorien des neuen Weltbildes der Wissenschaft als das Resultat von komplexen Interaktionsmustern *zwischen* Menschen, als eines vieler möglicher Ergebnisse der kreisförmigen Kausalität jeder Beziehung, die – wenn einmal hergestellt – eben wegen ihrer Zirkularität keinen Anfangs- oder Endpunkt hat. In ihr hat jede Ursache eine Wirkung und ist jede Wirkung eine Ursache.

Wo liegt die »Ursache«, die »Schuld« im Falle des Mitteleuropäers, der beim Eintreten in ein Restaurant seiner amerikanischen Begleiterin vorausgeht, die Tür öffnet und von innen für sie offenhält? Sie ist über seine Unhöflichkeit beleidigt (in Amerika läßt der Mann der Dame auch in dieser Situation den Vortritt), er ärgert sich über ihre plötzliche, unerklärliche Giftigkeit. Beide sehen die Schuld im anderen und (solange sie sich schweigend ärgern, was sie höchstwahrscheinlich tun) nicht in der überpersönlichen Natur ihres Beziehungssystems, d. h. als Interferenzerscheinung zweier an sich normaler, aber widersprüchlicher Verhaltensregeln zweier normaler Menschen, die aus zwei verschiedenen Kulturkreisen kommen. Oder: *A* schlägt *B* brieflich etwas vor; *B* antwortet mit begeisterter Zustimmung, doch sein Brief geht in der Post verloren. Nun warten beide in wachsender Verstimmung auf die Antwort des anderen und entschließen sich zu guter Letzt, den anderen für seine Unhöflichkeit auf immer zu ignorieren. Diese Beispiele sind klinisch trivial, nicht aber die nächsten, die dieselbe Grundstruktur haben:

Welche Gründe auch immer den Melancholiker dazu veranlassen, die Welt in den düstersten Farben zu sehen, sein Verhalten und das seiner menschlichen Umwelt werden unvermeidlich zur Herstellung eines Regelkreises führen, der die Depression erhält und vertieft. Seine Traurigkeit erweckt in den anderen den Wunsch, ihn zu ermuntern, darauf zu verweisen, daß die Welt und das Leben doch nicht so tragisch sind, und ihm nahezulegen, sich doch etwas zusammenzunehmen. Diese wohlgemeinten Ratschläge führen in ihm zum genauen Gegenteil der erwünschten Wirkung, nämlich zu einem verstärkten Gefühl der Hoffnungslosigkeit, Minderwertigkeit und vor allem der Undankbarkeit gegenüber seinen Lieben, die sich so selbstlos bemühen, ihm zu helfen. Wenn er dann noch feststellen muß, wie das Scheitern ihrer Hilfe sie selbst hoffnungslos macht, gesellt sich zu seiner Melancholie noch das schwere Schuldgefühl, die anderen mit in den Abgrund zu ziehen. Wo liegt hier die Pathologie? Scheinbar in der Monade Patient. Das Studium der Kommunikationsmuster in Familien mit einem depressiven Kind legt aber nahe, daß es sich nicht um eine ursprünglich schon immer gegebene Depression handelt, sondern daß in diesen menschlichen Systemen jede, auch die normalste Form von Traurigkeit oder vorübergehender Verstimmung einen ungewöhnlichen Stellenwert besitzt. Es ist, als habe das System eine überpersönliche Regel, die diesen Verstimmungen einen besonders negativen Wert zuweist. Damit soll keineswegs geleugnet sein, daß gerade in der Depression der vage Begriff der Prädisposition und physiologische Faktoren eine einschneidende Rolle spielen können. Nur – unter dem Titel Prädisposition werden nur zu oft von Generation zu Generation weitergegebene Verhaltensregeln verstanden, die sich der monadischen Beobachtung entziehen (eben weil sie systemische und nicht individuelle Regeln sind). Was die physiologischen, metabolischen oder endokrinologischen Faktoren betrifft, so handelt es sich auch hier um Regelkreise, von denen nicht mit Sicherheit gesagt werden kann, ob die physiologischen Prozesse affektive Auswirkungen haben, oder ob umgekehrt das Psychische die physiologischen Prozesse bedingt. In kybernetischer Sicht ist diese Frage belanglos; die Körper-Seele-Dichotomie gehört zum Weltbild der Monade.

Das zweite Beispiel ist einem 100 Jahre alten Werk entnommen, dessen Autoren die moderne, interaktionelle Auffassung psychiatrischer Krankheitsbilder dadurch vorwegnehmen, daß sie den Beobachtungsrahmen über den individuellen Patienten hinaus erweitern. Es handelt sich um LASÈGUES und FALRETS (1877) klassische Studie über die *Folie à deux*, in der sie zuerst den Patienten beschreiben und dann weiter ausführen:

Die obige Beschreibung ist die des Geisteskranken, der die Situation des *délire à deux* hervorruft. Sein Partner ist viel schwieriger zu definieren, und doch werden sorgfältige Untersuchungen uns die Regeln zu erkennen lehren, denen dieser zweite Teilnehmer im kommunizierten Irresein folgt. [...] Wenn einmal die beide Irren bindende, stillschweigende Übereinkunft fast erzielt ist, besteht das Problem nicht nur darin, den Einfluß des kranken auf den angeblich normalen Partner zu untersuchen, sondern auch das Gegenteil, nämlich den Einfluß des vernünftigen auf den gestörten Partner, und nachzuweisen, wie der Unterschied zwischen ihnen durch gegenseitiges Nachgeben verwischt wird.

Um Mißverständnisse zu vermeiden, ist zu den eben erwähnten Beispielen zu sagen, daß sie nicht als »Erklärungen« der Depression oder der Schizophrenie gedacht sind. Es handelt sich vielmehr um Beschreibung von Interaktionsmustern, die, wenn sie auf den Indexpatienten reduziert werden, erst die Bezeichnung Depression oder Schizophrenie sinnvoll machen und dann ihre kausalgenetische Erklärung erfordern. Auf die Bedenklichkeit dieses Vorgehens, d. h. die einschneidenden persönlichen und gesellschaftlichen Folgen für den sogenannten Patienten, kann hier nicht eingegangen werden.

Mit all dem erhebt sich nun die Frage, inwieweit der Begriff der psychischen oder geistigen Störungen überhaupt definierbar ist. Die klassische Psychiatrie hat auf diese Frage eine eindeutige Antwort: Geistige Gesundheit oder Geistesgestörtheit ergeben sich aus dem Grad der Wirklichkeitsanpassung des Betreffenden. Spätestens seit KANT aber wissen wir, daß uns die wirkliche Wirklichkeit nicht zugänglich ist, sondern daß wir immer nur mit *Deutungen* oder *Bildern* der Wirklichkeit leben, von denen wir freilich naiv annehmen, daß sie objektiv wirklich sind. Dieses vermeintliche Wissen um die objektive Wirklichkeit, und die sich daraus logisch ergebende Folgerung, daß geistig Normale die Welt richtig sehen und wirklichkeitsangepaßt leben, Verrückte aber nicht, war daher immer schon unhaltbar. Dieses Thema ist für den Forscher wie den Kliniker von großer Bedeutung. Wenn wir von der Wirklichkeit sprechen, meinen wir, meist ohne uns Rechenschaft abzulegen, meist zweierlei. Zunächst nehmen wir die physischen Eigenschaften von Objekten wahr – Form, Farbe, Beschaffenheit, usw. usw. Wir wollen dies die Wirklichkeit erster Ordnung nennen und festhalten, daß Meinungsverschiedenheiten hier – zumindest theoretisch – immer objektiv geklärt werden können. Ein Wal ist kein Fisch, da er unter anderem ein Säugetier und Lungenatmer ist. Ob ein Gegenstand rot oder grün ist, läßt sich spektroskopisch anhand der von diesem Gegenstand reflektierten Wellenlängen des Lichts eindeutig entscheiden. Es versteht sich freilich von selbst, daß all dies nur zwischen Menschen möglich ist, für die die Geräusche »Fisch«, »Wal«, »rot«, »grün« bzw. deren symbolische Wiedergabe durch Schriftzeichen dieselbe Bedeutung haben – d. h. zwischen Menschen, die dieselbe Sprache sprechen. Diese Grundvoraussetzung aller Kommunikation soll uns hier nicht näher beschäftigen.

Zusätzlich zu den rein physischen Eigenschaften der Objekte unserer Wahrnehmung tritt dann aber ein weiterer Wirklichkeitsaspekt, nämlich der Sinn, die Bedeutung und der Wert, die wir diesen Objekten zuschreiben. Dieses Universum der den Dingen zugeschriebenen Bedeutungen, ihres Sinnes und Werts, sei die Wirklichkeit zweiter Ordnung genannt. Und hier, in diesem Universum, gibt es – wie schon zum Thema der Beziehungsdefinitonen erwähnt – keine objektiven Kriterien. Die Wirklichkeit zweiter Ordnung ist vielmehr das Resultat höchst komplexer Kommunikationsvorgänge (WATZLAWICK 1976). Wir werden in diese Wirklichkeit hineingeboren und nehmen naiv an, daß sie die wirkliche Wirklichkeit ist, bis uns vielleicht das Erleben einer anderen Kultur jäh aus dieser allzu einfachen

Annahme reißt. Wir erkennen dann mit Erstaunen – und meist mit Verachtung –, daß in anderen Ländern andere Ansichten über die Wirklichkeit bestehen, und die übliche Schlußfolgerung ist: »Das ist verrückt«, genau wie die Menschen in jenen Ländern ihrerseits unsere Wirklichkeitsauffassung für verrückt halten. Im antiken Griechenland galt die Homosexualität für eine besonders sublime Form menschlicher Liebe; in Indien mag für heilig gelten, wer im Westen als kataton diagnostiziert würde. Verschrobenheit, Verrücktheit, Böswilligkeit sind damit aber nicht mehr Eigenschaften der Monade, sondern das Ergebnis unvereinbarer Wirklichkeiten zweiter *Ordnung* und der unzulässigen Reduktion des Konflikts auf *ein* Individuum unter Außerachtlassung des zwischenpersönlichen Kontexts. Damit soll nicht geleugnet sein, daß psychiatrische Störungen in besonderen Krisen auch die Wirklichkeit erster Ordnung einbeziehen und dort zu Verzerrung der Wahrnehmung führen können. Doch lange bevor dies eintritt, bestehen bereits schwere Divergenzen im Weltbild, der Wirklichkeit zweiter Ordnung, des betreffenden Interaktionssystems. Ferner ist zu bedenken, daß auch die Störungen der Wirklichkeit erster Ordnung nicht in einem Vakuum existieren, sondern unweigerlich auch einschneidende zwischenmenschliche Auswirkungen haben. Und vor allem ist nicht zu übersehen, daß gerade jene Symptome, die für ganz besonders psychotisch gelten, ohne besondere Schwierigkeiten in klinisch normalen, kontaktfähigen, reifen Menschen hypnotisch erzeugt werden können, so z. B. positive oder negative Halluzinationen, Persönlichkeitsspaltungen, Amnesien, Störungen der Orientierung in Raum und Zeit und andere mehr. Diese seit langem bekannten Tatsachen geben insofern besonders zu denken, als es sich bei der Hypnose um eine Interaktion zwischen zwei Personen handelt.

Ein weiterer Einwand gegen diese Auffassung vom Menschen ist ethischer Natur. Führt sie nicht zur Relativierung aller Moral, öffnet sie nicht einem aufgewärmten Determinismus oder Fatalismus Tür und Tor? Was bleibt hier von meiner Verantwortung, was von meiner Willensfreiheit übrig? Dieses Problem ist aber keineswegs neu und daher keineswegs Alleinschuld des hier gezeichneten Menschenbildes. Wie viele

Denker vor ihm, gab ihm 1946 auch MAX PLANCK (1969, S. 360) eine klare Definiton:

Von außen betrachtet, ist der Wille kausal determiniert, von innen betrachtet, ist der Wille frei. Mit der Feststellung dieses Sachverhalts erledigt sich das Problem der Willensfreiheit. Es ist nur dadurch entstanden, daß man nicht darauf geachtet hat, den Standpunkt der Betrachtung ausdrücklich festzulegen und einzuhalten.

An der Wahrheit dieser Auffassung scheint sich wenig geändert zu haben. Im Gegenteil, das vertiefte Verständnis menschlicher Interaktion lehrt uns, daß ein grundlegender Unterschied darin besteht, ob der Beobachter sich innerhalb oder außerhalb des zu beobachtenden Systems befindet. Innerhalb der Beziehung ist ihm das Erfassen ihrer Gesamtheit ebenso unmöglich wie wir unseren Körper in seiner Gesamtheit nicht erfassen können, weil das Auge selbst Teil des zu erfassenden Körpers ist und nicht nur unseren Rücken, sondern sich *selbst* nicht sehen kann. »Das Leben ist wie ein Auge, das sich nicht selbst sehen, wie ein Schwert, das sich nicht selbst verletzen kann«, soll ein Zen-Meister gesagt haben. *Innerhalb* der Beziehung sind wir also monadisch verantwortlich und werden es wohl immer sein. Von *außerhalb* des Rahmens einer Beziehung aber läßt sie sich in ihrer ungefähren Gesamtheit überblicken. Und der Psychotherapeut steht außerhalb der Beziehung – oder sollte zumindest außerhalb stehen, um den Überblick und seine Interventionsfähigkeit nicht zu verlieren.

Nun, zu welchem Bild des Menschen führt dies alles? Um die Antwort auf diese Frage auch nur zu versuchen, ist es notwendig, den Rahmen unserer Untersuchung zu erweitern, und diese Erweiterung führt uns zwangsläufig in das Gebiet der Epistemologie, der Lehre von Wesen und Ursprung des Wissens. In anderen Worten, es handelt sich nicht mehr um die klassische Frage nach der Beschaffenheit der objektiv existierenden Welt, aus der in Befolgung des klassischen wissenschaftlichen Dogmas absoluter Objektivität alles Subjektive verbannt werden muß. Seit HEISENBERG wissen wir, daß die Trennung von beobachtendem Subjekt und beobachtetem Objekt unmöglich ist, und daß ein völlig objektives, subjektfreies

Universum völlig unbeobachtbar wäre. Die Frage nach dem Wesen des Menschen, die Zentralfrage der Psychiatrie, ist zusätzlich dadurch kompliziert, daß hier der Mensch sowohl Subjekt als auch Objekt, Beobachter und Beobachtetes, Beschreiber und Beschriebenes ist. Damit fällt die Psychiatrie kopfüber in die Probleme der Rückbezüglichkeit (WATZLAWICK 1979), und die Frage ist hier nicht mehr »*was* wissen wir?«, sondern »*wie* wissen wir?« – also Epistemologie.

Wie fließend die Grenzen zwischen Mensch und Welt sind, kam bereits im Zusammenhang mit der Erwähnung des Blinden und seines Stocks zur Sprache. Der Epistemologie unserer Zeit, der Kybernetik, fällt das Verdienst zu, diese Komplementarität bereits weitgehend erforscht zu haben. Der Kybernetiker HEINZ VON FOERSTER (1974, S. 401–407) umreißt sie wie folgt:

Und so kommen wir bei der Binsenwahrheit an, daß die Beschreibung der Welt jemanden voraussetzt, der sie beschreibt (sie beobachtet). Was wir nun also brauchen, ist die Beschreibung des »Beschreibers« oder, in anderen Worten, wir brauchen eine Theorie des Beobachters. Da nach dem heutigen Stande unseres Wissens aber nur Lebewesen als Beobachter in Frage kommen, scheint diese Aufgabe dem Biologen zuzufallen. Er ist aber selbst ein Lebewesen, und das bedeutet, daß seine Theorie nicht nur ihn selbst einbeziehen muß, sondern auch den Umstand, daß er die Theorie aufstellt.

Und in den Schlußsätzen seines *Kalküls der Rückbezüglichkeit* schreibt der chilenische Biologe und Kybernetiker FRANCISCO VARELA (1975, S. 5–24):

Der Ausgangspunkt dieses Kalküls [...] ist das Setzen einer Indikation. Mit diesem Urakt der Trennung scheiden wir Erscheinungsformen voneinander, die wir dann für die Welt selbst halten. Davon ausgehend bestehen wir auf dem Primat der Rolle des Beobachters, der seine Unterscheidungen an beliebiger Stelle macht. Doch diese Unterscheidungen, die einerseits unsere Welt erschaffen, enthüllen andererseits aber eben dies: nämlich die Unterscheidungen, die wir machen – und sie beziehen sich viel mehr auf den Standpunkt des Beobachters als auf die wahre Beschaffenheit der Welt, die infolge der Trennung von Beobachter und Beobachtetem immer unerfaßbar bleibt. Indem wir der Welt in ihrem bestimmten So-Sein gewahr werden, vergessen wir, was wir unternahmen, um sie in diesem So-Sein zu finden; und wenn wir zurückverfolgen, wie es dazu kam, finden wir kaum mehr als das Spiegelbild unserer selbst in und als Welt. Im Gegensatz zur weitverbreiteten Annahme enthüllt die sorgfältige Untersuchung einer Beobachtung die Eigenschaften des Beobachters. Wir, die Beobachter, unterscheiden uns gerade durch die Unterscheidung dessen, was wir anscheinend nicht sind, nämlich durch die Welt.

In diesen Sätzen aus einem Gebiet, das nichts mit der Psychiatrie zu tun hat, zeichnet sich ein neues Menschenbild ab, das zugleich ein Weltbild ist. In diesem Bild sind Mensch und Welt Komplementärerscheinungen. Die Welt ist nicht mehr Gegenstand im ursprünglichen Sinne des Wortes, d. h. etwas, das uns gegenübersteht. Noch ist diese Komplementarität von Mensch und Welt intellektuell so schwer faßlich wie die HEISENBERGsche Komplementarität von Wellen und Teilchen.

Dieses Bild scheint uns allein schon wegen seiner fast mystischen Natur unannehmbar. Denn bisher war es Mystikern vorbehalten, die Einheit von Subjekt und Objekt in besonderen Ausnahmezuständen unmittelbar zu erleben und dann in der untauglichen Sprache eben jener Welt beschreiben zu wollen, die sie im mystischen Erlebnis transzendierten. Und doch – von WITTGENSTEINS *Tractatus* bis zu VARELAS *Kalkül* spannt sich ein Spektrum neuer Ausdrucksmöglichkeiten, die sich in der Sprache und daher im Menschenbild der Psychiatrie reproduzieren werden.

Den Dichtern freilich war das Bild wohl nie fremd. In einem der *Vier Quartette* von T. S. ELIOT finden wir diese einfache Beschreibung:

Wir lassen nie vom Suchen ab
Und doch, am Ende alles unseres Suchens
Werden wir am Ausgangspunkt zurück sein
Und jenen Ort zum ersten Mal erfassen.

Kapitel 3

# Problemzentrierte Kurzbehandlung einer Depression

(mit JAMES C. COYNE)

*Welche spezifischen Behandlungsmethoden lassen sich aus der systemischen Orientierung ableiten? Auf diese Frage möchten die nächsten Kapitel eingehen.*

*Niemand dürfte bezweifeln, daß das klinische Bild der Depression das Resultat konvergierender, sich überschneidender und interdependenter Faktoren verschiedensten Ursprungs ist. Gerade diese Vielfalt aber scheint auch eine Auswahl verschiedener therapeutischer Ansätze zu bieten, von denen bis heute keiner Anspruch auf Allgemeingültigkeit erheben kann. Das nun folgende Kapitel berichtet über die spezifische Anwendung des systemischen Modells im Rahmen der Behandlung einer Depression. Obwohl der Indexpatient (der Symptomträger) nicht willens war, an den Familientherapie-Sitzungen teilzunehmen, führte die Veränderung der Familiendynamik durch die aktive Beeinflussung des Verhaltens der anderen Familienmitglieder zu einer wesentlichen Besserung.*

Die Forschergruppe des Mental Research Instituts in Palo Alto (WATZLAWICK, WEAKLAND u. FISCH 1974; WEAKLAND, FISCH, WATZLAWICK u. BODIN 1974, S. 141–168) hat eine ganz auf das akute Problem gerichtete Kurztherapie entwickelt, die die klinischen Erscheinungen als Aspekte von Vorgängen im zwischenmenschlichen Beziehungssystem des Kranken versteht. Bei dieser Sicht wird postuliert, daß psychische Notlagen und Symptome aus einer falschen Verarbeitung von Schicksalsschlägen oder anderen Zerrüttungen im Beziehungssystem des Patienten herrühren. Die akute Symptomatik widerspiegelt vielleicht eine Zunahme der ursprünglichen Schwierigkeiten, durch zwar gutgemeinte, auch anscheinend vernünftige, in

Wahrheit aber ungeeignete Bemühungen, der Lage Herr zu werden, und zwar sowohl seitens des Patienten selbst wie seitens seiner Umgebung.

Die therapeutische Arbeit konzentriert sich vor allem auf bereits unternommene Lösungsversuche – also darauf, was schon getan wurde, um den Schwierigkeiten des Patienten zu begegnen –, und nicht auf diese Schwierigkeiten selbst (WATZLAWICK, WEAKLAND & FISCH 1974, S. 51 ff.). Es handelt sich um sorgsam abgewogene Maßnahmen, die einem Verhalten vorbeugen sollen, das die Probleme nur aufrechterhalten würde. Die Probleme werden in einen anderen Zusammenhang gestellt und neu definiert, und damit auch die ursprüngliche Zielsetzung und die Einstellung der beteiligten Personen, was zu einem völlig veränderten Verhalten führen kann. Das Schwergewicht liegt darauf, alle Beteiligten zu neuen Handlungsweisen zu bewegen, sei es durch direkte und indirekte Suggestion oder mittels paradoxen Anweisungen. Der Therapeut zielt absichtlich nur auf kleine, aber genau umgrenzte Veränderungen im Verhalten ab, jedoch mit der Absicht, eine Veränderung allgemeinerer Natur zu erreichen (WATZLAWICK 1977).

Zwei wichtige Aspekte der auf das Interaktionsfeld ausgerichteten Behandlungsmethode werden oft falsch ausgelegt. Einmal betont diese Art des Vorgehens, daß Drittpersonen am fortbestehenden Fehlverhalten mitbeteiligt sind. Damit soll nicht gesagt sein, daß diese Drittpersonen daraus irgendeinen persönlichen Vorteil ziehen, sondern einfach, daß einmal festgelegte Interaktionsmuster die Tendenz haben, sich, zufolge ihrer homöostatischen Funktion, selber aufrecht zu erhalten (d. h. sie halten das System *in seiner jetzigen Form* aufrecht). Die klinische Erfahrung legt zudem den Schluß nahe, daß bei schlecht funktionierenden (dysfunktionalen) Systemen das bestehende Verhaltensmuster immer einen mißlungenen Lösungsversuch darstellt. Zweitens verlangt diese Methode keineswegs, daß alle das System bildenden Personen an den Therapiesitzungen teilnehmen. Gelingt es, in einem Subsystem (z. B. bei einem Familienmitglied) eine entsprechend günstige Veränderung zu erreichen, so kann dies zu wichtigen Veränderungen im ganzen System führen. Bei dem vorliegenden Fall hat, wie bereits erwähnt, der depressive Patient an keiner der fünf Sitzungen teilgenommen.

Es muß auch noch betont werden, daß dieser Fall gewählt wurde, weil die Depression des Indexpatienten eine Folge seines rein körperlichen Zustandes (Schlaganfall) war. Familientherapie ist keineswegs nur auf psychische Schwierigkeiten begrenzt, sondern hat ein viel weiteres Anwendungsfeld und auch Auswirkungen auf Verlauf und Schweregrad einer ursprünglich nur körperlichen Erkrankung. Für diese Methode hat WEAKLAND (1977, S. 263–272) den Ausdruck *Familiensomatik* geprägt.

### Darstellung des Problems

Zwölf Monate vor dem Beginn der Behandlung erlitt Herr B., ein 58jähriger ehemaliger Ingenieur, seinen zweiten Schlaganfall. Nach Physio- und Sprachtherapie blieben nur geringe Nachwirkungen zurück: eine gewisse Undeutlichkeit im Sprechen und Behinderung im Gebrauch der linken Hand und des linken Beines. Arbeiten konnte er nicht mehr und so fing er an, bis zu 14 Stunden täglich im Bett zu liegen und fernzusehen. Selten verließ er das Haus, und zwar nur dann, wenn seine Frau ihn zu einem kurzen Spaziergang um den Häuserblock herum zwang. Die Familie empfand sein ganzes Verhalten als ein bloßes »Vegetieren«. Dennoch war er ab und zu wieder »ganz der alte«, wie man das bei einer solchen Konstellation nicht selten sieht. So stand er z. B. bei seiner Pensionierungsfeier auf und hielt eine völlig fehlerfreie Ansprache, wandte sich danach herzlich an alle Gratulanten und schüttelte ihnen die Hand. Bei einer anderen Gelegenheit, als seine Frau versehentlich statt ihrer Beruhigungstabletten ein ziemlich starkes Schlafmittel genommen hatte und er sie halb bewußtlos am Boden fand, ergriff er sofort die richtigen Maßnahmen, benachrichtigte auch einen der drei Söhne telefonisch, wobei er ihm versicherte, daß es der Mutter den Umständen entsprechend recht gut gehe. Aber nach solchen kurzen Zwischenspielen fiel er jeweils rasch wieder in seine Willenlosigkeit und hoffnungslose Stimmung zurück.

Gemeinsam mit Frau und Söhnen kam er zu einer auf Video festgehaltenen Besprechung in die Stanford Universitätsklinik. Das Gespräch ließ klar erkennen, wie sehr seine Depression die mögliche Erholung von dem Schlaganfall aufgehalten und sogar einige frühere Heilungserfolge wieder rückgängig gemacht hatte. Seine Frau und die Söhne nahmen lebhaft an der Diskussion teil, indem sie eine gute Prognose stellten oder berichteten, er sei kurz nach dem Schlaganfall besser dran gewesen als jetzt – was der Patient entschieden zurückwies. Wenn er etwas sagen wollte, beendeten sie seine Sätze oft für ihn und antworteten gelegentlich an seiner Stelle. Aber am häufigsten und auffallendsten waren ihre gemeinsamen Bemühungen, Herrn B. zu veranlassen, sich zusammenzureißen, sich mehr zuzutrauen und seinen Zustand optimistischer zu betrachten. Darauf reagierte er regelmäßig nur mit noch größerer Hilflosigkeit und betonte, wie wenig sie verstünden vom Ausmaß seiner körperlichen Behinderung und seiner Niedergeschlagenheit. Darauf antworteten seine Angehörigen wieder mit gesteigertem und gewiß gutgemeintem Optimismus und Zureden. Die Familie befand sich sichtlich gefangen in einem typischen Spiel ohne Ende, in einer Sackgasse der Interaktion: Je mehr einer »Lösungen« anbietet, die das Problem nur verewigen, desto mehr reagiert der andere in entsprechend gleicher Weise. Für die Beobachter war dieses Verhaltensmuster sofort klar, für die Familie selbst aber durchaus nicht. Diese merkte nur, daß sie mit ihrer Vorhersage kein Glück hatte. Als eine Familienbehandlung vorgeschlagen wurde, hielt Herr B. dies zwar für nützlich, wollte aber selber nicht teilnehmen. Mit seiner Zustimmung wurde die Familie an die Abteilung für Kurztherapie des MRI verwiesen.


*Der Behandlungsverlauf*

Zur ersten Sitzung erschienen Frau B. und zwei Söhne. Alle drei Söhne wohnten nicht mehr zu Hause, besuchten die Eltern aber oft genug, um an den Bemühungen um die Genesung des Vaters aktiv Anteil zu nehmen.

Der Therapeut erhielt zunächst eine genaue Beschreibung alles dessen, was die Familie zur Lösung des Problems unternommen hatte. Gleich nach dem Schlaganfall versuchte Frau B., ihren Mann zu trösten und ihm soviel wie möglich an die Hand zu gehen. Sie half bei einer Sprachtherapie und den physiotherapeutischen Behandlungen, bis er an beiden das Interesse verlor. Wenn er in Tränen ausbrach, versuchte sie, ihn wieder aufzumuntern, aber oft fing sie selber zu weinen an. Sie versicherte ihm auch immer wieder, daß der Arzt die baldige und völlige Wiederherstellung als sicher ansah, und daß er also bald wieder der Mann sein werde, »der er früher einmal war«.

Der Bericht zeigte auch, daß Frau B. und die Söhne in der Beurteilung der möglichen Genesung des Vaters von einem Extrem ins andere gefallen waren. Manchmal waren sie voller Hoffnung und ermutigten ihn; aber wenn seine Fortschritte ihren Erwartungen nicht entsprachen, griffen sie zu strengeren Maßnahmen, um ihn zu etwas zu bringen. Das machte ihn gehässig und noch depressiver, und sie verloren die Hoffnung. Zu solchen Zeiten der Resignation erwarteten sie kaum mehr etwas von ihm und machten für ihn Dinge, zu denen er sehr wohl alleine fähig gewesen wäre. Dieser Zyklus von Hoffnung und Entmutigung hatte sich nun schon mehrfach wiederholt, wobei Widerstand und Verärgerung von Herrn B. gegenüber jeglicher Beeinflussung von außen nur größer wurden.

Obwohl Herr B. viele seiner Aktivitäten selber beschränkte, war doch der Einfluß von Frau B. ebenfalls deutlich. Sie berichtete z. B., daß sie es war, die nicht mehr zum Essen ausgehen wollte, weil sie sich nur unbehaglich fühlte, wenn sie andere Ehepaare vergnügt und ohne derartige Belastung sah.

Sie hatte übrigens auch durchaus bemerkt, daß manche Fehlleistungen ihres Mannes auf Interaktionen mit ihr begrenzt waren. Sie selbst und die Söhne erzählten von erstaunlichen Veränderungen, sobald Besuch da war.

Der Familie war es sogar bewußt, daß ihre Verhaltensmuster »irgendwie« zu den Problemen von Herrn B. beitrugen, aber sie war trotzdem ratlos: Jedes Bemühen, ihn zu normaler

Aktivität zu bewegen, schien seinen Zustand nur zu verschlimmern. An dieser Stelle hielt es der Therapeut für angezeigt, auf das zu verweisen, was bei dem auf Video aufgenommenen Gespräch deutlich geworden war. Obwohl die Anwesenden gerade selber darüber gesprochen hatten, waren sie doch erstaunt zu beobachten, wie oft und wie vorhersehbar Herr B. auf den von ihnen zur Schau getragenen Optimismus negativ reagiert hatte. Daraufhin war es relativ einfach, sie dafür zu gewinnen, dieses zum Scheitern verurteilte »helfende Verhalten« durch ein anderes zu ersetzen, um Herrn B. aus seinen zweifellos vorhandenen Schwierigkeiten herauszuhelfen. Sie wurden aufgefordert, sich irgendeine konkrete, aber geringe Veränderung auszudenken, die vielleicht eine Wandlung in Herrn B.s Verhalten bringen könnte. Für das angestrebte Ziel mußte es nicht unbedingt eine Hausarbeit sein, aber irgend etwas alltäglich Wiederkehrendes, das er früher getan hatte. Die kleine Verrichtung sollten sie auf keinen Fall selber ausführen.

Gern akzeptierte die Familie dieses Nahziel. Die paar geringen Änderungen in Herrn B.s Verhalten sollten ihn ja wieder auf eine vernünftige Tätigkeit hinführen. Das Ziel des Therapeuten war es aber in erster Linie, ihre helfenden Bemühungen zu unterbinden.

Zwischen dieser und der nächsten Besprechung passierte der oben erwähnte Zwischenfall mit den Schlaftabletten. Dem Therapeuten bot sich damit eine willkommene Gelegenheit, zu unterstreichen, wie völlig anders Frau B.s Hilflosigkeit sich auf ihren Mann und sein Verhalten ausgewirkt hatte, verglichen mit all ihren Bemühungen, ihm gut zuzureden und Mut zu machen. Er konnte ihr aufzeigen, daß üblicherweise sie der aktive, führende Teil war, und wenn Herr B. nichts machte, mußte er von ihr abhängig werden. Sie wollte gewiß hilfreich und ermutigend handeln, aber je mehr sie ihm klar zu machen suchte, daß er ja gar nicht so behindert sei, wie er meinte, desto mehr hatte sie das Gegenteil erreicht. Beim Zwischenfall mit den Schlaftabletten war sie nicht die Starke, die ihm Mut zusprach – aber da war sie endlich erfolgreich.

In der anschließenden Diskussion bemühte sich die Familie

ernsthaft, sich Situationen auszudenken, in denen sie nicht wie bisher vorgehen wollte. Frau B. war bereit, am kommenden Morgen ein gutes Frühstück vorzubereiten, dann aber im Wohnzimmer nochmals »einzuschlafen«, bevor sie ihren Mann gerufen hatte. Wenn er dann schließlich zum Frühstück erscheinen würde, sollte sie sich sehr entschuldigen. Natürlich sollte sie das absichtliche Arrangement keinesfalls verraten, durfte aber ruhig zugeben, daß sie übermüdet sei. Noch einige weitere, absichtlich in Szene zu setzende Situationen wurden geplant: Sie sollte »vergessen«, nach dem Essen die Küche aufzuräumen und am Nachmittag Kaffee zu machen. Ferner sollte sie öfters Schweinebraten auf den Tisch bringen, den Herr B. gar nicht mochte. Als Erklärung sollte sie sagen, sie habe eben Mühe, sich jeden Tag ein Menü auszudenken, und da sei ihr neulich eingefallen, wie selten sie in der letzten Zeit Schweinebraten gegessen hätten.

In der dritten Sitzung konnte die Familie von einigen Teilerfolgen auf Grund dieser Anweisungen berichten. Frau B. war zwar nicht sicher, daß es bereits eine direkte Folge der getroffenen Maßnahmen war, erzählte aber, ihr Mann komme zum Frühstück, ohne daß sie ihn rufe. Er half auch nach dem Essen beim Aufräumen der Küche, machte den Kaffee und hatte Vorschläge für das Abendessen. Er hätte ihr auch spontan einen Kuß gegeben, als er zum Spaziergang fortging – etwas, das schon lange nicht mehr vorgekommen war.

Der Therapeut betonte erneut, wie wichtig – und schwierig – es sei, nicht wieder in das alte Schema zurückzufallen, und daß es auch nicht leicht für Herrn B. sei zu vergessen, wie sie bis jetzt mit ihm umgegangen sei. Je mehr der Therapeut betonte, daß er sie vermutlich überfordere, desto lauter beteuerte sie, alles, was immer er für richtig halte, tun zu wollen, um ihrem Mann zu helfen.

Offenbar wurde es Frau B. auch allmählich klar, bis zu welchem Grade sie ihrem Mann die Verantwortung abgenommen hatte. *Sie* forderte ihn zum Spaziergehen auf, sich warm anzuziehen; *sie* bestimmte, wann er abends zu Bett ging.

Das Zubettgehen kam als nächstes für eine Veränderung an die Reihe. Herr B. klagte oft über Schmerzen, weshalb er sich früh zurückziehen wollte. Jedesmal gab es deswegen einen heftigen Wortwechsel. Frau B. sollte ihm nun nicht mehr widersprechen, sondern ihn bedauern und ihm womöglich beim Schlafengehen behilflich sein.

Natürlich gab es auch wieder einmal Berichte von Frau B. oder ihren Söhnen über einen Rückfall in ihre alten, dem »gesunden Menschenverstand« entsprechenden Versuche, Herrn B. positiv zu beeinflussen. An diesem Punkt wandte der Therapeut eine der Grundregeln der Interaktionstherapie an, nämlich, zu den Klienten in deren »Sprache« zu sprechen (WATZLAWICK 1977). So benutzte er eine Formulierung, die auch sichtlich erheblich mehr Eindruck, insbesondere auf Frau B., machte als alle bisher abgegebenen Erklärungen und Ratschläge. Davon ausgehend, daß sie ja zuerst nur die Sprache des *Helfers* geredet und verstanden hatten, versuchte er, ihnen klar zu machen, daß Herr B. ein stolzer und eigensinniger Mann sei, und daß gerade solche Menschen leicht entmutigt werden und sich überflüssig fühlen, wenn andere ihnen behilflich sein wollen. Seine Ausführungen faßte er in die paradoxe Formel zusammen: *»Sie müssen ihn ermutigen, indem sie ihn entmutigen!«*

Die vierte Sitzung begann mit einem Bericht über weitere Fortschritte. Viel selbstverständlicher half Herr B. bei der Hausarbeit mit. Er hatte drei längere Spaziergänge unternommen, und Frau B. beschrieb sein Verhalten bei Verwandtenbesuchen als vergnügt, gesprächig und interessiert. Ihr Mann befaßte sich auch wieder mehr mit seinem früheren Arbeitgeber – einem großen Industriekonzern. Vor seinem Schlaganfall hatte er die Firma bei Rationalisierungsmaßnahmen beraten, aber es bestand keine schriftliche Abmachung über das ihm zustehende Honorar. Obwohl er wenig Hoffnung hatte, daß sich alles noch befriedigend regeln ließe, fand er, der Fall müsse wenigstens geklärt werden, und schon das sei eine gewisse Befriedigung. Es machte ihm direkt Spaß, einen ausführlichen Beschwerdebrief an die Firma zu diktieren.

Wieder unterstrich der Therapeut, daß man kein zu großes Zutrauen in Herrn B.s Kräfte haben dürfe, und Frau B. ihren Mann paradoxerweise eher mit angemessenen Zweifeln ermutigen solle. Natürlich könne sie sich für seine zunehmende Hilfe im Haushalt bedanken; aber es wäre noch besser, seine Bemühungen mit einem »Mach' das nicht, das wäre zuviel für dich« zu bremsen. Frau B. kam von alleine nochmals auf seinen Eigensinn als einen seiner lebenslangen Charakterzüge zu sprechen und sagte, im allgemeinen reagiere er gut auf solche Herausforderungen.

In der fünften und letzten Sitzung erzählte Frau B., daß sie seit Monaten erstmals wieder zur Kirche gegangen und anschließend, für das Abendessen, sogar noch eine ziemliche Strecke bis zu einem Ferienort gefahren seien. Herr B. habe auch sein Büro aufgeräumt und angefangen, seine Instrumente wieder zu benutzen. Ferner habe er mit seinen Söhnen ein Boot gemietet und über den Verkauf seines jetzigen kleinen Bootes gesprochen. Wiederum hob der Therapeut hervor, wie mühsam es sei, alte Verhaltensweisen sorgsam zu vermeiden, und wie wichtig es andererseits sei, wie zufällig und spielerisch hilfreich zu entmutigen. Und er lobte die Loyalität der Familie bei ihrer Komplizenschaft mit den vom Therapeuten gestellten »Hausaufgaben«.

Bei der drei Monate später stattfindenden Nach-Besprechung mußte Frau B. berichten, daß ihr Mann zwar einen Monat lang sehr gut dran war, dann aber einen dritten Schlaganfall erlitt, und daß seine Ärzte diesmal wenig Hoffnung auf wesentliche Erholung hätten. Aber in jenem ersten Monat stand er manchmal noch vor ihr auf, zog sich selber an, ging spazieren und unterhielt sich mit den Nachbarn. Sie waren mehrfach abends zum Essen ausgegangen, und er hatte sich mit den Söhnen zusammen ein neues Boot gekauft.

*Diskussion*

Kürzlich hat eine prospektive Untersuchung gezeigt, wie sehr die Wiederherstellung depressiver Menschen vom Einfluß der Umgebung abhängt (VAUGHN et al. 1970, S. 125–137). Die traditionelle Behandlungsweise hat diesem Punkt bisher jedoch wenig, wenn überhaupt, Beachtung geschenkt. »Hartnäckig hat sich die Meinung erhalten, daß die Stützung und die Information, die depressiven Personen zur Verfügung standen, mit ihrer Depression unvereinbar sind, und daß also das anhaltende Auftreten ihrer Symptome ein Hinweis auf ihr verzerrtes Umweltbild ist« (COYNE 1976a, S. 186).

Im vorliegenden Fall wurde von einem anderen Gesichtspunkt ausgegangen, nämlich von den Interaktionen. Der depressive Patient wurde einzig über den Kontakt und die Zusammenarbeit mit seiner Familie behandelt. Wir setzten auch nicht voraus, daß die ganze Familie an der Wiederherstellung des Patienten mitwirken oder ihr gesamthaft ablehnend gegenüberstehen werde. Hingegen gingen wir von der Annahme aus, daß die besondere Art zu helfen, die sie sich angewöhnt hatten, dem Kranken die Wiederaufnahme seiner angestammten Tätigkeit erschwerte und sie dadurch alle enttäuscht waren. Während wir also einerseits diese ungeeigneten Methoden zu verhindern suchten, legten wir zugleich Gewicht darauf, die guten Absichten der Angehörigen anzuerkennen und sie für eine Veränderung nutzbar zu machen.

Obwohl der Patient daran nicht teilnahm, illustriert der Fall die typischen Merkmale einer problemorientierten Kurztherapie. Der Therapeut wählte dabei eigentlich nur die für den Patienten günstigen Verhaltensweisen seiner Umwelt aus, die von der Familie assimiliert und in ihre bereits eingefahrene Zwangsstrategie eingebaut wurden. Die Methodik der Kurztherapie setzt dies eigentlich als wahrscheinlich voraus und ordnet deshalb die Schlüsselelemente der problematischen Situation nur neu, so daß das Verhalten maßgebender Personen in dem ganzen Gefüge verändert wird. Es bleibt ungeklärt, ob die Wirksamkeit des Vorgehens im vorliegenden Fall unmittelbar auf die neuen Situationen, die dem Patienten als Ergebnis der Anstrengungen seiner Familie angeboten wurden, zurückzuführen ist oder aber darauf, daß ihr früheres Vorgehen aufgegeben wurde, so daß er sich nicht mehr dagegen zu sträuben brauchte.

Aus traditioneller Sicht mögen Bedenken gegen den Versuch erhoben werden, sich mit einer Gruppe zu verbünden, um das Verhalten eines Dritten zu ändern. Wir übersehen diesen

Punkt nicht, halten ihm aber das Argument entgegen, daß die meisten klinisch auffälligen Verhaltensweisen im Kontext von wichtigen Beziehungen auftreten, so daß Wandlungen in diesen Verhaltensweisen mit Veränderungen in den Beziehungen zusammenhängen. Eine erfolgreiche Therapie – auch nach traditionellen, auf das Individuum zentrierten Methoden – schließt immer Verhaltensänderungen von Personen, die nicht anwesend sind, ein. Wir sprechen selten über die ethischen Aspekte dieser Tatsache, und die herkömmliche Therapie ist dem Thema von jeher aus dem Wege gegangen, wobei sie die Verantwortlichkeiten in kurzsichtige, die Umwelt außer acht lassende Begriffe gefaßt hat (COYNE 1976b, S. 1015–1017) oder das »Spiel des ›Nicht-Spielens‹« spielte (LAING 1970, S. 5). Die interaktionelle Sicht geht jedoch davon aus, daß der Indexpatient und seine Umgebung einander unausweichlich beeinflussen. Daher kann der Therapeut nicht anders, als die Verantwortung zu übernehmen und zu entscheiden, wie dieser Tatsache in möglichst menschlicher, ethischer und wirksamer Weise Rechnung getragen werden kann.

# Kapitel 4

# Hypnotherapeutische Ansätze in der Familientherapie

*Diese auf aktiven Verhaltensverschreibungen beruhende Therapieform verdanken wir hauptsächlich dem Lebenswerk jener dritten Persönlichkeit, deren Einfluß auf die Entwicklung des MRI-Modells ausschlaggebend war, nämlich dem berühmten Hypnotherapeuten und Psychiater MILTON H. ERICKSON. Schon Ende der dreißiger Jahre, nach Beobachtung spontaner Trancezustände während der rituellen Tempeltänze in Bali, hatte BATESON sich an ERICKSON gewandt; 1953 erneuerte BATESON seine Kontakte mit ihm, die in der Folge besonders von BATESONs Mitarbeitern JOHN WEAKLAND und JAY HALEY gepflegt wurden.*

*ERICKSON befaßte sich damals bereits weitgehend mit therapeutischen Maßnahmen, eben den schon erwähnten Verhaltensverschreibungen. In diesem Zusammenhang ist es von Bedeutung, daß diese Verschreibungen von ihm nicht mehr als hypnotische oder posthypnotische Suggestionen gegeben wurden, sondern einfach als Aufforderungen, sich in der betreffenden Problemsituation anders als bisher zu verhalten. Anhand zahlloser Beispiele wies er nach, daß damit auch in klinisch sehr schwerwiegenden Fällen verblüffende, rasche und vor allem dauernde Therapieerfolge erreicht werden können.*

*Es dürfte nicht überraschen, daß diese aktiven Interventionen eine andere sprachliche Struktur haben als jene der klassischen Therapieschulen, die sich fast ausschließlich auf Beschreibung, Erklärung und vor allem Deutungen aufbauen. Das 4. Kapitel gibt einen Überblick auf einige dieser aus der Hypnotherapie auf die allgemeine Therapie übertragenen Sprachformen.*

Der Titel dieses Referats könnte den Eindruck erwecken, daß es von der Hypnotherapie ganzer Familien handelt. Was hier vielmehr vorgelegt werden soll, sind Gedanken zum Thema

*Sprache* und *Wirklichkeit* in der Familientherapie; vor allem in bezug auf die verhaltensmäßigen Wirkungen bestimmter Sprachformen, die in der Hypnose seit langer Zeit angewendet werden. Daß diese Gedanken bestenfalls einen Überblick vermitteln können, bedarf wohl kaum besonderer Erwähnung.

Die Hypnose ist bekanntlich das *enfant terrible* der traditionellen Therapieschulen. Einerseits sind die oft überraschenden Erfolge hypnotischer Interventionen unleugbar; andererseits lassen sie sich nur schwer, wenn überhaupt, in die klassischen Theorien therapeutischen Wandels einbauen. Im psychodynamischen Modell verkörpert die Hypnose geradezu das Anathema der rein symptomatischen Behandlung. Das geringste Dilemma ergibt sich noch in der retrospektiven, aufklärenden, bewußtmachenden Anwendung der Hypnose; etwa wenn sie in den Dienst des Wiedererlebens verdrängter seelischer Inhalte, zum Beispiel durch Zeitregression bis in die betreffende Lebensphase zurück, und damit in den Dienst der Einsicht gestellt wird. Gerade davon aber ist hier nicht die Rede.

Worum es hier gehen soll, ist vielmehr die Tatsache des Bestehens verschiedener Sprachformen, deren Bedeutung für die Therapie uns erst langsam klar wird. Wie unterschiedlich und unvereinbar die klassischen Therapieschulen und -theorien untereinander auch in jeder anderen Hinsicht sind, so haben sie doch als gemeinsamen Nenner die Verwendung der Sprache als Mittel der Beschreibung, Erklärung und vor allem Deutung. Diese Sprachform heißt *indikativ*, manchmal auch *denotativ* oder – in Begriffen der Asymmetrietheorie des Gehirns – *linkshemisphärisch*, und bis weit in unser Jahrhundert herein galt sie als die Sprache der Wissenschaft schlechthin. Wo diese Sprache erfolgreich angewendet wird, kommt es bestenfalls zu einem intellektuellen, zerebralen Verstehen eines bisher nicht verstandenen Zusammenhangs oder dergleichen. Rein aufgrund dieser Überlegungen versteht es sich bereits, daß sich diese Sprachform schlecht für die Kommunikation von jenen Erlebnisbereichen eignet, die sich ihrer Natur nach einer indikativen Beschreibung entziehen. Der Hirnforscher GALIN (1974) verglich in diesem Zusammenhang einmal das Erlebnis eines Klavierkonzertes (das sich kaum »beschreiben« läßt) mit dem Sinn des Satzes »Demokratie erfordert informierte Teilnahme« (der sich nur indikativ übermitteln läßt).

Daß es in der Therapie weit öfter darum geht, Erlebnisqualitäten statt intellektuelle Einsichten zu vermitteln, liegt auf der Hand. Ein guter Witz kann wesentlich mehr als eine erschöpfende Erklärung leisten, obwohl – oder vielleicht gerade weil – die Pointe jedes Witzes unter anderem die Regeln der indikativen Sprache und der Logik über den Haufen wirft. Der berühmte Hypnotherapeut MILTON H. ERICKSON war dafür bekannt, seine Suggestionen oft in grammatisch, syntaktisch und semantisch »falsche« Form zu kleiden, bewußt mit Wortspielen zu jonglieren, die in klassischer Sicht für Fehlleistungen gelten würden, und die so erzeugte Konfusion meisterhaft für therapeutische Zwecke auszunützen. Und seit Jahrtausenden ist die Macht gewisser Sprachformen im Mysterienspiel, in Tragödie, Poesie und Ritual als Vermittler von unmittelbaren Erlebnissen ganz eigener Art bekannt. Erinnern wir uns zum Beispiel an die letzten Zeilen von HÖLDERLINS Gedicht »Hälfte des Lebens«:

Die Mauern stehn
Sprachlos und kalt, im Winde
Klirren die Fahnen.

Oder vergegenwärtigen wir uns, was LEOPARDI zu Beginn seines Gedichts »La sera del dì di festa« (»Der Abend nach dem Fest«) aufklingen läßt und dessen Schönheit auch in der Übersetzung weiterlebt:

Die Nacht ist mild und klar, es weht kein Wind,
und auf den Dächern und im Grün der Gärten
ruht still der Mond, und in der Ferne zeigen
sich unverhüllt die Berge.

Und welcher Unterschied besteht doch zwischen einer noch so sachkundigen, zerebralen Analyse selbstmörderischer Absichten und den Worten des Dichters MOMBERT:

's ist ein ewiger Gesang von Vögeln in den Urwäldern.
Stirb fünfmal und erwache wieder: sie singen doch noch immer.

Drum ist das Sterben nicht der Mühe wert
und führt dich nicht zu dem, wonach du suchst.

Ich binde mich an eines Berges sinnenden Gipfel,
zwischen silberne Gestirne.
Wenn Müdigkeit mich überfallen sollte,
will ich doch in der Höhe sein.

Diese Sprache nun, die ganz andere Erlebnisse vermittelt, ganz andere Wirkungen erzielt, findet in der Hypnose seit eh und je ihre Anwendung. Dies bedeutet aber keineswegs, daß sie auf diesen Bereich beschränkt bleibt. Es sei hier vielmehr die Behauptung aufgestellt – der sich in Hypnose bewanderte Kollegen anschließen dürften –, daß die Kenntnis der Hypnotherapie, mehr als irgendeine andere Spezialausbildung in unserem Fach, uns *ganz allgemein* neue Ansätze für die Lösung menschlicher Probleme, den Umgang mit Widerstand, die Beeinflussung von Verhalten eröffnet. Daß dies auch für die Familientherapie gilt, bedarf wohl keiner besonderen Erwähnung. Besehen wir uns wenigstens einige dieser Ansätze.

Was ist eine Suggestion? Obwohl die Meinungen darüber weit auseinandergehen, läßt sich wohl sagen, daß es sich um eine Kommunikation handelt, durch die die Art und Weise, in der jemand sich bisher seine Welt erklärt hat, verändert wird – wenn auch oft nur vorübergehend. Im Grunde sagt jede Suggestion: Verhalte dich, *als ob* dies oder jenes der Fall wäre. Sie ist also eine Verhaltensverschreibung; oft, aber nicht notwendigerweise, in sehr larvierter Form. So führt z. B. die Suggestion: »Stellen Sie sich vor, Sie beißen in eine dicke, saftige Zitrone« in vielen Menschen zu sofortigem Speichelfluß, also einer physiologischen Reaktion, die sich sonst nicht willentlich herbeiführen ließe. Das entscheidende Element liegt im »Als-ob«-Charakter der Situation. Der Betreffende wird sozusagen aufgefordert, in seiner Vorstellung eine andere Wirklichkeit zu schaffen, und diese Vorstellung führt zu einem konkreten Ergebnis. So alltäglich und wenig bemerkenswert dies auf den ersten Blick erscheinen mag, eröffnet sich hier dennoch der Ausblick auf wichtige Ansätze. Neu ist diese Perspektive allerdings nicht. Schon 1911 legte der Philosoph HANS VAIHINGER seine

*Philosophie des Als Ob* in einem 800seitigen Werk vor, das unter anderen ALFRED ADLER nachhaltig beeinflußte. Mit unzähligen Beispielen belegt er, wie wir in allen praktischen Bereichen unseres Lebens – den individuellen, natur- und geisteswissenschaftlichen, gesellschaftlichen und besonders den ideologischen –, ohne uns dessen notwendigerweise bewußt zu sein, immer auf der Grundlage unbewiesener und unbeweisbarer »Als-ob«-Annahmen handeln. Obwohl diese Annahmen also keinerlei Anspruch auf »Wahrheit« und »Wirklichkeit« erheben können, sind sie mehr oder weniger nützliche Fiktionen, die zu mehr oder weniger wünschenswerten *konkreten* Ergebnissen führen, worauf die Fiktion – in VAIHINGERS Terminologie – »herausfällt«.

Welche praktischen Folgen lassen sich aus all dem für die Therapie ziehen? Als erstes fällt die naive Annahme, eine Deutung müsse – falls sie überhaupt eine Wirkung haben soll – in irgendeinem objektiven Sinne »wahr« sein, da ja die ihr zugrundeliegende Theorie für wahr gehalten wird. Daß dieser Wahrheitswahn dann alle anderen Theorien und Hypothesen unweigerlich als falsch abstempelt und damit zu end- und fruchtlosen »wissenschaftlichen« Debatten führt, sei nur am Rande vermerkt. Nicht um die Wahrheit geht es der modernen Wissenschaft, sondern um *Wirksamkeit*. Hier wie anderswo kommt es also nicht auf Deutungen und Erklärungen *als solche* an, sondern nur darauf, daß imaginäre Annahmen fiktive Brücken zu praktischen Resultaten schlagen.

Unter welchen Umständen können sie das am ehesten? Halten wir uns die Grundeigenschaften jeder Suggestion nochmals vor Augen: Sie ist eine Aufforderung, sich vorzustellen, *als ob* etwas der Fall wäre, das im Weltbild der Betreffenden nicht der Fall »ist«. Da dieses Weltbild aber seinerseits nur aus »Als-ob«-Fiktionen besteht, wird dadurch sozusagen eine neue Wirklichkeit konstruiert – vorausgesetzt freilich, daß die Fiktion den Betreffenden annehmbar ist. Dies heißt nicht mehr und nicht weniger, als daß sie der bisherigen Wirklichkeits-Konstruktion nicht allzu kraß widersprechen darf. Aus dieser Selbstverständlichkeit erwächst eine der Grundregeln des ERICKSONschen Ansatzes: Lerne und verwende die Sprache des Patienten!

Während in den klassischen Behandlungsformen die erste Phase weitgehend darin besteht, die Patienten eine neue »Sprache« zu lehren, nämlich die Begriffe der jeweiligen Therapieschule, so daß sie langsam sich selbst, ihr Problem und seine Gründe, ihre Umwelt und so weiter in dieser neuen Weise zu sehen beginnen, findet in der Hypnotherapie das Gegenteil statt: Der Therapeut erlernt so rasch wie möglich die »Sprache« seiner Patienten, das heißt die ganz spezifische Art und Weise ihrer Wirklichkeits-Konstruktion. Mit der ihren 17jährigen Sohn verhätschelnden und infantilisierenden Mutter spricht man die Sprache mütterlicher Verantwortung und Opferbereitschaft; mit dem Ingenieur oder EDV-Experten die der kristallklaren binären Logik (statt ihm zur Einsicht in seine Gefühlswelt verhelfen zu wollen – was bereits seine Frau seit Jahren vergeblich versucht); mit dem esoterisch angehauchten Jugendlichen die Sprache östlicher Mystik. Wohlgemerkt: Die verwendete Sprache ist dabei nur die *Form*, die Hülle, deren sich der Therapeut bedient, um in ihr die betreffende »Als-ob«-Fiktion zu übermitteln.

Wer Hypnose betreibt, lernt rasch, Negationen zu vermeiden, das heißt Sätze, die Wörter wie *nicht, niemals, nirgends, unmöglich* usw. enthalten. Auf Grund einer überzeugenden paläolinguistischen Hypothese gilt die Negation als eine relativ späte Errungenschaft der menschlichen (digitalen) Sprache. Im regressiven Zustand hypnotischer Trance wird sie daher oft nicht aufgenommen. Auch Erzieher wissen, daß Kinder die Anweisung »Vergiß nicht...« eher vergessen als die positive Formulierung »Erinnere dich...«. Auf die allgemeine Therapie übertragen erweist es sich immer wieder, daß negative (und im weiteren Sinne daher auch kritische) Äußerungen des Therapeuten gegenteilige Wirkungen haben, unnötig Widerstand erzeugen und so das Eingehen auf die »Als-ob«-Fiktion der therapeutischen Intervention erschweren können. Statt also gewisse Lösungsversuche der Patienten als kontraproduktiv zu kritisieren, empfiehlt sich z. B. die ungleich wirkungsvollere Bemerkung: »Sie scheinen sich ja wirklich alle denkbare Mühe gegeben zu haben, mit diesem Problem fertigzuwerden – vielleicht finden wir zusammen noch etwas, das zusätzlich helfen könnte.«

Eng damit verbunden ist die *Verwendung des Widerstandes in der Hypnotherapie*. Statt ihn zu deuten und ihn damit nur zu verstärken, verschreibt man ihn. Verschriebener, zur Auflage gemachter Widerstand hört auf, Widerstand zu sein, da den Betreffenden nur zwei Möglichkeiten offenstehen: Entweder sie setzen das betreffende Widerstandsverhalten fort, nun aber im Rahmen der therapeutischen Verschreibung – was daher nicht mehr Widerstand, sondern Befolgung ist; *oder* aber sie geben das betreffende Verhalten auf, eben um der Forderung des Therapeuten zu widerstehen. In Begriffen der pragmatischen Kommunikationstheorie handelt es sich also um eine therapeutische Doppelbildung.

Ein noch komplexeres Kommunikationsmuster ist die *Erzeugung von Widerstand* im Dienste therapeutischen Wandels. Im wesentlichen wird hier diejenige Strategie, die unter den gegebenen Umständen als die indizierteste erscheint, der Familie als Lösung definiert, die zum Ziele führen könnte, den Patienten aber sicherlich unausführbar sein dürfte. Je entschiedener, pauschaler und pessimistischer der Therapeut diese Ansicht vorbringt, desto wahrscheinlicher werden die Familienmitglieder sie ablehnen und ihm beweisen wollen, wie falsch er sie einschätzt.

Ein Referat für sich würde notwendig sein, um als nächstes die *Umdeutung (reframing)* auch nur einigermaßen zu beschreiben. Die Umdeutung ist die unmittelbarste praktische Anwendung einer »Als-ob«-Fiktion. Die Familie definiert das Problem in ihrer Sicht; der Therapeut gibt derselben Situation eine andere Deutung, die den Gegebenheiten genauso oder noch besser entspricht. Das vielzitierte Paradebeispiel ist jene Stelle aus *Tom Sawyer* von MARK TWAIN, in der Tom seinen Freunden gegenüber eine ihm auferlegte Strafe (das Streichen eines Zauns) als besonderes Privileg umdeutet, und jene (die ihn zunächst hänselten) sich schließlich darum reißen, an diesem Privileg teilnehmen zu dürfen, und Tom dafür auch noch bezahlen.

Die eingangs erwähnten Gedichte könnten vielleicht den Eindruck erwecken, der Therapeut sollte sich poetisch betätigen. So war es freilich nicht gemeint. Das *Erzählen von Ge-*

*schichten* jedoch ist eine uralte Technik der Beeinflussung, des Wandels. Geschichten, vor allem witzige oder weise, können ja nicht nur Interesse, sondern auch Identifizierung erwecken. Und da sie immer von anderen Menschen, Zeiten und Umständen handeln, bleibt es dem Zuhörer überlassen, wieviel von der Geschichte er auf sich selbst beziehen will. Er identifiziert sich sozusagen *à distance*, d. h. scheinbar unverbindlich und mit geringster Widerstandsbesetzung. Gegen Ende seines Lebens verwendete ERICKSON immer häufiger Geschichten – entweder aus seinem eigenen Leben oder *ad hoc* erfundene –, um in dieser interessanten und unverbindlichen »Verpackung« eine Suggestion zu geben, die in unmittelbarer Form vermutlich abgewiesen oder entwertet worden wäre. Wer sich in solche archetypischen therapeutischen Geschichten vertiefen will, dem können Bücher wie PESESCHKIANS *Der Kaufmann und der Papagei* oder jene von IDRIS SHAH (O. J.) nützlich sein, die zu zahlreich sind, um hier einzeln genannt zu werden.

All den erwähnten Interventionen ist gemeinsam, daß in ihnen und durch sie der Therapeut *aktiv* interveniert, wenn auch – wie beim Geschichtenerzählen – manchmal in sehr mittelbarer Form. Dies wird besonders in den direkten *Verhaltensverschreibungen* offensichtlich. Wenn im Falle einer Suggestion dem Empfänger eine andere »Als-ob«-Fiktion kommuniziert wird, versucht die Verhaltensverschreibung den Betreffenden dazu zu bringen, so zu handeln, als ob er in einer anderen als der von ihm konstruierten Wirklichkeit lebte; als ob zum Beispiel sein Problem bereits gelöst sei. Es kann in diesem Zusammenhang gar nicht nachdrücklich genug betont werden, daß es sich dabei um ganz simple Verhaltensänderungen handelt (oder handeln *sollte*). Ihre oft banale Einfachheit erklärt die verblüffende, fast magisch scheinende Wirkung dieser Interventionen. Es handelt sich nämlich um Verhalten, das den Betreffenden längst möglich gewesen wäre, das sie aber deswegen nicht anwendeten, weil es in der von ihnen konstruierten Wirklichkeit keinen Sinn und daher keinen Platz hatte. Aus demselben Grunde wird ihre Verwendung auch von Therapeuten nicht in Betracht gezogen. Trotzdem können sich solche abrupten, ungeplanten Lösungen im Laufe einer Behandlung auch spontan ergeben. Der berühmte Purzelbaum einer Patientin MICHAEL BALINTS ist ein geradezu klassisches Beispiel dafür. Es war für diese Frau, so beschreibt BALINT (1970) den Fall, sehr wichtig, immer den Kopf oben und die Füße fest auf dem Erdboden zu behalten. Darauf erwähnte sie, daß sie es seit ihrer frühesten Kindheit nie fertiggebracht habe, einen Purzelbaum zu schlagen, obwohl sie es oft versucht hatte und ganz verzweifelt war, wenn es nicht ging. BALINT warf ein: »Na, und jetzt?« – worauf sie von der Couch aufstand und zu ihrer eigenen größten Überraschung ohne weiteres auf dem Teppich einen tadellosen Purzelbaum schlug. Dies erwies sich als ein wahrer Durchbruch.

Und nun verwendet BALINT in seinem Buch fast zwei Seiten, um nachzuweisen, daß sich dieser Durchbruch halt doch in seine Theorie einbauen läßt und daß ein solches Ereignis »zusätzlich zu dem – also nicht statt dessen –, was in der ›klassischen‹ Analyse geschieht«, eintreten kann.

Was bei den Verhaltensverschreibungen zur Anwendung kommt, ist ein weiterer Aspekt der therapeutischen Sprache; nämlich jene Kommunikationen, für die nur die häßlichen Benennungen *injunktiv* und *performativ*, manchmal auch *deontisch* bestehen. Ohne auf diese Bezeichnungen näher eingehen zu wollen, sei erwähnt, daß *injunktiv* natürlich von der lateinischen *injunctio* (Anweisung, Befehl) kommt und in diesem Sinne von GEORGE SPENCER BROWN (1973) für die Klasse jener Kommunikationen verwendet wird, die seitens des Empfängers eine bestimmte Handlung erfordern und ihm durch ihre Befolgung eine unmittelbare Erfahrung vermitteln. Die Bezeichnung *performativ* geht auf den englischen Sprachphilosophen JOHN LANGSHAW AUSTIN (1962) zurück, der die wichtige Unterscheidung zwischen Sprechakten einführte, die etwas feststellen oder erklären (von ihm *constative* genannt), und solchen, durch die etwas getan oder verwirklicht wird. So ist z. B. die Äußerung eines Vorsitzenden: »Die Sitzung ist eröffnet« nicht eine Konstatierung, sondern vielmehr ein Sprechakt *(speech act)*, durch den eine ganz bestimmte, konkrete Situation geschaffen wird. *Deontik* ist schließlich der vom Philosophen ERNST MALLY (1926) geprägte Name für seine Logik des Willens, eines logischen Systems, das sich mit der Struktur und den zwischenmenschlichen Wirkungen von Forderungssätzen befaßt.

Diese drei Bedeutungsbereiche überschneiden sich, wenn sie auch bei näherer Prüfung in hochinteressante Einzelrichtungen zu gehen scheinen. Gemeinsam ist ihnen jedenfalls ihre wirklichkeitsschaffende, pragmatische Wirkung, deren sich die Hypnose schon immer bediente, die aber sehr wohl auch auf menschliche Beziehungssysteme wie Paare und Familien anwendbar ist.

Auch die im Kurztherapiemodell des *Mental Research Institute* verwendeten Interventionen sind dieser Art. In ihnen kommt es zur Umkehrung des klassischen Prinzips der Einsicht als Vorbedingung von Verhaltensänderungen, von Wandel und Lösung. Das Primat ist hier vielmehr das der Handlung in Form einer Befolgung der Verhaltensverschreibung durch die Familie. Die elegantesten Anwendungen dieses Prinzips sind freilich die von SELVINI PALAZZOLI (1977, S. 445–454) und VAN DER HART (1983) beschriebenen *Familienrituale*, deren Ausführung zum Erlebnis einer neuen »Wirklichkeit« führt. Hier also ist Einsicht eine *Folge* veränderten Verhaltens; ganz im Sinne von HEINZ VON FOERSTERS (1981, S. 39–60) ästhetischem Imperativ:

*Willst du erkennen, lerne zu handeln!*

# Kapitel 5

# Kurzbehandlungen
# schizophrener Störungen

*Noch mehr als die Depression gilt die Schizophrenie als eine gei-*
*stige Störung, die, wenn überhaupt, nur durch Langzeitbehand-*
*lung beeinflußt werden kann. Diese Ansicht setzt aber voraus,*
*daß dieses (genau wie irgendein anderes) Krankheitsbild objek-*
*tiv erfaßbar ist, und daß sich daraus dann ebenso objektive*
*Schlußfolgerungen für die Therapie ziehen lassen. Aus dieser*
*Ansicht nährt sich auch die Ablehnung von Therapiemethoden,*
*die diesen scheinbaren Tatsachen widersprechen und daher*
*falsch sein »müssen«. Dieses Urteil ist aber eben nur aufgrund*
*der nie in Frage gezogenen Überzeugung möglich, daß die der*
*Entstehung und der Lösung menschlicher Probleme zugrunde*
*liegende Wirklichkeit objektiv und menschenunabhängig fest-*
*steht. Es handelt sich in dieser Sicht also nicht um eines der vielen*
*möglichen Paradigmata im Sinne* THOMAS KUHNS, *sondern um*
*den festen Glauben, die wahren, »wissenschaftlichen« Gegeben-*
*heiten endgültig erfaßt zu haben.*

*Das folgende Kapitel handelt von dieser Thematik. Es stellt*
*nicht nur die Endgültigkeit jeder dogmatischen Annahme (und*
*der Falscherklärung jeder ihr widersprechenden Ansicht) in*
*Frage, sondern behandelt die therapeutischen Möglichkeiten,*
*die sich dann ergeben, wenn eine Prämisse selbst – und nicht*
*lediglich ihre Ableitungen und Anwendungen – einer kritischen*
*Prüfung unterzogen wird.*

Schizophrenie und Kurztherapie in einem Atemzug zu nennen
scheint absurd, da die Schizophrenien allgemein als schwere
Störungen gelten, deren Behandlung lang und deren Prognose
unsicher ist. Der vorliegende Beitrag versucht nachzuweisen,
daß die Schwierigkeiten der Schizophreniebehandlung zumindest teilweise die Folge der *Ansichten* über die Schizophrenie
sind und in diesem Sinne nicht unmittelbar mit der *Natur* der

Störung zu tun haben. Mein Ansatz beruht auf den Forschungen der Bateson-Gruppe in den 50er Jahren und auf den Weiterentwicklungen dieses Modells am Mental Research Institute in Palo Alto in den nachfolgenden Jahren. Zu bemerken ist ferner, daß der hier verwendete Begriff der Kurztherapie sich auf eine aus diesem Modell abgeleitete Behandlungsform *sui generis* bezieht und daher von seiner allgemeinen Bedeutung als einer vereinfachten, oberflächlichen und krisenbedingten Anwendung einer traditionellen Behandlungstechnik abweicht (WATZLAWICK et al. 1974).

In seiner im Jahre 1956 veröffentlichten *Introduction to Cybernetics* schreibt der berühmte Kybernetiker ASHBY (der selbst Psychiater war):

... Angenommen, ich bin im Hause eines Freundes, und beim Vorbeifahren eines Wagens draußen rennt sein Hund in eine Zimmerecke und duckt sich angstvoll. Für mich ist dieses Verhalten grundlos und unerklärbar. Dann sagt mein Freund: »Er wurde vor sechs Monaten von einem Auto überfahren.« Mit diesem Hinweis auf ein sechs Monate zurückliegendes Ereignis ist das Verhalten des Hundes erklärt. Wenn wir sagen, der Hund zeige ein »Gedächtnis«, so beziehen wir uns weitgehend auf dieselbe Tatsache – daß sich sein Verhalten nicht durch seinen augenblicklichen Zustand, sondern durch den vor sechs Monaten erklären läßt. Wenn man nicht vorsichtig ist, könnte man sagen, der Hund »habe« ein Gedächtnis, und dann etwa denken, der Hund habe ein Ding, so wie er vielleicht einen schwarzen Fleck auf seinem Fell hat. Das könnte einen dazu verleiten, nach dem Ding zu suchen; und unter Umständen entdeckt man dann, daß dieses »Ding« gewisse sehr merkwürdige Eigenschaften hat.

Und ASHBY fährt dann fort:

Offensichtlich ist »Gedächtnis« nicht ein objektives Etwas, das ein System besitzt oder nicht besitzt; es ist ein Begriff, den der Beobachter anwendet, um die Lücke zu füllen, die die Nichtbeobachtbarkeit des Systems verursacht. Je weniger Variablen der Beobachtung zugänglich sind, desto mehr wird der Beobachter gezwungen sein, die Wirkung vergangener Ereignisse im Verhalten des Systems zu berücksichtigen. Daher ist »Gedächtnis« im Gehirn nur teilweise objektiv. Kein Wunder, daß seine Eigenschaften sich oft als ungewöhnlich oder sogar paradox erweisen.

Und im darauffolgenden Satz zieht er dann die einzige logische Schlußfolgerung:

Es besteht wohl kein Zweifel, daß dieser ganze Fragenkomplex einer Überprüfung von Grund auf bedarf (ASHBY 1963, S. 117).

Die Einfachheit dieser Konsequenz ist bestechend. In Wirklichkeit ist es dagegen so, daß Wissenschafter mit allen anderen höheren Tieren die Unfähigkeit oder Unwilligkeit teilen, ihre Prämissen »von Grund auf« zu überprüfen. Wäre es nicht so, dann gäbe es auch keine experimentell erzeugte Neurose bei einem Versuchstier, dessen »Weltbild« zusammenbricht, wenn der Versuchsleiter unvermittelt die Appetenz-Aversions-Struktur umkehrt und das Tier für die bisher richtige Reaktion bestraft; es gäbe das Schicksal eines Galileo Galilei nicht, noch wäre es vermutlich je zu den endlosen Kontroversen über Äther, Phlogiston, die Vererbung angelernter Eigenschaften und tausend andere, ähnliche »Tatsachen« gekommen, die zwischen den eben erwähnten Extremen liegen. Zusätzlich fällt hier ins Gewicht, daß es sich dabei nicht nur um eine Unfähigkeit zur kritischen Überprüfung der eigenen Annahmen handelt, sondern um das geradezu kategorische Ausschließen der immerhin plausiblen Möglichkeit, daß die eigenen Prämissen eben nicht mehr und nicht weniger als Prämissen sind, d. h. Annahmen, Paradigmata in KUHNs Sinne (KUHN 1973), und nicht ewiggültige und ein für allemal entdeckte Wahrheiten.

Im Falle psychiatrischer Theorien ist diese Tendenz womöglich noch ausgeprägter. Die Frage, was als normal, was als abnorm zu gelten hat, und wie das Abnorme zur Normalität zu bringen ist, kompliziert sich durch die fast religiöse Inbrunst der Autoren und Verfechter dieser Theorien. Es handelt sich hier ja nicht um relativ unpersönliche Gegebenheiten – wie etwa in Physik, Biologie oder Volkswirtschaft – sondern um so unmittelbar menschliche und daher persönliche Belange, daß der Toleranz für Andersdenkende sehr enge Grenzen gesetzt sind.

Nehmen wir als Beispiel das Buch *Freud or Jung?* des bekannten Psychoanalytikers EDWARD GLOVER (1956). Dieser Autor füllt 195 Seiten, um nachzuweisen, was sich in einem einzigen Satz sagen ließe, nämlich daß JUNGS Anschauungen nicht denen FREUDS entsprechen.* Dies wäre zwecklos, wenn der Autor und seine Leser in FREUDS Ideen nicht die Grundlage der endgültigen und wahren Erklärung menschlichen Verhaltens sähen. Unter diesen, aber eben *nur* unter diesen Voraussetzungen ist es dann sinnvoll, andere Auffassungen für abweichend und fehlerhaft zu erklären. (Dasselbe gilt für den Marxismus oder irgendeine andere Ideologie, welche rein auf der Basis politischer Macht zur wissenschaftlichen und daher endgültigen, richtigen und ewig wahren Erklärung der gesellschaftlichen und wirtschaftlichen Gesetze erhoben wurde, welche die Existenz und die Wertskalen des Menschen bestimmen.)

Wo an dieser Ansicht festgehalten wird, folgt zwingend, daß im Falle des Scheiterns von Maßnahmen, die aufgrund der Theorie getroffen wurden, der Mißerfolg in den praktischen *Anwendungen* der Theorie, nicht aber in der Theorie *selbst* zu suchen ist – denn diese ist ja sakrosankt. Dies bedeutet ferner, daß u. U. die Therapie zur Rettung der betreffenden psychiatrischen Theorie, nicht aber des Patienten herhalten muß. Und schließlich bedeutet es, daß innerhalb des Rahmens einer solchen Theorie gewisse Maßnahmen den Prämissen entsprechend und daher anwendbar sind, andere dagegen als theorieinkonsistent nicht ergriffen werden dürfen. Eine rein symptomatische Behandlung ist z. B. unvereinbar mit dem psychodynamischen Modell und »daher« antitherapeutisch. Da wir als Praktiker nicht auch als Wissenschaftsphilosophen ausgebildet sind, bleiben wir der Tatsache gegenüber blind, daß die eben erwähnte Beschränkung in der Natur der *Theorie* und nicht in jener der menschlichen *Seele* liegt. In der Hypnotherapie, der Verhaltenstherapie, gewissen Formen der Familientherapie und einer Reihe von kurztherapeutischen Ansätzen wird erfolgreich das praktiziert, was im psychodynamischen Begriffssystem als Symptombehandlung gilt und verworfen wird.

---

* Auf Seite 190 seines Schlußworts tut GLOVER dies dann auch: »Wie wir gesehen haben, ist das Hauptmerkmal der JUNGschen Psychologie die Verneinung jedes wichtigen Bestandteils der FREUDschen Theorie.«

Als im Jahre 1904 eine Kommission von 13 hervorragenden Gelehrten zu der Feststellung gelangte, daß ein Hengst (der seither unter dem Namen »kluger Hans« in die Geschichte eingegangen ist, s. PFUNGST 1907) der erstaunlichsten intellektuellen Leistungen fähig war, lag ein analoger Sachverhalt vor. Worum es bei dieser merkwürdigen Fehlgeburt wissenschaftlichen Denkens ging, waren einfache averbale Interaktionen zwischen dem Pferd und dem Versuchsleiter. Diese Kommunikationsprozesse aber waren dem wissenschaftlichen Denken jener Zeit unbekannt, und die Beobachter waren daher – ganz im Sinne ASHBYS – gezwungen, zu einer absurden Erklärung Zuflucht zu nehmen, »um die Lücke zu füllen, die die Nichtbeobachtbarkeit des Systems verursacht« oder, genauer gesagt, die sich aus der Blindheit der Beobachter ergab. *Wenn* ein Pferd arithmetische Aufgaben löst und wenn Betrug ausgeschlossen werden kann, *dann* ist dieses Pferd ein Genie – so oder ähnlich dürften die Mitglieder der Untersuchungskommission die Sachlage gesehen haben. Mit dieser (für sie) unausweichlichen Schlußfolgerung (die übrigens drei Monate später von einem Cand. phil. ad absurdum geführt wurde, der noch unvoreingenommen genug war, um seine Augen offen zu halten) beging die Kommission denselben Fehler, den MOLIÈRE in einer seiner Komödien schon 250 Jahre früher ins Lächerliche gezogen hatte: Dort befaßt sich eine Gruppe gelehrter Doktoren mit der Frage, weshalb Opium einschläfert. Nach eingehenden Untersuchungen kommen sie zu dem Schluß, daß diese Wirkung des Opiums auf ein ihm innewohnendes »dormitives Prinzip« zurückzuführen sei. Ein bloßes Wort wird so reifiziert, d. h. zu einem Ding (res) gemacht und – um ASHBY nochmals zu zitieren – »das könnte einen dazu verleiten, nach dem Ding zu suchen; und u. U. entdeckt man dann, daß dieses ›Ding‹ gewisse sehr merkwürdige Eigenschaften hat«. Naiverweise scheint es nämlich offensichtlich, daß, wenn ein Name für etwas existiert, das so benannte Ding ebenfalls existieren muß. Daß ein Name ganz für sich in unserem begrifflichen Universum herumflattern könne, wie jene körperlosen Engelchen in Barockgemälden, ist ein nahezu unerträglicher Gedanke – und dies trotz ALFRED KORZYBSKI, der immer wieder darauf verwies, daß der Name nicht das Ding und die Landkarte nicht das Land ist (KORZYBSKI 1933).

Was haben diese Überlegungen mit dem Begriff der Schizophrenie zu tun? Als EUGEN BLEULER (1911) seine berühmte Monographie *Dementia praecox oder Gruppe der Schizophrenien* veröffentlichte, führte er den Ausdruck Schizophrenie deswegen ein, weil er die damals gebräuchliche Bezeichnung, Dementia praecox, für irreführend hielt.* Der neue Name fand bekanntlich rasche, internationale Annahme. Was mit ihm ebenfalls angenommen wurde, war die nicht in Frage gestellte Reifikation, daß es sich bei dem so benannten Zustandsbild um eine geistige Spaltung oder eine ähnliche Krankheitsform handelte. Dies war durchaus im Einklang mit der damals vorherrschenden monadischen Einstellung der Psychiatrie. Es bedeutet aber nicht, daß deshalb Übereinstimmung über die Natur des *Dings* bestand (oder wenigstens heute besteht), auf das sich dieser diagnostische Ausdruck bezieht.** Da erfahrungsgemäß sehr wenig getan werden kann, um die vermutete geistige Spaltung zu heilen, ist es nicht weiter überraschend, daß die Verfechter von Heredität oder Konstitution, von endokrinen oder kardiovaskulären Ursachen, von biologischen, neuropathologischen oder degenerativen Prozessen, oder einer großen Zahl von psychologischen oder anderen Hypothesen sich weiterhin in den Haaren liegen.

Gelegentlich aber findet ein Fall wie der nachstehende (von CARLOS SLUZKI, dem damaligen Direktor des Mental Research Instituts, berichtete) Eingang in die Fachliteratur:

---

* In seinem *Lehrbuch der Psychiatrie* erklärt er: »Da die Krankheit nicht zur Demenz fortzuschreiten braucht, und sie gar nicht immer praecociter, d. h. in der Pubertät oder bald nachher auftritt, paßt der Name Schizophrenie besser« (BLEULER 1923, S. 280).

** So ARIETI (1950, S. 501): »Obwohl ich zugebe, daß das, was wir als schizophrenes Syndrom bezeichnen, noch unbestimmt, wechselnd, unbeständig und akzessorisch ist, bin ich doch der Ansicht, daß es einen mehr oder weniger homogenen Kern gibt, der uns den schizophrenen Patienten als solchen erkennen läßt und uns zu einigen Schlußfolgerungen von pragmatischer Nützlichkeit führt. Der Umstand, daß das Wesen dieses Kerns noch nicht voll und unbestritten erfaßt ist, beweist aber nicht, daß es sich um eine Fehlannahme handelt.«

Ein 29jähriger Mann, seit sechs Jahren als schizophren diagnostiziert, kommt mit seiner Mutter und zwei Geschwistern zum Erstinterview. Es stellt sich u. a. heraus, daß sein Vater Frau und Kinder im Stich ließ, als der Patient sechs Jahre alt war. Der Patient, ein sehr passiver, scheuer Mann, war verheiratet und hat drei Kinder. Vor mehr als sechs Jahren, nach einer außerehelichen Affäre, verwies ihn seine Frau des Hauses, oder er ließ seine Familie im Stich. Jedenfalls entwickelte er kurz darauf Wahnideen und Halluzinationen sowie bizarre Verhaltensweisen (z. B. öffentliche Masturbation oder Defäkation in seinem Wohnzimmer). Von diesem Zeitpunkt an ist sein Leben eine Serie von Einweisungen, Remissionen, Entlassungen und Rückfällen.

Im Verlauf des Interviews stellt sich heraus, daß sich seine Angehörigen von ihm zurückziehen, wenn er psychotisch ist, ihn dagegen mit infantilisierender Besorgnis überladen, wenn er nicht gestört ist, um sich sofort wieder von ihm zurückzuziehen, wenn er sich symptomatisch verhält.

Am Ende des Interviews erklärt ihm der Psychiater: »Es ist ganz offensichtlich von größter Wichtigkeit, daß Sie und Ihre Angehörigen eine klare Unterscheidung zwischen Ihrem untreuen und Sie im Stich lassenden Vater und sich selbst machen, indem Sie sich für verrückt ausgeben und daher nicht verantwortlich für eine Handlung sind, durch die Sie Ihrem Vater ähnlich sehen könnten. Wir werden daher nicht versuchen, Sie zu behandeln, denn Ihr Verhalten ist für Sie und Ihre Angehörigen notwendig.«

Es wurden keine weiteren Familientherapiesitzungen angesetzt, die individuelle Therapie des Patienten wurde abgebrochen. Es wurde ihm aber freigestellt, täglich Psychopharmaka zu verlangen, »da die Notwendigkeit, sie einzunehmen, ein ebenso überzeugender Beweis Ihrer Geisteskrankheit ist wie Ihre Symptome«.

Einen Monat nach dieser Sitzung verlangte der Patient seine Entlassung und ist nun seit zwölf Monaten symptomfrei, was eine für ihn bisher nicht erreichte Remissionsdauer darstellt (SLUZKI 1981, S. 278–279).

Es handelt sich hier um ein Behandlungsergebnis, das sich aus den bestehenden Theorien und Therapien der Schizophrenie, so unterschiedlich und widersprüchlich diese auch sein mögen, nicht ableiten läßt. Aus diesem Grunde dürfte die Behauptung, in einer einzigen Familiensitzung die Langzeitremission eines schizophrenen Patienten erreicht zu haben, in negativer Übereinstimmung verworfen werden. Diese Ablehnung baut sich vermutlich auf einer Ex-post-facto-Überlegung auf: Da es allgemein *bekannt* ist, daß es sich bei der Schizophrenie um eine schwere Geisteskrankheit unbekannter Genese und refraktären Charakters handelt, kann dieser Patient, *eben weil* er durch eine kurze Intervention am Ende dieser einen Sitzung positiv beeinflußt werden konnte, nicht schizophren gewesen sein.*

Die Geschichte der Wissenschaft ist voll solcher gedanklicher Akrobatien. »Wenn die Tatsachen nicht mit der Theorie übereinstimmen – um so schlimmer für die Tatsachen«, soll HEGEL gesagt haben. Mit anderen Worten: Wenn eine Theorie einmal als »wahr« akzeptiert ist, müssen Tatsachen, die ihr widersprechen, entweder bedeutungslos oder falsch sein oder – was noch gefährlicher ist – zu einer Verfeinerung der Theorie, nicht aber zu ihrer Überprüfung »von Grund auf«, führen. Nur eine »wissenschaftliche Revolution« in KUHNS (1973) Sinne ermöglicht eine solche Überprüfung.

Es sei hier die Behauptung aufgestellt, daß die Kontroverse über das Wesen und die Behandlung der schizophrenen (und darüber hinaus aller funktionellen) Störungen eben dieser Art ist. Endlose Zeit und zahllose Bücher und Artikel werden dazu aufgeboten, ein für alle Mal den Nachweis zu erbringen, daß eine bestimmte Theorie richtig ist und alle anderen daher falsch. Aber der Zweck wissenschaftlicher Forschung ist und kann nicht die Entdeckung der Wahrheit sein. Für die ewige Wahrheit ist kein Platz in der Wissenschaft – vor allem nicht auf einem Gebiet, das so unerfaßbar ist wie das seelische und geistige Erleben des Menschen. Das einzige brauchbare Kriterium ist die größere *Wirksamkeit* eines Ansatzes im Vergleich zu einem anderen.

All dies hat scheinbar wenig mit der Thematik dieses Beitrags zu tun. Es scheint sich hier eher um einen dilettantischen

---

* Diese Form einer logischen Schlußfolgerung vertritt z. B. SALZMAN in seiner Kritik eines Buchs, das von der erfolgreichen Anwendung verhaltenstherapeutischer Prinzipien auf die Phobien handelt: »Der Autor definiert die Phobie in einer Weise, die nur den Konditionierungstheoretikern annehmbar ist, die psychiatrischen Kriterien dieses Zustandsbildes aber nicht erfüllt. Seine Angaben sollten sich daher nicht auf die Phobien, sondern einen anderen Zustand beziehen« (SALZMAN 1968, S. 473–476).

Ausflug in das Gebiet der Epistemologie statt um die Beschreibung einer Behandlungsform zu handeln, die dem mit den bizarren Erscheinungsformen der Schizophrenie konfrontierten Kliniker von Nutzen sein könnte.

Aber gerade dieser Einwand trifft den Kern des Problems. Er fordert konkrete Hinweise auf praktische Maßnahmen und möchte keine Zeit damit verlieren, die den Maßnahmen zugrundeliegenden Prämissen zu überprüfen. In diesem Sinne ähnelt er dem Witz vom Richter, der den Angeklagten fragt: »Haben Sie endlich aufgehört, Ihre Frau zu prügeln? Antworten Sie ›ja‹ oder ›nein‹!«, und der ihn mit Mißachtung des Gerichts bedroht, wenn ihm der Mann zu erklären versucht, daß weder »ja« noch »nein« zutrifft, da er seine Frau *nie* mißhandelt hat.

Mit anderen Worten: Wenn man annimmt, daß eine der bestehenden Theorien der Schizophrenie diese Störung erklärt, so besteht kein Grund, noch weiter zu suchen, und die unbefriedigenden Behandlungsergebnisse sind dann offensichtlich die Schuld unzulänglicher Behandlungsmethoden. Angenommen aber, daß es sich bei allen diesen Theorien um Begriffe handelt, »die der Beobachter anwendet, um die Lücke zu füllen, die die Nichtbeobachtbarkeit des Systems verursacht«, oder noch wahrscheinlicher, wenn beobachtbare Gegebenheiten für bedeutungslos oder für mit den Prämissen der Theorie unvereinbar gehalten werden, dann muß die Theorie selbst kritisch geprüft werden.

Ein Fall wie der von SLUZKI beschriebene läßt sich entweder als mit der Theorie unvereinbar vom Tisch wischen, oder er kann als Beispiel eines Behandlungserfolgs aufgefaßt werden, der dann möglich wird, wenn Erfahrungstatsachen nicht a priori aufgrund ihrer theoretischen Relevanz oder Irrelevanz zensiert werden. Letzteres Vorgehen ist im wesentlichen ein anthropologischer und nicht ein psychiatrischer Ansatz. Im Vergleich zur Ausbildung des Psychiaters ist die des Anthropologen fast diametral verschieden. Der Psychiater hat gelernt, die Problematik seiner Patientinnen und Patienten mit Hilfe seiner Kenntnis der Psychopathologie anzugehen. Er versucht, die *Ursachen* der Störung zu erhellen. Der Anthropologe geht umgekehrt vor: Zum Studium einer ihm fremden Kultur bemüht er sich, sein Denken so frei wie möglich von vorgefaßten Meinungen und Annahmen zu halten, und die betreffende Kultur in ihrem So-Sein und nicht in Begriffen, die ihre Verschiedenheit von der ihm geläufigen dokumentieren, zu erfassen. Er versucht, die *Wirkungen* jener kulturspezifischen Verhaltensmuster möglichst objektiv und im Jetzt und Hier zu erfassen, statt ihre Ursachen in der Vergangenheit zu erforschen.

Dieser Ansatz wurde vom Anthropologen GREGORY BATESON und seiner Forschungsgruppe im Jahre 1956 im Rahmen ihres bereits klassischen Referats »Auf dem Wege zu einer Schizophrenie-Theorie« (BATESON et al. 1969, 11–43) in die Psychiatrie eingeführt. In ihm wird bekanntlich der Begriff der Doppelbindung definiert. Rückblickend läßt sich diese Arbeit wirklich als eine Überprüfung »von Grund auf« im Sinne ASHBYS auffassen. Es würde den Rahmen dieses Beitrags sprengen, auf die Theorie näher einzugehen, doch ihre wesentlichen Schlußfolgerungen seien kurz angeführt:

1. Trotz seines Titels enthält der Artikel nicht so sehr eine Theorie der Schizophrenie als eine neue Auffassung vom Entstehen menschlicher Probleme. Spätere Untersuchungen fanden Doppelbindungen nicht nur bei den anderen großen klinischen Bildern (SLUZKI & VERON 1971, S. 397–410; SLUZKI & RANSOM 1976; WATZLAWICK 1969, S. 44–53), sondern erwiesen auch die therapeutische Anwendbarkeit dieser Kommunikationsmuster (BERGER 1978; WATZLAWICK et al. 1974).

2. Diese Muster sind in der gegenwärtigen Situation, also im Jetzt und Hier und ohne Rückgriff auf die Vergangenheit nachweisbar; es sind zwischenmenschliche Aktions-Reaktions-Prozesse in menschlichen Beziehungssystemen. Damit soll die Bedeutung der Vergangenheit als Ursprung dieser Systemeigenschaft nicht geleugnet werden; in Frage gestellt wird aber die traditionelle Annahme, das Wissen um die Ursachen sei die Vorbedingung für die Beeinflussung der Wirkungen.

3. Die Kreisförmigkeit dieser Abläufe (in denen die Reaktion auf ihren Auslöser zurückwirkt und ihn verändert – ein im klassischen linearen Ursachendenken »unmögliches« Phänomen) hat ihre eigenen, überpersönlichen, da systemischen Eigenschaften. Letztere lassen sich nicht auf irgendwelche der

Myriaden von Ursachen zurückführen, die zur Ausbildung des Systems in seinem So-Sein führten. Im Sinne des klassischen Gestaltbegriffs sind diese Systeme mehr und andersgeartet als die Summe ihrer Teile.

4. Die Frage, *warum* sich der sog. Indexpatient in einem menschlichen Beziehungssystem in dieser oder jener Weise verhält (also die Grundfrage der traditionellen, reduktionistischen, linearen Auffassung), wird durch die Frage »*Was* ist jetzt und hier der Fall?« ersetzt.

5. *Was* statt *warum* zu fragen ist eine kybernetische Betrachtungsweise.

In seinen Ausführungen über das Phänomen der Veränderung und über die Transformationen, die in Systemveränderungen ins Spiel kommen, erwähnt ASHBY den wesentlichen Unterschied zwischen den beiden Fragen:

*Man bemerke, daß die Transformation weder unter Bezugnahme darauf definiert wird, was »wirklich« der Fall ist, noch unter Bezugnahme auf eine physische Ursache des Wandels, sondern vielmehr dadurch, daß eine Gruppe von Operanden gegeben und dazu festgestellt wird, welche Veränderung jeder von ihnen erfährt. Die Transformation hat damit zu tun, was eintritt, und nicht, warum es eintritt* (ASHBY 1963, S. 11).

Auch in der modernen Biologie spiegelt sich die schwindende Bedeutung der Frage nach den Ursachen wider. Man hat dort festgestellt, daß der entscheidende Auslöser, der eine vollkommen neue, komplexe Entwicklung in Gang setzen kann, u. U. ein rein zufälliges, völlig undeterminiertes Ereignis ist. Die durch dieses Ereignis ausgelösten Prozesse aber sind dann ungemein komplex und besitzen ihre ganz eigene Gesetzmäßigkeit. So sprach der berühmte französische Biologe JACQUES MONOD (1971) z. B. von Zufall und Notwendigkeit als den beiden großen, interdependenten Prinzipien der Evolution. Und in den letzten 25 Jahren mehren sich tiefschürfende interdisziplinäre Studien zur Erforschung der sog. *Autopoiese*, d. h. jener »sich immer konkreter abzeichnenden Kategorie von Paradigmata, die von Fragen der Selbstorganisation und der spontanen Phänomene innerhalb physischer, biologischer und gesell-

schaftlicher Systeme handeln« (ZELENY 1981, S. 15). Diese
heute noch keineswegs auf einen gemeinsamen Nenner ge-
brachte Erforschung systemischer Stabilität, Weiterentwicklung und Störungen ist mit den Namen von Forschern wie
FRANCISCO VARELA, HUMBERTO MATURANA, RICARDO
URIBE, ILYA PRIGOGINE, HENRI ATLAN, GORDON PASK und
vielen anderen verbunden.

Wenn wir die unmittelbaren Umstände des Ausbruchs einer
psychotischen Krise untersuchen und der Versuchung widerstehen, die Lücken in unserem Verstehen der Krise dadurch zu
füllen, daß wir Zuflucht zu den »dormitiven Prinzipien« einer
bestehenden Theorie nehmen, gelingt es uns, Analogien zu den
Postulaten der eben erwähnten Forscher zu finden. Dies bezieht sich vor allem auf die geradezu katalytische Wirkung von
Zufallsereignissen auf den Ausbruch scheinbar monolithi-
scher, autonomer Krisen.

Hier liegt der Ansatzpunkt für kurztherapeutische Interventionen nicht nur bei Schizophrenen, sondern darüber hinaus
allgemein bei den Störungen, die als funktionell gelten. Er
besteht in einer sorgfältigen Untersuchung der praktischen,
konkreten Umstände, die zeitlich mit dem Beginn der Krise
zusammenfallen oder ihm unmittelbar vorausgehen. Von dieser Exploration kann mit Sicherheit angenommen werden, daß
sie zu einem Vorkommnis oder einer Reihe zusammenhängen-
der Vorfälle führt, die entweder zum erstenmal eintraten oder
– wahrscheinlicher – die Wiederholung einer ganz spezifischen
Problematik darstellen, an deren Lösung das betreffende
menschliche Beziehungssystem schon wiederholt scheiterte.
Was mit einer solchen Kette von Umständen gemeint ist und
wie ein reiner Zufall dann die Situation noch weiter komplizie-
ren kann, sei durch das folgende Beispiel illustriert:

Eine junge Frau in intensiver Psychotherapie hat den Verdacht, daß
ihr Therapeut einen Kollegen beauftragt hat, ihr nachzuspüren. Es
stellt sich heraus, daß dieser Kollege ein Psychiater sein soll, der ihren
Therapeuten gelegentlich an Wochenenden vertritt. Sie kennt daher
seinen Namen (Dr. F.), hat ihn aber nie gesehen. In einer Therapiesit-
zung beschwert sie sich zornig, daß er ihr kürzlich bei einem Parkspa-
ziergang wiederum nachgegangen sei. Der Therapeut schlägt vor, ih-

rem Verdacht dadurch auf den Grund zu gehen, daß sie sich zu einer Konsultation bei Dr. F. anmeldet und dann feststellen kann, ob er tatsächlich jener Mann ist. Die Patientin greift den Vorschlag auf; um Geld zu sparen, beschließt sie aber, ganz einfach in Dr. F.s Wartezimmer zu sitzen und sich ihn anzusehen, wenn er einen Patienten entläßt und den nächsten in sein Behandlungszimmer bittet.

Nun trifft es sich, daß Dr. F. zum betreffenden Zeitpunkt eine neue Patientin vorgemerkt hat, die er selbst noch nicht kennt, und die sich etwas verspätet. Als er die Tür zum Wartezimmer öffnet und die junge Frau dort sitzen sieht, nimmt er natürlich an, daß es sich um die neue Patientin handelt und sagt, als sei es die selbstverständlichste Sache: »Oh, da sind Sie ja schon – bitte haben Sie noch einen Augenblick Geduld.« Die Patientin verläßt darauf sofort die Praxis.

Einerseits ist es ihr nun klar, daß Dr. F. nicht der Mann ist, den sie im Park sah, andererseits aber »beweist« seine Bemerkung, daß er sie bereits kennt und sie erwartete. Der Verdacht einer ominösen Komplizenschaft zwischen den beiden Therapeuten ist nun wesentlich stärker und wird zusätzlich durch die Bemühungen der beiden Ärzte kompliziert, sie von der Zufälligkeit des Vorfalls zu überzeugen.

Das nächste Beispiel ist im wesentlichen ganz ähnlich, außer daß hier ein mit der besten Absicht unternommener Lösungsversuch an die Stelle des Zufallsereignisses tritt:

Eine ältere Frau steht in Behandlung wegen immer wieder auftretender Schwierigkeiten mit ihrer Tochter und dem Schwiegersohn, in deren Haus sie lebt. Sie hat den hartnäckigen Verdacht (und sowohl glaubwürdige als auch fragwürdige Beweise), daß die beiden sich aus unerfindlichen Gründen ihr gegenüber sehr aufdringlich benehmen und sie bespitzeln. Vor allem vermutet sie, daß der Schwiegersohn in dem von ihr bewohnten Teil des (sehr großen) Hauses kürzlich Mikrophone versteckt hat. Sie fühlt sich nun unsichtbar überwacht, auch wenn sie Türen und Fenster geschlossen hält. Wenn sie sich beschwert und wissen will, was vorgeht, erhält sie ausweichende Antworten. Statt in diesen Ideen die dem Kliniker wohlbekannten Symptome einer involutionsbedingten Störung zu sehen, entschließt sich der Psychiater zu einer Besprechung mit dem jungen Paar. Ohne erst danach gefragt zu werden, beginnen beide sofort, von ihren Sorgen über den Gesundheitszustand der alten Dame zu sprechen. Vor allem befürchten sie die Möglichkeit, sie könne stürzen, sich ein Bein oder die Hüfte brechen und dann vielleicht stundenlang hilflos in ihrem Teil des Hauses liegen, bis der Unfall endlich entdeckt würde. Aus diesem

Grund beschloß der Ehemann, der Elektroingenieur ist, Mikrophone in ihren Räumen zu installieren. Um die alte Dame aber nicht »unnötig« zu beunruhigen, entschlossen sich beide, ihr nichts davon zu sagen.

Dieses Beispiel ist nichts als eine moderne Version der zahlreichen, jedem Kliniker bekannten Geschichten von der Entstehung »wahnhafter« Vergiftungsideen bei ambulanten Patienten, die die Einnahme ihrer Medikamente verweigern und sie daher von der besorgten Familie ins Essen gemischt bekommen; der angeblich »barmherzigen« Lügen, mit denen der Indexpatient zu einer Autofahrt überredet wird und dann in der Nervenklinik landet; ganz zu schweigen davon, was wir heute über den berühmten Fall Schreber und die damit zusammenhängenden, handfesten und keinesfalls halluzinierten Zwangsmaßnahmen seines Vaters wissen (NIEDERLAND 1974; SCHATZMAN 1974). In all diesen Fällen kann die Zuschreibung von Pathologie an *eine* Person innerhalb eines menschlichen Beziehungssystems nur zum Preis der gleichzeitigen Zuschreibung »dormitiver Prinzipien« an dieses eine Individuum erfolgen.

Zum eben Gesagten ließe sich einwenden, daß es sich dabei um abnorme Situationen handelt, die bereits vor Eintreten des auslösenden Ereignisses bestanden, denn unter »normalen« Umständen hätte eine Familie keine Schwierigkeiten, mit einem derartigen Vorfall fertigzuwerden. Mit derselben Logik könnte man aber genausogut argumentieren, daß die Krise ohne den Auslöser nie eingetreten wäre. Dies bedeutet ferner, daß das Ziel der therapeutischen Intervention eben dieses Ereignis und seine unmittelbaren, praktischen Auswirkungen sein muß, wenn das adäquate Funktionieren der betreffenden Familie wiederhergestellt werden soll. Das Ziel verantwortungsbewußter, realistischer Therapie kann nicht die Utopie eines problemfreien Lebens sein, sondern eine hinlängliche Bewältigung der immer bestehenden Lebensprobleme – womit die Fähigkeit gemeint ist, mit dem Auf und Ab des Lebens schlecht und recht fertigzuwerden.

Praktische Erfahrung mit diesen Krisen lehrt uns, daß meist

und seit langem eine schwierige Situation vorlag, die jedoch solange keine Hilfe von außen nötig machte, bis plötzlich ein auslösendes Ereignis der oben beschriebenen Art eine Komplikation herbeiführte. Die unmittelbaren, praktischen Konsequenzen dieses Ereignisses werden dann typischerweise von allen Beteiligten in einer das Problem noch weiter komplizierenden Weise zu lösen versucht. Diese Lösungsversuche exazerbieren dann den ursprünglichen Zufall und seine praktischen Folgen oft zu einem Chaos von bizarren Ausmaßen. In dieser Perspektive wird der Unterschied zwischen akuten und chronischen Störungen relativ: Chronische Fälle zeichnen sich im wesentlichen dadurch aus, daß in ihnen die problemerzeugenden Lösungsversuche bereits länger angewandt werden als in den akuten.

Die Berücksichtigung dieser Gesichtspunkte erlaubt es dem Therapeuten, wirksam und rasch zu intervenieren. Ein Beispiel dafür ist die nun folgende Fallbeschreibung, die bereits anderswo und in einem anderen Zusammenhang veröffentlicht wurde:

Eine 50jährige wünschte Rat darüber, wie sie sich ihrem 25jährigen Sohn gegenüber verhalten sollte, der chronisch schizophren ist und vor einem neuerlichen Schub zu stehen schien. Seit seinem 15. Lebensjahr war er häufig in Anstalten und fast ununterbrochen in intensiver psychotherapeutischer Behandlung. Die Mutter wurde ersucht, ihn zur zweiten Sitzung mitzubringen. Obwohl seine Sprache von kryptischen Bemerkungen, metaphorischen Wortspielen und anderen schizophrenen Ausdrucksformen strotzte, gab er auf insistierende Befragung nach dem derzeitigen Problem seine Ansicht sozusagen im Klartext: Er lebte allein in einem schäbigen Mietzimmer und wurde von seinen Eltern finanziell unterhalten. Was diese Zahlungen betraf, konnte er aber nie sicher sein, wieviel Geld er jeweils wann von ihnen erhalten werde. Die Mutter beschrieb dieses Problem ihrerseits dahingehend, daß sie und ihr Mann es nicht für ratsam hielten, dem Sohn regelmäßig eine bestimmte Summe auszuzahlen, da sie überzeugt waren, daß er das Geld sofort vergeuden und dann mehr verlangen würde. Sie zogen es daher vor, ihm in unregelmäßigen Abständen kleine Geldbeträge zu geben, ohne ihn die jeweilige Summe im voraus wissen zu lassen. Es hatte den Anschein, daß der Betrag meist vom Grade des psychotischen Verhaltens des Sohns abhing, daß er aber umgekehrt gerade diese Unberechenbarkeit der elterlichen Entscheidungen zum abnormen Verhalten des Sohns beitrug. Der Therapeut intervenierte gegen diese problemerhaltende Fehllösung, indem er dem Sohn nahelegte, sein psychotisches Verhalten absichtlich zu seinem Vorteil zu verwenden. Er erklärte ihm (wie erwähnt, in Gegenwart der Mutter), daß die starre Weigerung seiner Eltern, ihm mehr Geld zu geben, ihn zweifellos unsicher machen mußte und er daher das Recht hatte, sich dagegen mit der Drohung zu verteidigen, den Eltern durch einen neuerlichen Klinikaufenthalt noch viel größere Kosten zu verursachen. Er riet dem Sohn, zu diesem Zweck ein Verhalten an den Tag zu legen, das im wesentlichen seinem verschrobenen Benehmen entsprach, ohne diese Ähnlichkeit natürlich auch nur mit einem Worte zu erwähnen. Der Sohn lehnte diesen Vorschlag recht ärgerlich ab.

In der Nachuntersuchung einige Monate später stellte sich heraus, daß sich die Mutter seit jener Sitzung viel weniger durch das Verhalten des Sohnes eingeschüchtert gefühlt und begonnen hatte, ihm regelmäßig einen größeren Betrag zu geben, wobei sie klarmachte, daß er mit diesem Geld tun konnte, was er wollte, solange er sich keine Hoffnung auf zusätzliche Unterstützung machte. Sie berichtete ferner, daß der Sohn es fertiggebracht hatte, von diesem Geld genügend beiseite zu legen, um sich ein altes Auto zu kaufen, was ihn wiederum wesentlich unabhängiger von seiner Mutter machte, die ihn bisher in ihrem Wagen herumchauffieren hatte müssen (WATZLAWICK et al. 1980, S. 417–418.

Daß es sich hier nicht um die »Heilung« einer Schizophrenie handelt, liegt auf der Hand. Worin aber – so darf man wohl fragen – bestünde eine solche Heilung? Das hier erzielte Behandlungsresultat ist die wesentliche, praktische Veränderung einer Situation, die ohne die therapeutische Intervention wahrscheinlich zu einer erneuten Anstaltseinweisung mit allen ihren materiellen, psychologischen und gesellschaftlichen Folgen geführt hätte. Vielen Therapeuten scheint eine kleine, konkrete, begrenzte und höchstwahrscheinlich nicht lebenslange Verbesserung einer verfahrenen Situation nicht gut genug. Wer sich jedoch grandiosere Ziele setzt, kommt meist bei weniger grandiosen Ergebnissen an, oder – wie es der Anthropologe ROBERT ARDREY (1970, S. 3) einmal ausdrückte – »Solange wir nach dem Unerreichbaren streben, verhindern wir die Verwirklichung des Möglichen«. Ähnlich sieht es KARL POPPER

(1979) für die Philosophie: »Nichts scheint weniger erwünscht zu sein als eine einfache Lösung für ein altes philosophisches Problem.«

Die Wirksamkeit des hier dargelegten Ansatzes wurde im großen Rahmen nicht am Mental Research Institute untersucht, sondern ganz unabhängig von einer Gruppe von Klinikern und Forschern, die zu ähnlichen Schlußfolgerungen gelangt waren. Diese Arbeiten begannen 1964 an der Familientherapieabteilung des Colorado Psychiatric Hospital in Denver unter der Leitung des Psychiaters DONALD LANGSLEY (1968, S. 145–158). Das Grundanliegen war die Vermeidung der routinemäßigen Anstaltseinweisung akut psychotischer Patienten. Man versuchte, dies durch die Untersuchung und Behebung der Umstände zu erreichen, die für das Eintreten der Krise verantwortlich schienen. Diese Exploration wurde im Erstgespräch durchgeführt, zu dem alle erreichbaren Familienmitglieder zusammengebracht wurden und das sich u. U. über mehrere Stunden erstreckte. Die Zuweisung der Patienten an die Langsley-Gruppe erfolgte auf der Basis eines Zufallsverfahrens; alle anderen Patienten wurden routinemäßig aufgenommen und in der Klinik behandelt. Die nun folgenden Zitate sind den Veröffentlichungen der Denver-Gruppe entnommen:

Wir nehmen an, daß das Ersuchen um Einweisung eines Familienangehörigen sich aus einer Kette von Ereignissen ergibt. Ein krisenhaftes Geschehnis, wie etwa ein Todesfall oder auch das Erwachsenwerden eines Kindes, ein Arbeitswechsel oder auch nur eine Häufung »gewöhnlicher« Lebensprobleme, erfordert eine Neuanpassung. Die meisten Familien werden mit derartigen Streßsituationen ohne ernsthafte Störungen fertig. Wenn einer der Angehörigen aber besonders labil ist oder wenn die Familie sich daran gewöhnt hat, mit Problemen durch Rückgriff auf psychiatrische Kliniken fertigzuwerden, können auf diese Weise die Voraussetzungen für das Auftreten psychiatrischer Störungen gegeben sein (LANGSLEY et al. 1968, S. 146).

Im Jahre 1968 veröffentlichte die Denver-Gruppe die Behandlungsergebnisse der ersten 75, ihr ohne Vorauswahl zugewiesenen Fälle und den Vergleich dieser Ergebnisse mit jenen einer Kontrollgruppe von ebenfalls 75 Patienten, die routinemäßig in dieselbe Klinik zur Behandlung aufgenommen worden waren:

Von den 75 Familientherapiefällen wurde kein einziger Indexpatient im Laufe der Krisenbehandlung hospitalisiert. Anstelle der Einweisung des Patienten wurden diese Familien vielmehr im Durchschnitt in 4,2 Sitzungen ambulant behandelt; es wurden 1,6 Hausbesuche gemacht, 4,5 Telefongespräche mit ihnen geführt, und es ergaben sich 1,3 Kontakte mit anderen Fürsorgestellen. Alle 75 Patienten der Vergleichsgruppe wurden eingewiesen und blieben insgesamt 1959 Tage in der Klinik, was einem Durchschnittsaufenthalt von 26,1 Tagen pro Patient entspricht. In anderen Worten: Auf der Basis des vorliegenden Krankheitszustandes und der angewandten Behandlungsmethode wurde kein einziger der Patienten der Versuchsgruppe und 100 % der Patienten der Kontrollgruppe zu hospitalisierten Geisteskranken (LANGSLEY & KAPLAN 1968, S. 161).

Die Untersuchung zeigt ferner, daß die Denver-Gruppe die Klinikeinweisung nicht einfach hinausschob oder verzögerte, sondern daß die Rückfallrate der Versuchsgruppe wesentlich unter der der Kontrollgruppe lag:

...13 Patienten (d. h. 17 %) der Vergleichsgruppe mußten innerhalb eines Monats nach ihrer Entlassung erneut in die Klinik aufgenommen werden. In den folgenden 5 Monaten wurden 3 weitere erneut aufgenommen. Nach 6 Monaten waren 21 % der ursprünglichen Patienten wiederum hospitalisiert worden.

Von den 75 Patienten der Familientherapieabteilung mußten nur 5 im ersten Monat eingewiesen werden; das sind 7 % im Vergleich zu 17 % der Kontrollgruppe. Nach sechs Monaten waren 14 % hospitalisiert worden. Damit scheint zwischen den beiden Gruppen kein wesentlicher Unterschied zu bestehen. Es mag sich der Eindruck ergeben, daß wir die Hospitalisierung nur verzögerten, aber nicht verhinderten. Hätten wir sie aber nur verzögert, so müßte die auf unsere Behandlung folgende Hospitalisierungsrate viel höher sein, als jene der Vergleichsgruppe. In Wirklichkeit ist sie jedoch niedriger (LANGSLEY & KAPLAN 1968, S. 162).

Das hier beschriebene Vorgehen führt notwendigerweise zu gewissen grundsätzlichen Änderungen in der klinischen Praxis, die abschließend kurz und ohne Anspruch auf Vollständigkeit erwähnt seien:

1. Wenn es zutrifft, daß – wie es dieser Beitrag zu zeigen versuchte – der erste Kontakt mit einem neuen Patienten entscheidend ist, dann sollte er vom erfahrensten Therapeuten ge-

macht werden. Im traditionellen Klinikbetrieb ist meist das genaue Gegenteil der Fall: Das Aufnahmeinterview gilt als eher zweitrangige Formalität, die den weniger erfahrenen, jüngeren Mitarbeitern überlassen wird. Dieses Vorgehen läßt das enorme therapeutische Potential des allerersten Klinikkontakts für den gesamten weiteren Behandlungsverlauf außer acht, ganz zu schweigen von den persönlichen, familiären, gesellschaftlichen und wirtschaftlichen Konsequenzen, die sich daraus ergeben, daß man offiziell für geisteskrank erklärt wird. Wie z. B. ROSENHAN (1981, S. 111–137) nachgewiesen hat, konstruiert die jedem neuen Fall angehängte diagnostische Etikette ihre eigene Wirklichkeit, die durch die von ihr ausgelösten Interaktionen dann selbstbestätigend und immer »tatsächlicher« wird. Einmal schizophren, immer schizophren, denn jedermann »weiß«, was es damit auf sich hat.

2. Wo es nicht möglich ist, diagnostische Bezeichnungen ganz zu vermeiden, sollten sie wenigstens als Adjektive und nicht als Substantive verwendet werden. Es ist wesentlich weniger heuristisch, sich die Schizophrenie als ein Ding vorzustellen, als von der Summe der betreffenden Verhaltensweisen in Begriffen von »schizophren scheinen« oder »sich schizophren verhalten« zu denken. Diese Unterscheidung mag rabulistisch erscheinen, doch das Denken in Substantiven führt unweigerlich zu Reifizierungen, die dann allzu leicht für Tatsachen gehalten werden.

3. Wenn es zutrifft, daß die Chance einer raschen und entscheidenden Intervention im Rahmen der Routineanwendung eines standardisierten Einweisungsverfahrens unwiederbringlich verloren geht, so folgt daraus, daß der Therapeut sich auf die unmittelbare Gegenwart konzentrieren sollte. Worum es dann geht sind Folgen, nicht Ursachen. Jeder Versuch, dem weit zurückliegenden Entstehen der Ursachen im Leben des Indexpatienten nachzuspüren, hat wenig oder gar keinen praktischen Wert. Eine ins Detail gehende Anamnese ist nur im linearen Kausalitätsdenken der auf das Intrapsychische gerichteten Behandlungsmethoden sinnvoll, nicht aber im interaktionalen, systemorientierten Ansatz. Man könnte sogar so weit gehen, zu vermuten, daß die einzige Wirkung einer genauen Anamnese darin besteht, den Therapeuten in fast den-

selben Zustand der Hilf- und Hoffnungslosigkeit wie seine Patienten zu versetzen und es ihm auf diese Weise zu erschweren, die im Jetzt und Hier vorliegenden, entscheidenden Gegebenheiten und therapeutischen Möglichkeiten zu nutzen.

4. Die zu stellende Frage ist dann nicht mehr das traditionelle *Warum?* (d. h. warum verhält sich der Patient in dieser oder jener Art?), sondern *wozu?* Mit anderen Worten: Welche spezifische Funktion hat das sog. pathologische Verhalten des Patienten in dem betreffenden Interaktionssystem? Damit sei impliziert, daß jenes Verhalten in der künstlichen Isolierung der monadisch-intrapsychischen Denkweise bizarr und pathologisch erscheinen mag, sich aber in der systemischen Perspektive als die bestmögliche oder sogar einzig mögliche Anpassung an einen pathogenen Kontext herausstellen dürfte. Das Erfassen dieser Funktion führt damit zum Verständnis der pathogenen Situation selbst.

5. Ist dieses Verständnis einmal gewonnen, so besteht die offensichtliche Aufgabe der Therapie darin, dem betreffenden menschlichen Beziehungssystem diejenigen neuen Verhaltensweisen von außen zuzuführen, die jenes System nicht aus sich selbst heraus ergreifen konnte. Wie an einem anderen Ort (WATZLAWICK 1977; WATZLAWICK et al. 1974) ausführlich dargelegt, sind diese Interventionen *aktiv*, d. h. sie beruhen nicht auf den klassischen Methoden der Erklärung, Konfrontation und Deutung, sondern auf direkten Verhaltensverschreibungen, therapeutischen Doppelbindungen und positiven Symptombewertungen.

6. Das Ziel dieser Interventionen sind konkrete, praktische, pragmatische Veränderungen und nicht unklare, da schwer definierbare Begriffe wie Selbstachtung, Ichstärke, emotionale Katharsis, Bewußtmachung oder aber die Entschlüsselung der tiefen Symboldeutung psychotischer Verhaltensweisen und Verbalisierungen. Dies ist zugegebenermaßen ein radikales Abschwenken vom etablierten Dogma, wonach Einsicht die Vorbedingung therapeutischen Wandels ist. In dieser Perspektive gilt das Axiom, das der Kybernetiker HEINZ VON FOERSTER einst postulierte: »Willst du erkennen, lerne zu handeln!« (FOERSTER 1981, S. 60).

# Kapitel 6

# Imaginäre Kommunikation

*Die Erfahrungstatsache, daß das Wesen jeder Beziehung mehr und andersgeartet ist als die bloße Summe ihrer Bestandteile und daher Gestaltcharakter hat, kam bereits im 1. und 2. Kapitel zur Sprache.*

*Bisher war jedoch nur von menschlichen Beziehungspartnern die Rede. Interpretationen und sich daraus ergebende »Gestalten« der erwähnten Art sind aber auch auf rein imaginärer Basis möglich – und nicht nur in Form der klinisch wohlbekannten, wahnhaften Beziehungsfantasien. Imaginäre Kommunikation mit einem nicht »wirklich« existierenden Partner kann auch die Bedeutung eines heuristischen »Gedankenexperimentes« haben und konkrete, philosophisch wie wissenschaftlich nützliche Einsichten und Ergebnisse ermöglichen.*

In diesem Kapitel möchte ich einige Beispiele von Kommunikationskontexten vorlegen, die völlig imaginär sind, dennoch – oder vielleicht gerade deswegen – aber zu höchst sonderbaren Ergebnissen führen. Indem ich dies tue, nehme ich dasselbe Recht in Anspruch, das der Mathematiker besitzt, dessen Aufgabe, wie NAGEL und NEWMAN (1958) es definierten, darin besteht, »Lehrsätze von postulierten Annahmen abzuleiten, wobei es als Mathematiker nicht seine Sorge zu sein braucht, zu prüfen, ob die von ihm angenommenen Axiome tatsächlich wahr sind«.

Diese Art von Gedankenexperiment, in dem zuerst ein Satz imaginärer Gegebenheiten postuliert und diese dann bis in ihre letzten logischen Konsequenzen verfolgt werden, beschränkt sich nicht auf die reine Mathematik. CONDILLAC z. B. verwendete es zur Ableitung seiner Assoziationspsychologie, indem er von der Idee einer Statue ausging, die nach und nach dadurch immer menschlichere Eigenschaften annahm, daß er sie sich in streng logischer Weise mit immer komplexeren Wahrnehmungsfähigkeiten begabt vorstellte. Ein besonders berühmtes und klassisches Beispiel der Verwendung eines imaginären Modells ist MAXWELLS Dämon. Es handelt sich dabei um eine winzige Kreatur, der das Öffnen und Schließen der Verbindungstür zwischen zwei Behältern obliegt, die mit demselben Gas gefüllt sind. Bekanntlich bewegen sich die Moleküle eines Gases regellos und mit verschiedenen Geschwindigkeiten im Raum. Der Dämon öffnet bzw. schließt die Verbindungstür so, daß von Behälter B nur Moleküle mit hoher Geschwindigkeit (hoher Energie) in Behälter A überwechseln können, während er in umgekehrter Richtung nur langsame Moleküle (also solche mit niedriger Geschwindigkeit) durchläßt. Die zwingende Schlußfolgerung ist, daß sich dadurch die Temperatur in Behälter A erhöht, obwohl das Gas ursprünglich in beiden Behältern dieselbe Temperatur hatte. Dies aber steht in glattem Widerspruch zum zweiten Hauptsatz der Wärmelehre, und obwohl das Ganze »nichts als« eine intellektuelle Spielerei war, trieb der Dämon in der theoretischen Physik längere Zeit unter der Bezeichnung *Maxwells Paradoxie* sein störendes Unwesen. Erst LÉON BRILLOUIN führte die Lösung herbei, indem er – gestützt auf einen Artikel von SZILARD – nachwies, daß die Beobachtung der Moleküle durch den Dämon eine Zunahme von Information innerhalb des Systems darstellt und daß diese Informationszunahme genau der Temperaturerhöhung entspricht, die der Dämon anscheinend erzeugt hatte. Während uns Laien also die Idee eines solchen Lebewesens äußerst absurd und unwissenschaftlich scheint, führte sie die Physiker zu wichtigen Einsichten in die Interdependenz zwischen Energie und Information.

### Newcombs Paradoxie

Im Jahre 1960 stieß ein theoretischer Physiker am Strahlungs-Laboratorium der Universität von Kalifornien in Livermore, Dr. WILLIAM NEWCOMB, auf eine neue Paradoxie. Über verschiedene Zwischenpersonen kam sie schließlich zur Kenntnis des Philosophieprofessors ROBERT NOZICK an der Harvard-Universität, der sie 1970 in einer philosophischen Festschrift veröffentlichte (NOZICK 1970, S. 114–146). 1973 besprach der Mathematiker MARTIN GARDNER dieses Referat im *Scientific American* und löste damit eine solche Flut von Zuschriften aus, daß er sich im Einvernehmen mit Nozick in einem zweiten Artikel (GARDNER 1974, S. 102–108) nochmals mit diesem Problem und den von seinen Lesern vorgeschlagenen Lösungen befaßte.

Die prinzipielle Bedeutung dieser Paradoxie für meine Thematik liegt darin, daß sie auf einem Kommunikationsaustausch mit einem imaginären Wesen beruht; einem Wesen, das die Fähigkeit besitzt, menschliche Entscheidungen mit fast hundertprozentiger Genauigkeit vorauszusagen. NOZICK definiert diese Fähigkeit (und der Leser ist ersucht, dieser Definition volle Aufmerksamkeit zu schenken, da ihr Verständnis für das folgende unerläßlich ist) mit folgenden Worten: »Sie wissen, daß dieses Wesen Ihre vergangenen Entscheidungen oft richtig vorausgesagt hat (und daß es, soweit Ihnen bekannt ist, niemals *falsche* Voraussagen über Ihre Entscheidungen gemacht hat), und Sie wissen ferner, daß dieses Wesen oft die Entscheidungen anderer Leute [...] in der nun zu beschreibenden Situation richtig vorausgesagt hat.« Es sei ausdrücklich betont, daß die Voraussagen fast, aber eben nur *fast* vollkommen verläßlich sind.

Das Wesen zeigt Ihnen zwei verschlossene Kästchen und erklärt, daß in Kästchen 1 auf jeden Fall 1000 Dollar liegen, während Kästchen 2 entweder nichts oder eine Million Dollar enthält. Es stehen Ihnen nun folgende Möglichkeiten zur Wahl offen: Sie können entweder *beide* Kästchen öffnen und das darin liegende Geld gewinnen; oder Sie wählen nur Kästchen 2 und nehmen das dort vorgefundene Geld. Ferner teilt Ihnen das Wesen mit, daß es folgende Maßnahmen getroffen hat: Wenn Sie die erste Alternative wählen und beide Kästchen öffnen, so hat das Wesen (das diese Entscheidung natürlich voraussah) das zweite Kästchen leer gelassen, und Sie gewinnen daher nur die 1000 Dollar in Kästchen 1. Wenn Sie sich dagegen entschließen, nur Kästchen 2 zu öffnen, hat das Wesen (wiederum aufgrund seines Vorauswissens dieser Entscheidung) die Million dort hineingelegt. Der Ablauf der Ereignisse ist also folgender: Das Wesen macht zuerst stillschweigend seine Voraussage Ihrer Wahl; *dann* legt es, je nach seiner Voraussage, entweder die Million in Kästchen 2 oder läßt es leer; *dann* teilt es Ihnen die Bedingungen mit; und zu guter Letzt treffen Sie Ihre Entscheidung. Wir dürfen im folgenden also annehmen, daß Sie die Situation und die daran geknüpften Bedingungen voll verstehen; daß das Wesen weiß, daß Sie sie verstehen; daß Sie wissen, das es das weiß, und so weiter.

Das Unerwartete an dieser imaginären Situation ist, daß sie zwei gleichermaßen logische, aber völlig widersprüchliche Lösungen hat. Und die Folge dieses Widerspruchs ist, daß – wie NOZICK sehr rasch entdeckte und wie die Lawine von Leserbriefen an GARDNER bewies – wahrscheinlich auch Sie eine der beiden Lösungen sofort für die »richtige« und »selbstverständliche« halten werden und mit bestem Willen nicht einsehen können, wie jemand die andere auch nur für einen Augenblick ernsthaft in Betracht ziehen kann. Trotzdem aber lassen sich für die eine wie für die andere Entscheidung überzeugende Gründe finden.

Das erste Argument lautet: Das Vorauswissen des Wesens ist fast vollkommen zuverlässig. Wenn Sie sich also dafür entscheiden, beide Kästchen zu öffnen, so müssen Sie mit höchster Wahrscheinlichkeit damit rechnen, daß das Wesen diesen Entschluß richtig voraussah und das zweite Kästchen daher leer ließ. Sie gewinnen also nur die 1000 Dollar, die auf jeden Fall in Kästchen 1 liegen. Wenn Sie sich aber entschließen, nur Kästchen 2 zu öffnen, so hat das Wesen auch diese Wahl höchstwahrscheinlich richtig vorausgesehen und hat, in Übereinstimmung mit den von ihm selbst aufgestellten Regeln, die Million hineingelegt. Daraus folgt mit scheinbar eiserner Logik, daß Sie nur das zweite Kästchen öffnen sollen. Worin besteht das angebliche Problem?

Das Problem ergibt sich aus der Logik des anderen Entscheidungsverfahrens. Wie schon betont, macht das Wesen zuerst seine Voraussage, und Ihre Entscheidung *folgt* zeitlich seiner Voraussage. Dies bedeutet aber, daß zu dem Zeitpunkt, in dem Sie Ihre Entscheidung treffen, die Million *entweder bereits im zweiten Kästchen liegt oder nicht dort liegt*. Ergo, wenn die Million bereits im zweiten Kästchen liegt und Sie sich für das Öffnen beider Kästchen entscheiden, gewinnen Sie 1 001 000 Dollar. Wenn Kästchen 2 aber leer ist und Sie beide Kästchen öffnen, so gewinnen Sie wenigstens die 1000 Dollar in Kästchen 1. In beiden Fällen haben Sie also 1000 Dollar *mehr*, als Sie gewinnen würden, wenn Sie nur das zweite Kästchen wählten.

Keineswegs, erwidern die Vertreter des ersten Arguments sofort: Gerade diese Überlegung hat das Wesen ja richtig vorausgesehen und hat daher das zweite Kästchen leergelassen.

Darin liegt euer Irrtum, ereifern sich die Verteidiger des zweiten Arguments: Das Wesen hat seine Voraussage gemacht, nach ihr gehandelt, und die Million liegt nun (oder liegt nicht) im zweiten Kästchen. Gleichgültig also, wofür ihr euch entscheidet, das Geld ist (oder ist nicht) bereits seit einer Stunde, einem Tag oder einer Woche *vor* eurer Entscheidung da (oder nicht da). Eure Wahl wird es daher weder in Kästchen 2 materialisieren lassen, wenn es nicht von vornherein schon dort lag, noch zu einem plötzlichen Verschwinden aus dem Kästchen führen, wenn es zunächst dort war. Ihr Verteidiger des ersten Arguments macht den Fehler, anzunehmen, daß hier irgendeine Art rückwirkender Kausalität mitspielt – daß eure Wahl sozusagen die Million aus dem Nichts auftauchen oder in die leere Luft verschwinden läßt. Aber das Geld ist ja schon da oder nicht da, *bevor* ihr euch entscheidet. Im einen wie im anderen Falle wäre es unsinnig, nur das zweite Kästchen zu wählen – wenn es die Million enthält, warum wollt ihr auf die zusätzlichen 1000 Dollar im ersten Kästchen verzichten? Aber besonders dann, wenn Nummer 2 leer ist, wollt ihr doch sicherlich wenigstens die 1000 Dollar in Nummer 1 einkassieren!

Nozick fordert seine Leser auf, die Paradoxie mit Freunden, Bekannten oder Studenten auszuprobieren, und sagt voraus, daß sich ziemlich genau die Hälfte für das eine bzw. das andere Argument entscheiden wird. Außerdem werden die meisten von ihnen überzeugt sein, daß die anderen einfach nicht logisch denken können. Nozick aber warnt, »daß es nicht genügt, sich mit dem Glauben zufriedenzugeben, man wisse schon, was zu tun sei. Und es genügt auch nicht, eines der beiden Argumente einfach laut und langsam zu wiederholen«. Sehr zu Recht fordert er, daß man das andere Argument logisch ad absurdum führen müßte. Dies aber ist bisher niemandem gelungen.

Es ist möglich – ist aber meines Wissens bisher nicht vorgeschlagen worden –, daß dieses Dilemma auf der Konfusion zweier grundverschiedener Bedeutungen der scheinbar eindeutigen logischen Subjunktion *wenn-dann* beruht. Im Satze »*Wenn* Karl der Vater von Hans ist, *dann* ist Hans der Sohn von Karl« drückt das *Wenn-dann* eine zeitlose, zeitunabhängige Beziehung zwischen diesen beiden Personen aus. Aber im Satz »*Wenn* ich diesen Knopf drücke, *dann* läutet die Glocke« handelt es sich um eine rein kausale Beziehung von Ursache und Wirkung, und alle Kausalbeziehungen schließen ein Zeitelement ein, und sei es auch nur die Mikrosekunde, die der elektrische Strom benötigt, um vom Knopf zur Klingel zu fließen.

Es ist also durchaus möglich, daß das erste Argument (nur Kästchen 2 zu öffnen) sich auf der logischen, zeitlosen Bedeutung des Wahrheitsbegriffs *wenn-dann* aufbaut: »*Wenn* ich mich entschließe, nur das zweite Kästchen zu öffnen, *dann* enthält es eine Million.« Die Verteidiger des zweiten Arguments (die sich dafür entschließen, beide Kästchen zu öffnen) scheinen sich dagegen auf die andere, nämlich die kausale, temporale Sinnbedeutung von *wenn-dann* zu stützen: »*Wenn* das Wesen seine Voraussage bereits gemacht hat, *dann* hat es die Million bereits ins zweite Kästchen gelegt bzw. es leer gelassen, und im einen wie im anderen Falle erhöht sich mein Gewinn durch das Öffnen beider Kästchen um 1000 Dollar.« Das zweite Argument beruht also auf dem zeitlichen Ablauf: Voraussage – (Nicht-)Hineinlegen des Geldes in das zweite Kästchen – meine Entscheidung. Ich treffe meine Entscheidung *nach* der Voraussage und nach dem (Nicht-)Hineinlegen der Million ins zweite Kästchen, so daß meine Wahl keinen rückwirkenden Einfluß darauf ausüben kann, was *vor* ihr stattfand.

Ganz offensichtlich bedarf diese Lösung der NEWCOMB-Paradoxie einer sorgfältigen Durchleuchtung von Grund auf, für die meine Kompetenz leider nicht ausreicht, die aber einem

Studenten der Philosophie ein interessantes Dissertationsthema bieten könnte.*

An diesem Punkte beginnen sich die in diesem Buche gesponnenen, aber hängengelassenen Fäden zu einem erkennbaren Gewebe zu verknüpfen. Es ergab sich, daß die Frage, ob der Wirklichkeit eine erkennbare Ordnung zugrunde liegt, für uns von größter Wichtigkeit ist, und es zeichneten sich drei Möglichkeiten ab:

1. Die Welt hat keine Ordnung. Dann aber wäre die Wirklichkeit gleichbedeutend mit *Konfusion* und das Leben ein psychotischer Alptraum.

2. Die Wirklichkeit hat nur insofern eine Ordnung, als wir zur Milderung unseres Zustands existentieller *Desinformation* eine Ordnung in den Lauf der Dinge hineinlesen (interpunktieren), uns aber nicht dessen bewußt sind, daß wir selbst der Welt diese Ordnung zuschreiben, sondern vielmehr unsere eigenen Zuschreibungen als etwas »dort draußen« erleben, das wir die Wirklichkeit nennen.

3. Es besteht tatsächlich eine von uns unabhängige Ordnung. Sie ist die Schöpfung eines höheren Wesens, von dem wir abhängen, das aber selbst von uns ganz unabhängig ist. In diesem Falle wird *Kommunikation* mit diesem Wesen zu unserer vordringlichen Aufgabe.

Glücklicherweise bringen die meisten von uns es fertig, die erste Möglichkeit zu ignorieren. Für die daran Scheiternden hält sich die Psychiatrie für zuständig. Niemand aber kommt darum herum, sich – gleichgültig wie undeutlich und unbewußt – für die zweite oder die dritte Möglichkeit zu entscheiden. Und dies ist meines Erachtens die Konsequenz, die uns die Newcomb-Paradoxie aufdrängt: Man nimmt entweder an, daß die Wirklichkeit (und mit ihr daher der Lauf des Lebens) starr und unausweichlich festgelegt ist – und in diesem Falle entscheidet man sich natürlich nur für das zweite Kästchen. Wer sich aber

* Es braucht wohl nicht betont zu werden, daß meine Darlegungen auch hier rein oberflächlich nur die wichtigsten Aspekte des Problems berühren. Nozicks Abhandlung (1970) geht selbstverständlich viel tiefer und behandelt eine Reihe hochinteressanter zusätzlicher Überlegungen und Lösungsversuche.

Weltanschauung Nr. 2 verschrieben hat, d. h. wer annimmt, daß er unabhängiger, freier Entscheidungen fähig ist, daß seine Entscheidungen also nicht vorausbestimmt sind und daß es vor allem keine »rückläufige Kausalität« gibt (derzufolge Ereignisse in der Zukunft Wirkungen in der Gegenwart oder sogar der Vergangenheit zeitigen können), der wird sich natürlich für das Öffnen beider Kästchen entscheiden.

Wie aber GARDNER (1973) bereits betont, läuft all dies auf die uralte Kontroverse zwischen Determinismus und Willensfreiheit hinaus. Und wir sehen nun, daß dieses unschuldige Gedankenexperiment, diese scheinbar absurde und wirklichkeitsfremde Überlegung, was wohl geschehen würde, wenn es ein Wesen mit fast vollkommenem Vorauswissen gäbe, uns in eines der ältesten ungelösten Probleme der Philosophie führt.

Worum es dabei geht, ist ganz einfach folgendes: Wenn ich vor der alltäglichen Notwendigkeit stehe, eine Wahl – irgendeine Wahl – zu treffen, wie entscheide ich mich? Wenn ich wirklich glaube, daß meine Entscheidung, genau wie jedes andere Ereignis, durch alle ihr vorangegangenen Ursachen determiniert ist, dann ist die Idee der Willensfreiheit (und mit ihr die der freien Entscheidung) absurd. Es ist dann ganz gleichgültig, wie ich mich entscheide, denn welche Wahl ich auch treffe, es ist die einzige Wahl, die ich treffen kann. Es gibt keine Alternativen, und selbst wenn ich glaube, es gäbe sie, ist dieser Glaube selbst lediglich die Folge irgendeiner Ursache in meiner Vergangenheit. Was immer mir also zustößt und was immer ich selbst tue, ist folglich dadurch vorausbestimmt, was ich, je nach meiner Vorliebe (pardon – je nach den unausweichlichen Ursachen in meiner Vergangenheit), die Kausalität*, das Wesen, den metaphysischen Versuchsleiter, das Schicksal usw. nenne.

---

* Der wissenschaftliche Begriff, der dem imaginären Wesen in der NEWCOMB-Paradoxie am nächsten kommt, ist natürlich die Kausalität. Der Leser mag sich gefragt haben, warum NEWCOMB und NOZICK betonen, daß das Wesen *fast* vollkommenes Vorauswissen besitzt. Obwohl sie dies meines Wissens nicht ausdrücklich erwähnen, ist die Analogie mit der Kausalität doch unverkennbar. Der moderne Kausalitätsbegriff ist bekanntlich nicht absolut, sondern bezieht sich nur auf relative, statistische Wahrscheinlichkeiten. Wenn ich meine Schreibfeder in der Luft loslasse, so fällt sie zu Boden. Ich erwarte das

Wenn ich aber glaube, daß mein Wille frei ist, so lebe ich in einer völlig anderen Wirklichkeit. Ich bin dann der Meister meines Geschicks, und was ich hier und jetzt tue, erschafft meine Wirklichkeit.

Das Malheur ist nur, daß beide Anschauungen unhaltbar sind. Niemand, gleichgültig wie »laut und langsam« er die eine oder die andere verficht, kann nach ihr leben. Wenn alles streng determiniert, also vorbestimmt ist, was hat es dann für einen Sinn, sich anzustrengen, Risiken auf sich zu nehmen; wie kann ich für mein Tun verantwortlich gehalten werden, was hat es dann mit Moral und Ethik auf sich? Das Resultat ist Fatalismus; doch abgesehen von seiner allgemeinen Absurdität leidet der Fatalismus an einer fatalen Paradoxie: Um sich dieser Wirklichkeitsauffassung zu verschreiben, muß man eine nichtfatalistische Entscheidung treffen – man muß sich *in einem Akt freier Wahl* zur Ansicht entscheiden, daß alles, was geschieht, voll vorausbestimmt ist und es daher keine freie Wahl gibt.

Wenn ich aber der Kapitän meines Lebensschiffes bin, wenn die Vergangenheit mich nicht determiniert, wenn ich mich also in jedem Augenblick frei entscheiden kann – worauf gründe ich dann meine Entscheidungen? Auf einen Randomisator in meinem Kopf? – wie MARTIN GARDNER so treffend fragt.

Niemand scheint die endgültige Antwort zu kennen, obwohl in den letzten 2500 Jahren viele Antworten versucht wurden; von HERAKLIT und PARMENIDES bis zu EINSTEIN. Um nur einige der moderneren zu erwähnen: Für LEIBNIZ ist die Welt ein riesiges Uhrwerk, das Gott ein für allemal aufgezogen hat, und das nun in Ewigkeit dahintickt, ohne daß der göttliche Uhrmacher selbst seinen Lauf ändern kann. Weshalb also einen Gott verehren, der seiner eigenen Schöpfung – vor allem ihrer Kausalität – gegenüber machtlos ist?

von ihr, da sie (oder jeder andere Gegenstand, der schwerer als Luft ist) dies bisher unter diesen Umständen immer tat und niemals (weder bei mir noch bei irgend jemand anderem, soweit mir bekannt ist) auf die Zimmerdecke hinaufschoß. Im Sinne der modernen Wissenschaftstheorie besteht oder kein Grund, weshalb sie dies das nächste Mal nicht tun könnte.

Der berühmteste Vertreter einer extrem deterministischen Auffassung ist Pierre Simon de Laplace (1932, S. 1–2):

Wir müssen also den gegenwärtigen Zustand des Weltalls als die Wirkung seines früheren und als die Ursache des folgenden Zustands betrachten. Eine Intelligenz, welche für einen gegebenen Augenblick alle in der Natur wirkenden Kräfte sowie die gegenseitige Lage der sie zusammensetzenden Elemente kennte und überdies umfassend genug wäre, um diese gegebenen Größen der Analyse zu unterwerfen, würde in derselben Formel die Bewegungen der größten Weltkörper wie des leichtesten Atoms umschließen; nichts würde ihr ungewiß sein, und Zukunft wie Vergangenheit würden ihr offen vor Augen liegen.

Meines Wissens bestehen aber keine biographischen Beweise dafür, daß Laplace sein eigenes Leben auf dieser Weltanschauung aufbaute und die einzig mögliche Schlußfolgerung daraus zog, nämlich den Fatalismus. In Tat und Wahrheit war er ein überaus aktiver, genialer Wissenschaftler und Philosoph, der tief an sozialem Fortschritt interessiert war. Monod (1971) dagegen versucht die Lösung auf der Grundlage der Komplementarität von Zufall und Notwendigkeit. Und in einem Vortrag im Physikalischen Institut der Universität Göttingen im Juli 1946 skizzierte der berühmte Physiker Max Planck (1969, S. 360) einen Ausweg aus dem Dilemma, indem er eine Dualität zwischen dem äußeren, wissenschaftlichen, und dem inneren, gesinnungsmäßigen Standpunkt postulierte. Dadurch wird für ihn die Streitfrage zwischen Determinismus und Willensfreiheit zu einem Scheinproblem der Wissenschaft:

Von außen betrachtet ist der Wille kausal determiniert, von innen betrachtet ist der Wille frei. Mit der Feststellung dieses Sachverhaltes erledigt sich das Problem der Willensfreiheit. Es ist nur dadurch entstanden, daß man nicht darauf geachtet hat, den Standpunkt der Betrachtung ausdrücklich festzulegen und einzuhalten. Wir haben hier ein Musterbeispiel für ein Scheinproblem. Wenn diese Wahrheit auch gegenwärtig noch mehrfach bestritten wird, so besteht doch für mich kein Zweifel darüber, daß es nur eine Frage der Zeit ist, wann sie sich zur allgemeinen Anerkennung durchringen wird.

Über 40 Jahre sind seither vergangen, doch hat es nicht den Anschein, daß diese Lösung des Problems der Willensfreiheit allgemeine Anerkennung gefunden hat. Wenn es sich um ein Scheinproblem handelt, scheint PLANCK ihm eine Scheinlösung gegeben zu haben.

DOSTOJEWSKI dagegen versucht keine Lösung. Er, den Nietzsche einmal den einzigen Menschen nannte, der ihm etwas in Psychologie lehren konnte, stellt das Problem in aller wünschenswerten Klarheit vor uns hin: Jesus und der Großinquisitor verkörpern den freien Willen bzw. den Determinismus, und beide haben sowohl recht wie unrecht. Ich glaube, daß der moderne, weitgehend auf sich selbst zurückgeworfene Mensch dort steht, wo IWAN KARAMASOFFS *Poem* endet: Unfähig, sowohl Jesus' »Sei-spontan!«-Paradoxie freier Unterwerfung zu folgen, noch jener vom Großinquisitor vorgegaukelten Illusion des glückseligen Ameisenhaufens, obwohl letztere heute in weiten Kreisen der Jugend fröhliche Urständ feiert. Was wir vielmehr immer schon tun und auch weiterhin jeden Tag und jede Minute tun werden, ist, beide Seiten des Dilemmas zu ignorieren, indem wir uns dem ewigen Widerspruch gegenüber verschließen und leben, als bestünde er nicht. *Das Ergebnis ist jener sonderbare Zustand, der »geistige Gesundheit« oder – mit noch unfreiwilligerem Humor – »Wirklichkeitsanpassung« genannt wird.*

### Flachland

Es gibt ein kleines, über 100 Jahre altes Buch, dessen Autor der damalige Direktor der City of London School, der Hochwürdige EDWIN A. ABBOTT war. Obwohl er über 40 andere Werke verfaßte, die alle von seinem Fach, der klassischen Literatur und Religion, handelten, ist »sein einziger Schutz gegen völlige Vergessenheit« – um NEWMANS (1956) lapidare Bemerkung zu borgen – jenes unscheinbare Buch mit dem Titel »*Flachland – Eine phantastische Geschichte in vielen Dimensionen*« (ABBOTT 1952).

Obwohl es sich nicht bestreiten läßt, das *Flachland* in einem – nun, recht flachen Stil verfaßt ist, ist es doch ein sehr ungewöhnliches Buch; ungewöhnlich nicht nur deswegen, weil es gewisse Erkenntnisse der modernen theoretischen Physik vorwegnimmt, sondern besonders wegen seiner scharfsinnigen psychologischen Intuition, die auch sein langatmiger viktorianischer Stil nicht zu erdrücken vermag. Und es scheint nicht übertrieben, zu wünschen, daß es (oder eine modernisierte Version) zur Pflichtlektüre für Mittelschüler gemacht würde. Der Leser wird den Grund dafür bald erkennen.

*Flachland* ist die Erzählung eines Bewohners einer zweidimensionalen Welt; also einer Wirklichkeit, die nur Länge und Breite, aber keine Höhe kennt; einer Welt, die flach wie ein Bogen Papier und von Linien, Dreiecken, Quadraten, Kreisen usw. bevölkert ist. Diese können sich frei auf, oder besser gesagt, in dieser Oberfläche bewegen, doch sind sie wie Schatten unfähig, sich über sie zu erheben oder unter sie abzusinken. Es braucht nicht betont zu werden, daß sie sich dieser Beschränkung unbewußt sind, denn die Idee einer dritten Dimension, der Höhe, ist für sie unvorstellbar.

Der Erzähler dieser Geschichte hat ein ihn völlig überwältigendes Erlebnis, dem ein sonderbarer Traum vorausgeht. In seinem Traume findet er sich plötzlich in einer eindimensionalen Welt, deren Bewohner entweder Striche oder Punkte sind, die sich alle auf ein und derselben Linie vor- oder rückwärts bewegen. Diesen Strich nennen sie ihre Welt, und für die Bewohner von Strichland ist die Idee, sich auch nach rechts oder links, statt nur nach vorne oder rückwärts zu bewegen, vollkommen unvorstellbar. Vergeblich versucht unser Träumer also, dem längsten Strich in Strichland (ihrem Monarchen) die Wirklichkeit von Flachland verständlich zu machen. Der König hält ihn für geistesgestört, und angesichts solch hartnäckiger Borniertheit verliert der Träumer schließlich die Geduld:

Wozu noch mehr Worte verschwenden? Wisse, daß ich die Vollendung deines unvollständigen Selbst bin. Du bist eine Linie, aber ich bin eine Linie von Linien, in meinem Lande ein Quadrat genannt: Und selbst ich, obwohl dir unendlich überlegen, gelte wenig im Vergleich zu den großen Edlen von Flachland, von wo ich, in der Hoffnung, deine Unwissenheit zu erleuchten, gekommen bin (ABBOTT 1952, S. 64).

118

Auf diese wahnwitzigen Behauptungen hin stürzen sich der König und alle seine strich- und punktförmigen Untertanen auf das Quadrat, das aber durch das Läuten der Frühstücksglocke in die flachländische Wirklichkeit zurückgeholt wird.

Im Laufe des Tages tritt ein weiteres ärgerliches Ereignis ein. Das Quadrat gibt seinem kleinen Enkel, einem Sechseck *, Unterricht in den Grundbegriffen der Arithmetik und ihrer Anwendung auf die Geometrie. Es zeigt ihm, wie die Zahl der Quadratzolle eines Quadrats dadurch berechnet werden kann, daß man die Seitenlänge in Zoll zu ihrer zweiten Potenz erhebt:

Das kleine Sechseck überlegte sich dies eine Weile und sagte dann: »Du hast mich aber auch gelehrt, Zahlen zur dritten Potenz zu erheben. Ich nehme an, $3^3$ muß eine geometrische Bedeutung haben; was bedeutet es?« – »Nichts, gar nichts«, antwortete ich, »wenigstens nicht in der Geometrie; denn die Geometrie hat nur zwei Dimensionen.« Und dann zeigte ich dem Jungen, wie ein Punkt, der sich um drei Zoll verschiebt, eine Linie von drei Zoll erzeugt, die sich durch die Zahl 3 ausdrücken läßt; und wie eine Linie von drei Zoll, die sich drei Zoll weit parallel zu sich selbst verschiebt, ein Quadrat von drei Zoll Seitenlänge ergibt, das durch $3^2$ ausgedrückt werden kann.

Worauf mein Enkel wiederum auf seinen früheren Einwand zurückkam, indem er mich unterbrach und ausrief: »Nun denn, wenn ein Punkt durch die Bewegung von drei Zoll eine Linie von drei Zoll erzeugt, die durch 3 dargestellt wird; und wenn eine gerade Linie von drei Zoll, die sich parallel zu sich selbst verschiebt, ein Quadrat von drei Zoll Seitenlänge ergibt, dargestellt durch $3^2$, so muß ein Quadrat von drei Zoll Seitenlänge, das sich irgendwie parallel zu sich selbst bewegt (obwohl ich mir nicht vorstellen kann, wie), etwas ergeben (obwohl ich mir nicht vorstellen kann, was), das in jeder Richtung drei Zoll mißt – und das muß durch $3^3$ dargestellt sein.«

»Geh zu Bett«, sagte ich, etwas über seine Unterbrechung verärgert, »wenn du weniger Unsinn sprächest, hättest du mehr Vernunft.« (ABBOTT 1952, S. 66).

---

* Wie der Erzähler erklärt, ist es ein Naturgesetz in Flachland, daß ein männliches Kind immer um eine Seite mehr als sein Vater hat, sofern der Vater wenigstens ein Quadrat und nicht bloß ein gesellschaftlich tief stehendes Dreieck ist. Wenn schließlich die Seitenzahl so groß ist, daß die Figur sich nicht mehr von einem Kreis unterscheiden läßt, gehört diese Person der Kreis- oder Priesterkaste an.

Und so wiederholt das Quadrat, ohne sich von seinem eigenen Traume eines Besseren belehren zu lassen, denselben Irrtum, von dem er den König von Strichland zu befreien versucht hatte. Im Laufe des Abends aber will ihm das Geschwätz seines Enkelkindes nicht aus dem Kopf gehen, und schließlich ruft er laut aus: »Der Junge ist ein Dummkopf, sage ich; $3^3$ kann keine Entsprechung in der Geometrie haben.« Plötzlich aber hört er eine Stimme: »Der Junge ist kein Dummkopf; und $3^3$ hat eine offensichtliche geometrische Bedeutung.« Es ist die Stimme eines sonderbaren Besuchers, der aus Raumland gekommen zu sein behauptet – einer unvorstellbaren Welt, in der die Dinge drei Dimensionen haben. Und ähnlich, wie das Quadrat selbst sich in seinem Traume bemüht hatte, versucht nun der Besucher, ihm die Augen dafür zu öffnen, wie eine dreidimensionale Wirklichkeit beschaffen und wie beschränkt Flachland im Vergleich zu ihr ist. Und genauso, wie das Quadrat selbst sich dem König von Strichland als Linie von Linien vorstellte, definiert sich der Besucher als Kreis von Kreisen, der in seinem Heimatland eine Kugel genannt wird. Dies aber kann das Quadrat natürlich nicht fassen, denn es sieht seinen Besucher als Kreis – allerdings als einen Kreis mit sehr befremdlichen, unerklärlichen Eigenschaften: Er wächst und nimmt wieder ab, schrumpft gelegentlich zu einem Punkt oder verschwindet völlig. Mit großer Geduld erklärt ihm die Kugel, daß an all dem nichts Merkwürdiges ist: Sie ist eine unendliche Zahl von Kreisen, deren Durchmesser von einem Punkt bis zu 13 Zoll steigt, und die aufeinandergelegt sind. Wenn sie sich also durch die zweidimensionale Wirklichkeit von Flachland bewegt, ist sie für einen Flachländer zunächst unsichtbar, erscheint dann als Punkt, sobald sie die Fläche von Flachland berührt, wird dann zu einem Kreis mit stetig wachsendem Durchmesser, bis ihr Durchmesser wieder abzunehmen beginnt und sie schließlich ganz verschwindet:

Dies erklärte auch die überraschende Tatsache, daß die Kugel das Haus des Quadrats trotz der verschlossenen Türen betreten konnte. Die Kugel betrat es natürlich von oben, doch die Idee »von oben« ist dem Denken des Quadrats so fremd, daß es sie nicht fassen kann und sich daher weigert, sie zu glauben.

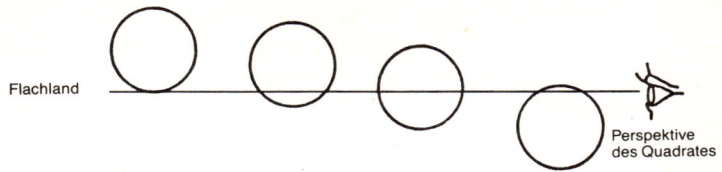

Flachland

Perspektive
des Quadrates

Schließlich sieht die Kugel keinen anderen Ausweg, als dem Quadrat, indem sie es nach Raumland mitnimmt, eine Erfahrung zu vermitteln, die wir heute ein transzendentales Erlebnis nennen würden:

Ein unbeschreibliches Grauen packte mich. Da war Finsternis; dann eine schwindelerregende, schreckliche Sicht, die nichts mit Sehen zu tun hatte; ich sah eine Linie, die keine Linie war; Raum, der kein Raum war: Ich war ich selbst und nicht ich selbst. Als ich meiner Stimme wieder mächtig war, schrie ich in Todesangst: »Dies ist entweder Wahnsinn, oder es ist die Hölle.« – »Es ist weder das eine noch das andere«, antwortete die ruhige Stimme der Kugel, »es ist Wissen; es sind drei Dimensionen: Öffne deine Augen wieder und versuche, ruhig zu blicken.« (ABBOTT 1952, S. 80).

Von diesem mystischen Augenblicke an, nehmen die Ereignisse einen tragikomischen Verlauf. Trunken durch das überwältigende Erlebnis des Eintretens in eine völlig neue Wirklichkeit, möchte das Quadrat nun die Geheimnisse immer höherer Welten erforschen, Der Reiche von vier, fünf und sechs Dimensionen. Doch die Kugel will nichts von diesem Unsinn wissen: »Ein solches Land gibt es nicht. Die bloße Idee ist völlig undenkbar.« Da das Quadrat aber nicht aufhören will, darauf zu bestehen, schleudert es die erzürnte Kugel schließlich in die Enge von Flachland zurück.

An diesem Punkt wird die Moral der Geschichte sehr realistisch. Das Quadrat sieht sich vor die glorreiche, dringende Aufgabe gestellt, ganz Flachland zum Evangelium der drei Dimensionen zu bekehren. Doch es fällt ihm nicht nur immer schwerer, die Erinnerung an jene dreidimensionale Wirklichkeit wachzurufen, die anfangs so klar und unvergeßlich schien, sondern es wird sehr rasch vom Flachland-Äquivalent der Inquisition verhaftet. Statt am Scheiterhaufen zu enden, wird es zu ewiger Verwahrung in einem Gefängnis verurteilt, das Abbotts erstaunliche Intuition als das Gegenstück gewisser Irrenanstalten in unseren heutigen Zeiten beschreibt. Einmal im Jahre kommt der Oberste Kreis, d. h. der Hohepriester, ihn in seiner Zelle besuchen und erkundigt sich, ob es ihm schon besser gehe. Und jedes Jahr kann das arme Quadrat der Versuchung nicht widerstehen, den Obersten Kreis davon zu überzeugen, daß es eine dritte Dimension wirklich gibt – worauf jener den Kopf schüttelt und sich ein weiteres Jahr lang nicht sehen läßt.

*Flachland* stellt die Relativität der Wirklichkeit schlechthin dar, und aus diesem Grunde möchte man wünschen, daß das Buch von jungen Menschen gelesen werde. Die Geschichte der Menschheit zeigt, daß es kaum eine mörderischere, despotischere Idee gibt als den Wahn einer »wirklichen« Wirklichkeit (womit natürlich die eigene Sicht gemeint ist), mit all den schrecklichen Folgen, die sich aus dieser wahnhaften Grundannahme dann streng logisch ableiten lassen. Die Fähigkeit, mit relativen Wahrheiten zu leben, mit Fragen, auf die es keine Antworten gibt, mit dem Wissen, nichts zu wissen, und mit den paradoxen Ungewißheiten der Existenz, dürfte dagegen das Wesen menschlicher Reife und der daraus folgenden Toleranz für andere sein. Wo diese Fähigkeit fehlt, werden wir, ohne es zu wissen, das Leben von Schafen leben, dumpf und verantwortungslos und nur gelegentlich durch den beizenden Rauch eines prächtigen Autodafés oder der Schlote von Lagerkrematorien unseres Atems beraubt.

## Kapitel 7

# Wirklichkeitsanpassung oder angepaßte »Wirklichkeit«? Konstruktivismus und Psychotherapie

*Für Laien wie für Fachleute gilt die Wirklichkeitsanpassung eines Menschen als Gradmesser seiner geistigen Gesundheit oder Krankheit. Dies setzt natürlich voraus, daß es eine solche objektiv bestehende Wirklichkeit gibt oder – genauer gesagt – daß sie, wenn es sie gibt, menschlichem Forschen zugänglich ist. Was aber, wenn dies nicht der Fall ist?*

*Hier nun beginnt der Einfluß unseres vierten Mentors, Prof.* HEINZ VON FOERSTER, *des ehemaligen Sekretärs jener epochemachenden Josiah-Macy-Konferenzen (aus denen die Kybernetik als neue Epistemologie hervorging) und des späteren Gründers und Leiters des* Biological Computer Laboratory *der Universität von Illinois. Seine Beziehung zum MRI begann 1976, als er an der 2.* Don D. Jackson Memorial Conference *eines der Hauptreferate hielt und die Grundsätze des sogenannten radikalen Konstruktivismus in ihrer Bedeutung für die Psychotherapie entwickelte. Höchst summarisch ausgedrückt, untersucht der moderne Konstruktivismus jene Wahrnehmungs-, Verhaltens- und Kommunikationsabläufe, durch die wir Menschen uns unsere individuellen, gesellschaftlichen, wissenschaftlichen und ideologischen Wirklichkeiten recht eigentlich erfinden und nicht vielleicht – wie wir alle naiverweise annehmen –* finden. *Dieses Konstruieren der Wirklichkeit, das* JEAN PIAGET *für das Kleinkind bereits eingehend untersucht hatte, stellt in ihrer Bedeutung für die Psychotherapie die Grundannahme der klassischen Schulen auf den Kopf; nämlich die, daß wir »Einsicht« in die Wirklichkeit haben müssen, bevor wir uns anders verhalten können. Die prägnanteste Formulierung des konstruktivistischen*

*Ansatzes kommt in* VON FOERSTERS ästhetischem Imperativ
*zum Ausdruck (der schon in den Schlußsätzen des 4. und 5.*
*Kapitels erwähnt wurde): Willst du erkennen, lerne zu handeln!*
  *Aus einer von der Siemens-Stiftung organisierten Vortrags-*
*reihe stammt das nächste Kapitel.*

Am Ende einer erfolgreichen Kurzbehandlung umreißt die Patientin, eine junge Frau, die grundsätzliche Änderung in der
konfliktreichen Beziehung zu ihrer Mutter mit den Worten:
»So wie ich die Lage sah, war es ein Problem; nun sehe ich sie
anders, und es ist kein Problem mehr.« Von dieser Äußerung
ließe sich einerseits sagen, daß sie die Quintessenz therapeutischen Wandels darstellt; andererseits könnte man sehr wohl
einwenden, daß sich nichts »wirklich« verändert habe – außer
bestenfalls etwas so subjektives wie eine »Ansicht« oder eine
»Einschätzung«. Der Umstand, daß die beiden Behauptungen
widersprüchlich, aber doch sinnvoll sind, öffnet den Zugang
zur Problematik, die dieses Referat behandeln möchte.
  Im Jahre 1973 veröffentlichte der amerikanische Psychologe
DAVID ROSENHAN eine aufsehenerregende Studie mit dem Titel: »On being sane in insane places« (deutscher Titel: »Gesund
in kranker Umgebung« [1981, S. 111–137]). Es handelt sich dabei um den Abschlußbericht eines Forschungsprojekts, in dessen Rahmen sich mehrere Mitarbeiter ROSENHANS freiwillig in
Nervenkliniken aufnehmen ließen, da sie angeblich Stimmen
hörten und daher psychiatrische Behandlung wünschten. Sofort nach Aufnahme gaben sie an, nun keine Stimmen mehr zu
hören und verhielten sich von diesem Augenblick an in einer
Weise, die außerhalb einer psychiatrischen Klinik für normal
gegolten hätte. Die Dauer ihrer »Behandlungen« schwankte
zwischen sieben und 52 Tagen, und sie wurden alle mit der Diagnose »Schizophrenie in Remission« entlassen. Nicht einer von
ihnen wurde als Pseudopatient entlarvt; vielmehr wurde jede
ihrer Verhaltensweisen als weiterer Beweis für die Richtigkeit
der Diagnose gewertet. Statt sich an den beobachtbaren Tatsachen zu orientieren, *erschuf* die Diagnose also eine »Wirklichkeit« sui generis, die dann ihrerseits alle klinischen Maßnahmen notwendig machte und rechtfertigte. – Als besonderes

Kuriosum sei noch erwähnt, daß die einzigen, die an dieser Wirklichkeitskonstruktion nicht teilnahmen, mehrere »wirkliche« Patienten waren: »Du bist nicht verrückt – du bist ein Journalist oder ein Professor«; diese und ähnliche Bemerkungen wurden oft und zum Teil vehement gemacht.

Im Leben der eingangs erwähnten jungen Frau hatte sich offensichtlich derselbe Prozeß abgespielt – hier freilich in positiver statt in pathogener Richtung. Die Lage als solche hatte sich nicht verändert, wohl aber die Zuschreibung von Sinn und Bedeutung an die Gegebenheiten ihrer Beziehung zur Mutter.

Derartige Sinnzuschreibungen sind aber nicht das Abbild objektiv bestehender, sozusagen platonischer Ideen, deren sich gewisse Menschen besser bewußt sind als andere, sondern sie sind überhaupt nur innerhalb eines bestimmten Kontexts denkbar. In Indien kann einem als *swami*, als Heiliger, vorgestellt werden, wer im Westen als katatoner Schizophrener diagnostiziert würde. Weder die eine noch die andere Einschätzung ist in irgendeinem objektiven Sinne wahr oder wirklich, die *Folgen* dieser Einschätzungen aber erschaffen konkrete Resultate persönlicher und gesellschaftlicher Natur.

In seinen Vorlesungen erwähnte GREGORY BATESON häufig ein analoges Phänomen, das ihm im Rahmen seiner anthropologischen Studien im südostasiatischen Raum berichtet worden war und mit einer kultur-spezifischen Pathologie, dem Amoklaufen, zu tun hat. Dabei handelt es sich bekanntlich darum, daß jemand plötzlich zu einem Dolch (dem *kris*) greift, auf die Straße rennt und blindlings auf jeden Daherkommenden einzustechen beginnt. Zur Vermeidung eines noch größeren Blutbads wird der Amokläufer möglichst rasch getötet. Es darf daher angenommen werden, daß es sich um eine larvierte Form des Selbstmords handelt, gegen den im Islam starke religiöse Skrupel bestehen. Statt sich umzubringen, schafft der Amokläufer eine Situation, die seine Tötung notwendig macht und rechtfertigt. Im Zuge der Kolonialisierung jener Religion durch die Holländer erfuhr das Phänomen des Amoklaufes langsam eine Umdeutung: Statt einer Form der Besessenheit, wurde ihm die Bedeutung einer Geistesstörung zugeschrieben, die Behandlung erforderte. Das führte dazu, daß zumindest in den Städten, die über moderne Sozialeinrichtungen wie Polizei, Ambulanzen, psychiatrische Kliniken und andere Notstandsdienste verfügten, die Häufigkeit des Amoklaufes nachweislich zurückging. Bei aller Vorsicht vor »post hoc, ergo propter hoc«-Schlüssen, besonders in der Anthropologie, bleibt die Tatsache bestehen, daß dem Amokläufer nun statt eines raschen Todes ein langer Aufenthalt in einer geschlossenen Anstalt blühte, die vermutlich eher einem Gefängnis als einem Sanatorium glich. Wiederum führte die »bloße« Änderung in der Sinnzuschreibung an ein bestimmtes Verhalten zu einer wesentlichen, praktischen Änderung.

Diese Beispiele, die sich beliebig vermehren ließen, stehen in schroffem Widerspruch zum allgemein akzeptierten Kriterium der Wirklichkeitsanpassung als Gradmesser der geistigen Gesundheit oder Gestörtheit eines Menschen. Dabei handelt es sich um die scheinbar selbstverständliche Annahme, daß es eine wirkliche, das heißt objektive, menschenunabhängige Wirklichkeit gibt, deren sich normale Menschen klarer bewußt sind als sogenannte Geistesgestörte. Die Idee einer solchen Wirklichkeit ist philosophisch spätestens seit HUME und KANT unhaltbar; wissenschaftlich ist sie ebenso unhaltbar, seit sich die Einsicht durchgesetzt hat, daß die Aufgabe der Wissenschaft nicht das Finden endgültiger Wahrheiten sein kann.

Soweit mir bekannt ist, hat sich die Annahme einer »wirklichen« Wirklichkeit nur in der Psychiatrie erhalten. In diesem Zusammenhang scheint es nützlich, eine grundlegende Unterscheidung zweier Wirklichkeitsaspekte zu machen, die sich an einem einfachen, oft verwendeten Beispiel aufzeigen lassen: Die physikalischen Eigenschaften des Goldes sind seit altersher bekannt, und es ist unwahrscheinlich, daß sie (genau wie eine Unzahl anderer naturwissenschaftlicher Forschungsergebnisse) durch neuere Untersuchungen in Frage gestellt oder durch grundlegende Neuentdeckungen bereichert werden könnten. Wenn zwei Menschen also Meinungsverschiedenheiten über die physikalischen Eigenschaften des Goldes hätten, so wäre es verhältnismäßig einfach, den naturwissenschaftlichen Nachweis zu erbringen, daß einer von ihnen recht und der andere daher unrecht hat. Diese Eigenschaften des Goldes seien seine Wirklichkeit erster Ordnung genannt.* Daneben aber besteht offensichtlich eine Wirklichkeit zweiter Ordnung des Goldes, nämlich sein Wert. Dieser hat absolut nichts mit den physikalischen Eigenschaften des Metalls zu tun, sondern ist eine von Menschen vorgenommene Zuschreibung. Zugegeben, auch diese Wirklichkeit des Goldes ist ihrerseits wieder das Resultat anderer Faktoren, wie zum Beispiel von Angebot und Nachfrage, oder den letzten Äußerungen des Ayatollah Khomeini. All *diesen* Faktoren ist aber gemeinsam, daß sie menschliche Konstrukte und nicht der Abglanz menschenunabhängiger Wahrheiten sind.

Damit soll gesagt sein, daß die sogenannte Wirklichkeit, mit der wir es vor allem in der Psychiatrie zu tun haben, jeweils eine Wirklichkeit zweiter Ordnung ist und durch die Zuschreibung von Sinn, Bedeutung oder Wert an die betreffende Wirklichkeit erster Ordnung konstruiert wird. Der Unterschied zwischen diesen beiden Wirklichkeiten kommt in der bekannten Scherzfrage nach dem Unterschied zwischen einem Optimisten und einem Pessimisten zum Ausdruck: Der Optimist – so lautet die Antwort – sagt von einer Flasche Wein, daß sie halb*voll*, der Pessimist, daß sie halb*leer* ist. Dieselbe Wirklichkeit erster Ordnung, aber zwei grundverschiedene Wirklichkeiten zweiter Ordnung.

Nur wenn wir diese beiden »Wirklichkeiten« in einen Topf werfen, behält das Kriterium der Wirklichkeitsanpassung seine Gültigkeit. Halten wir uns davon frei, so sehen wir, daß z. B. die eingangs erwähnte Situation zwischen Mutter und Tochter in ihrer Wirklichkeit erster Ordnung unverändert geblieben war und sich auf dieser Ebene nichts »wirklich« verändert hatte, daß in der Wirklichkeit zweiter Ordnung dagegen ein entscheidender Wandel eingetreten war: »So wie ich die Lage sah, war es ein Problem; nun sehe ich sie anders, und es ist kein Problem mehr.« Aber weder die frühere noch die neue Sicht-

* Wir wollen daher der Einfachheit halber außer acht lassen, daß auch dieser Wirklichkeitsaspekt das Ergebnis einer fantastisch komplexen Wirklichkeitskonstruktion auf neurophysiologischer Ebene ist, und ferner, daß er ein und dasselbe linguistische und semantische Universum voraussetzt.

weise der jungen Frau ist in irgendeinem objektiven Sinne »wahrer« oder »richtiger« als die andere – das Konkrete an der neuen Sicht ist, daß sie weniger Leid verursacht.

Die Referenten der beiden vorangegangenen Abende haben die Prozesse der Wirklichkeitskonstruktion von ihren spezifischen Gesichtspunkten her eingehend beleuchtet. Im Zusammenhang mit meinen zusätzlichen Überlegungen möchte ich ein Zitat aus ERNST VON GLASERSFELDS Einführung in den radikalen Konstruktivismus (1981, S. 16–38) verwenden, nämlich jene Stelle, an der der Autor aufzeigt, daß wir von der sogenannten »wirklichen« Wirklichkeit bestenfalls nur wissen können, was sie *nicht* ist:

Wissen wird vom lebenden Organismus aufgebaut, um den an und für sich formlosen Fluß des Erlebens soweit wie möglich in wiederholbare Erlebnisse und relativ verläßliche Beziehungen zwischen diesen zu ordnen. Die Möglichkeiten, so eine Ordnung zu konstruieren, werden stets durch die vorhergehenden Schritte in der Konstruktion bestimmt. Das heißt, daß die »wirkliche« Welt sich ausschließlich dort offenbart, wo unsere Konstruktionen scheitern. Da wir das Scheitern aber immer nur in eben jenen Begriffen beschreiben und erklären können, die wir zum Bau der scheiternden Strukturen verwendet haben, kann es uns niemals ein Bild der Welt vermitteln, die wir für das Scheitern verantwortlich machen könnten.

Auf die Entstehung und die Lösung menschlicher Probleme angewandt, bedeutet dies, daß wir uns mit dem Leben, unserem Schicksal, der Existenz, mit Gott, der Natur oder welchen Namen wir immer da verwenden, in Einklang fühlen, solange die von uns konstruierte Wirklichkeit zweiter Ordnung im Sinne ERNST VON GLASERSFELDS *paßt*, d. h. nirgends schmerzlich anstößt. Solange wir dieses Gefühl haben, sind wir in der Lage, auch mit großen Widerwärtigkeiten einigermaßen gelassen fertigzuwerden. Fehlt dagegen dieses Gefühl des Passens, so stürzen wir in Verzweiflung, Angst, Psychose, oder denken an Selbstmord. Daß die größten geistigen und künstlerischen Leistungen der Menschheit offensichtlich von dieser verzehrenden Sehnsucht nach Harmonie und Gewißheit beseelt sind, sei nur am Rande vermerkt. Der Irrtum, in dem wir alle versponnen sind, ist aber die Annahme, daß eine einigermaßen passende

Wirklichkeitskonstruktion die Gewißheit gäbe, die Welt sei »wirklich« *so* und endgültige Gewißheit und Sicherheit sei damit erreicht. Die möglichen Folgen dieses Irrtums sind schwerwiegend: Sie verleiten uns dazu, alle anderen Wirklichkeitskonstruktionen für falsch zu erklären (und womöglich zu bekämpfen), und sie machen es uns unmöglich, Alternativwirklichkeiten auch nur in Betracht zu ziehen, wenn unser Weltbild anachronistisch wird und daher immer weniger paßt.

Fassen wir zusammen: Die Wirklichkeit zweiter Ordnung, die unsere Weltschau, Gedanken, Gefühle, Entscheidungen und Handlungen bedingt, ist das Ergebnis einer ganz bestimmten Ordnung, die wir der kaleidoskopischen, phantasmagorischen Vielfalt der Welt sozusagen aufstülpen – sie ist also nicht das Resultat der Erfassung der »wirklichen« Welt, sondern konstituiert im eigentlichsten Sinne eine ganz bestimmte Welt. Dieser Konstruktion aber bleiben wir unbewußt und nehmen naiverweise an, daß sie unabhängig von uns existiert. Die Art und Weise, wie sich diese Wirklichkeiten herausbilden, ist von größtem Interesse für den Forscher wie für den Kliniker. Ich erinnere nochmals an die grundlegenden Arbeiten PIAGETS (1937).

Ungefähr um dieselbe Zeit befaßte sich auch WITTGENSTEIN mit diesem Thema. Zu Beginn seines Spätwerkes *Über Gewißheit* (1969) steht der Satz:

Daß es mir – oder allen – so *scheint*, daraus folgt nicht, daß es so *ist*. [Abs. 2]

Und weiter:

Aber mein Weltbild habe ich nicht, weil ich mich von seiner Richtigkeit überzeugt habe; auch nicht weil ich von seiner Richtigkeit überzeugt bin. Sondern es ist der überkommene Hintergrund, auf welchem ich zwischen wahr und falsch unterscheide. [Abs. 94]

Und schließlich noch expliziter:

Wir lernen die Praxis des empirischen Urteilens nicht, indem wir Regeln lernen; es werden uns *Urteile* beigebracht und ihr Zusammenhang mit anderen Urteilen. *Ein Ganzes* von Urteilen wird uns plausibel gemacht.

Wenn wir anfangen, etwas zu *glauben*, so nicht einen einzelnen Satz, sondern ein ganzes System von Sätzen. (Das Licht geht nach und nach über das Ganze auf.)

Nicht einzelne Axiome leuchten mir ein, sondern ein System, worin sich Folgen und Prämissen *gegenseitig* stützen. [Abs. 140–142]

Die Untersuchungen dieser Systeme, in denen sich Postulate und Folgen gegenseitig (also rückbezüglich) stützen und bekräftigen, ist eines der Hauptanliegen der Kommunikationsforschung. Im Sinne des bisher Gesagten erweist sich nämlich die Wirklichkeit zweiter Ordnung als Resultat von Kommunikation. Kein höheres Lebewesen könnte überleben, wenn es darauf angewiesen wäre, die Welt sozusagen ganz allein auf sich gestellt zu erfassen. Niedrigere Lebensformen bekommen sozusagen eine genetische »Gebrauchsanweisung« mit auf den Weg und werden vom großen Ordner Tod unbarmherzig ausgelöscht, wenn ihr genetisches Programm nicht mehr paßt. Beim Menschen tritt die Veranlagung gegenüber der Sozialisierung bekanntlich weit in den Hintergrund. Sozialisierung aber beruht auf Kommunikation, d. h. auf Anweisungen, wie die Welt zu sehen ist.

Und all dies bezieht sich keineswegs nur auf die Wirklichkeit zweiter Ordnung. Man überlege sich, wie es um uns bestellt wäre, wenn uns auch im Bereich der Wirklichkeit erster Ordnung nur unsere eigenen, unmittelbaren Wahrnehmungen zur Verfügung stünden. Welche Gewißheit hätte ich je, daß es das, dessen Existenz ich noch nicht selbst festgestellt habe, auch wirklich gibt? Von einer mir noch unbekannten Stadt nehme ich felsenfest an, daß es sie wirklich gibt, nur weil sie auf Landkarten eingezeichnet ist, andere Menschen schon dort waren und mir von ihr erzählten, weil mein Reisebüro mir eine Flugkarte dorthin verkaufte, und auf Grund von Myriaden ähnlicher, völlig fiktiver »Beweise«. Und wenn wir jetzt alle die Augen schlössen und auch unsere übrigen Sinneswahrnehmungen irgendwie ausschalteten, wäre dieser Vortragssaal noch gleich »wirklich«, wie er es buchstäblich einen Augenblick vorher war? Das sind Fragen, die schon DSCHUANG DSI mit seinem Schmetterlingsbeispiel zu beantworten versuchte, und

CALDERÓN DE LA BARCA in *La vida es sueño*. Im 18. Jahrhundert stellte der Bischof BERKELEY seine berühmte Frage, ob der im einsamen Walde umstürzende Baum auch dann ein Geräusch verursacht, wenn niemand da ist, es zu hören. Und WITTGENSTEIN fragt:

Welchen Grund habe ich jetzt, da ich meine Zehen nicht sehe, anzunehmen, daß ich fünf Zehen an jedem Fuß habe? [11, Abs. 429]

Bedeutet das, daß es uns immer noch wie dem Kleinstkind ergeht, von dem PIAGET so elegant nachwies, daß für das Kind nur das »wirklich« existiert, was jeweils in seinem Blickfeld ist; daß der Glaube an das objektive Weiterbestehen nicht mehr gesehener Gegenstände einer der wesentlichsten Bausteine aller Wirklichkeitskonstruktionen ist?

Wie dem auch sei – an diesen scheinbar müßigen Überlegungen ist eines bestimmt wichtig: Zusätzlich zum vermuteten physischen Weiterbestehen der Welt tritt noch die kommunizierte Wirklichkeit zweiter Ordnung. Das heißt, daß in unserer Innenwelt nicht nur die Objekte (im weitesten Sinne) als solche weiterbestehen, sondern auch die Zuschreibungen, die wir in bezug auf Sinn, Bedeutung und Wert dieser Objekte vornahmen. So gesehen leben wir also in einer imaginären Wirklichkeit, die uns aber erstaunlicherweise dennoch konkrete Entscheidungen und Handlungen möglich macht.

*Ist* dies aber erstaunlich? Ja und nein. Ja, wenn wir uns die bereits umfangreiche psychiatrische, sozial- und verhaltenswissenschaftliche Literatur vor Augen halten, die sich eher vergeblich bemüht, Ordnung in das halluzinatorische Universum paradoxer, rückbezüglicher und imaginärer Sätze und ihrer praktischen Auswirkungen zu bringen. Nein, wenn wir feststellen, daß in anderen Wissenschaftszweigen derartige Propositionen keine Probleme sind, weil man dort ihren scheinbar unlogischen, fiktiven, imaginären Charakter immer schon gelassen mit in die betreffenden Überlegungen und Berechnungen einbezog und dennoch (oder gerade deswegen) bei konkreten Ergebnissen anlangte. »Wenn wir Schiffe und Boote bauen«, stellt der polnische Philosoph KOLAKOWSKI (1977, S. 143) in seinem Essay, *Das Suchen nach der Gewißheit*, fest,

»sollen wir uns so verhalten, als ob das Gesetz des Archimedes gültig wäre – andernfalls wir ertrinken würden. Wir besitzen aber heute sowenig wie früher Gründe, um zu behaupten, die Welt trage so etwas wie das Gesetz des Archimedes als dauernde Qualität in sich.« Dieses Zitat enthält die bedeutungsträchtigen Wörtchen, »als ob«, die uns sehr bald noch näher beschäftigen werden.

Ein noch offensichtlicheres Beispiel als das Gesetz des ARCHIMEDES ist die imaginäre Zahl $i$, zu der man bekanntlich über die scheinbar unschuldige Gleichung $x^2 + 1 = 0$ gelangt. Transponiert man nämlich die Eins auf die andere Seite der Gleichung, so erhält man $x^2 = -1$, und damit $x = \sqrt{-1}$. Dieses Resultat ist aber nicht nur unvorstellbar, sondern widerspricht der Regel, daß keine Größe, ob positiv oder negativ, durch sich selbst dividiert einen negativen Wert ergeben kann. Dies hält aber Mathematiker, Physiker oder Ingenieure nicht davon ab, die Zahl $i$ in ihre Berechnungen einzubeziehen und zu durchaus praktischen Ergebnissen zu gelangen. Das Faszinosum dieser unvorstellbaren Wechselwirkung zwischen Imaginärem und Konkretem fand einen literarischen Ausdruck in den Worten einer Romanfigur ROBERT MUSILS (1978, S. 74), nämlich des jungen Törless, der im Mathematikunterricht zum erstenmal auf die Eigenschaften der Zahl $i$ stößt:

Wie soll ich das ausdrücken? Denk doch nur einmal so daran: In einer solchen Rechnung sind am Anfang ganz solide Zahlen, die Meter oder Gewichte oder irgendetwas anderes Greifbares darstellen können und wenigstens wirkliche Zahlen sind. Am Ende der Rechnung stehen ebensolche. Aber diese beiden hängen miteinander durch etwas zusammen, das es gar nicht gibt. Ist das nicht wie eine Brücke, von der nur Anfangs- und Endpfeiler vorhanden sind und die man dennoch so sicher überschreitet, als ob sie ganz dastünde? Für mich hat so eine Rechnung etwas Schwindliges; als ob ein Stück des Weges weiß Gott wohin ginge. Das eigentlich Unheimliche ist mir aber die Kraft, die in solch einer Rechnung steckt und einen so festhält, daß man doch wieder richtig landet.

Die umfassendste Studie über die praktischen Auswirkungen imaginärer Annahmen ist immer noch *Die Philosophie des Als Ob* von HANS VAIHINGER. In diesem Monumentalwerk gibt der Autor eine Unzahl von Beispielen für die eben erwähnte Beziehung von fiktiven, völlig unbeweisbaren Wirklichkeitsannahmen bzw. Sinnzuschreibungen und ihren konkreten Resultaten. Es ist mir nicht bekannt, ob MUSIL von der Philosophie VAIHINGERS wußte. Auffallend ist jedenfalls, daß sich die Frage des jungen Törless bereits bei VAIHINGER findet:

Wie kommt es, daß, trotzdem wir im Denken mit einer verfälschten Wirklichkeit rechnen, doch das praktische Resultat sich als richtig erweist? [S. 289]

Um aus der Überfülle der bis in die Antike zurückreichenden Beispiele aus VAIHINGERS Buch nur zwei besonders prägnante herauszugreifen:

Der Punkt als ein null-dimensionales Gebilde ist eine in sich gänzlich widerspruchsvolle Idee, aber ebenso notwendig als absurd. Ein Gebilde ohne jegliche Dimension ist ein Nichts in sich selbst. [...] Wir rechnen hier mit Undingen statt mit Dingen, aber es sind nützliche und unentbehrliche Undinge. Wir aber halten diese Undinge für Dinge, weil wir gewöhnt sind, alles, dem wir einen Namen geben, für real zu halten, ohne zu bedenken, daß wir nicht bloß Reales, sondern auch Irreales durch Namen fixieren können. [S. 508]

Und an anderer Stelle eine analoge Überlegung zur Freiheit als Fiktion:

Der Strafrichter benützt diese Fiktion einfach, um ein Strafurteil zustande zu bringen. Der Zweck ist das Strafurteil, das durch die Fiktion, der Mensch, also *in specie* der Verbrecher, sei frei, erreicht wird: ob der Mensch faktisch frei ist, ist gleichgültig. [...] Der Richter schließt: Jeder Mensch ist frei und darum, wenn er gegen das Gesetz sich vergangen, strafbar. A ist ein Mensch, ein freier Mensch und hat sich vergangen: also ist er strafbar. Zuerst wird A unter den Begriff des freien Menschen subsumiert, sodann dadurch unter die Strafbarkeit. Der Begriff der Freiheit fällt aber damit heraus; er hat nur dazu gedient, das Urteil möglich zu machen. Ob aber der Mensch frei sei, diese Prämisse wird vom Richter nicht untersucht; faktisch ist diese Prämisse nur eine Fiktion, welche zur Ableitung des Schlußsatzes dient; denn ohne Bestrafung der Menschen, der Verbrecher, ist keine Staatsordnung möglich: zu diesem praktischen Zweck ist die theoretische Fiktion der Freiheit erfunden. [S. 198]

Nicht aus VAIHINGERS Buch, sondern aus der Weisheit orientalischer Parabeln stammt schließlich folgendes Beispiel dieser »Technik« problemlösender und wirklichkeitsschaffender Fiktionen:

Ein Vater hat angeordnet, daß die Hälfte seiner Hinterlassenschaft an den ältesten Sohn gehe, ein Drittel an den zweiten und ein Neuntel an den jüngsten. Die Erbmasse besteht aber aus 17 Kamelen, und wie die Söhne nach seinem Tode das Problem auch drehen und wenden, sie finden keine Lösung, außer der Zerstückelung einiger Tiere. Ein *mullah*, ein Wanderprediger, kommt dahergeritten, und sie fragen ihn um seinen Rat. Dieser sagt: »Hier – ich gebe mein Kamel zu den euren dazu; das macht 18. Du, der Älteste, bekommst die Hälfte, also neun. – Du, der Zweitälteste, bekommst ein Drittel, das macht sechs. – Auf dich, den Jüngsten, fällt ein Neuntel, also zwei Kamele. Das macht zusammen 17 Kamele und läßt eines übrig, nämlich meines.« Sagt's, steigt auf und reitet davon.

Was hat nun all dies mit der Psychotherapie zu tun? Zweck aller Therapie und Ziel aller Therapieschulen ist therapeutischer Wandel. Im Rahmen des bisher Dargestellten ist die traditionelle Auffassung unhaltbar, wonach der sogenannte Patient an mangelnder Wirklichkeitsanpassung leidet, und ihm daher durch Herbeiführung von Einsicht in die in der Vergangenheit begrabenen »wahren« Zusammenhänge geholfen werden muß. Der Konstruktivismus dagegen legt nahe, daß die leidvollen Auswirkungen einer bestimmten gegenwärtigen Als-ob-Fiktion (die ihren Ursprung natürlich irgendwann in der Vergangenheit hatte) durch jene einer anderen Als-ob-Fiktion ersetzt werden müssen, die eine erträgliche Wirklichkeit erschaffen. An die Stelle von Wirklichkeitsanpassung im Sinne einer besseren Anpassung an die vermeintliche »wirkliche« Wirklichkeit tritt also die bessere Anpassung der jeweiligen Wirklichkeitsfiktion an die zu erreichenden, konkreten Ziele.

In anderen Worten: Der Ausgangspunkt der Behandlung ist eine leidvolle Situation, die im Rahmen der betreffenden Wirklichkeitsfiktion unlösbar erscheint. Das ist der eine Pfeiler der Brücke, von der der junge Törless spricht. Zwischen diesem und dem Pfeiler am anderen Ufer nun liegt die irrationale

Brücke der Als-ob-Fiktion, die Wirklichkeit zweiter Ordnung. In VAIHINGERS Sinne kann das etwas wie die völlig unbeweisbare Annahme der persönlichen Freiheit sein, die herangezogen wird und nach getaner Arbeit dann »herausfällt«; im Sinne HEINZ VON FOERSTERS ist es der synaptische Spalt, in den nun – metaphorisch gesprochen – eine andere Überträgersubstanz einfließt; im Sinne der Kamelgeschichte das eine Kamel, das eine Minute lang verwendet und dann nicht mehr benötigt wird; im Sinne des Konstruktivismus eine andere Wirklichkeitskonstruktion, die genauso wenig Anspruch auf Wirklichkeit, Richtigkeit oder Wahrheit erheben kann als irgendeine andere. Wenn das Primat der Verwendung von VAIHINGERS Ideen in der Therapie nicht ALFRED ADLER zufiele, könnte man die eben beschriebene Technik die »Psychotherapie des Als Ob« bezeichnen.

Diese Überlegungen klingen einfach, sind für viele aber bestürzend, wenn sie bis zur Konsequenz durchgedacht werden. Dann nämlich ergibt es sich, daß es auf Erklärungen *als solche* nicht ankommt, daß Hypothesen und Theorien nur insofern Bedeutung haben, als sie fiktive Brücken zu praktischen Resultaten schlagen. Der sprichwörtliche Marsbewohner, der hier auf Erden unsere klassischen Theorien therapeutischen Wandels studierte, würde sich an den Kopf (oder dessen Äquivalent) greifen und fragen, wieso unsere großen Therapieschulen komplizierteste Erklärungssysteme ausklügelten und deren ausschließliche Richtigkeit mit dogmatischer Starre verteidigen, statt konkret zu untersuchen, wie sich menschlicher Wandel tagtäglich millionenfach spontan vollzieht.

Eine Ausnahme ist jenes *enfant terrible* der Orthodoxie, nämlich die Hypnose, die immer schon das Fiktive, also die Suggestion, in klarer Erkenntnis ihres Als-ob-Charakters zu konkreten und verhältnismäßig raschen Lösungen menschlicher Probleme verwendet.

Doch auch die Hypnose ist sozusagen nur ein Spezialfall, verglichen mit jenen zweifellos interessantesten Manifestationen alltäglichster Wirklichkeitskonstruktionen, den sich selbst erfüllenden Prophezeiungen (WATZLAWICK 1981). Es handelt sich dabei bekanntlich um die wirklichkeitserzeugende Macht von Befürchtungen, Erwartungen, Annahmen oder Überzeugungen über künftige Geschehnisse, die *nur* deswegen, weil ihr Eintreten fest angenommen oder erwartet wird, tatsächlich eintreten. Selbsterfüllende Prophezeiungen scheinen die Grundgesetze der Wirklichkeit auf den Kopf zu stellen: Vorgestellte Wirkung erzeugt konkrete Ursache; die Zukunft (und nicht die Vergangenheit) determiniert die Gegenwart; die Prophezeiung des Ereignisses führt zum Ereignis der Prophezeiung. Wie wenig es dabei auf die hypothetische »Richtigkeit« der Prophezeiung ankommt, beweist ein von GORDON ALLPORT (1964, S. 7–21) berichteter (aber leider nicht näher belegter) Fall, der auf einem lebensrettenden Mißverständnis beruht:

In einem österreichischen Landeskrankenhaus liegt ein schwerkranker Mann im Sterben. Die Ärzte haben ihm wahrheitsgemäß mitgeteilt, daß sie seine Krankheit nicht diagnostizieren können, ihm aber wahrscheinlich helfen könnten, wenn sie die Diagnose wüßten. Sie haben ihm ferner gesagt, daß ein berühmter Diagnostiker das Spital in den nächsten Tagen besuchen und vielleicht imstande sein wird, die Krankheit zu erkennen.

Ein paar Tage später kommt der Spezialist wirklich an und macht seine Runde. Am Bett des Kranken angekommen, wirft er nur einen flüchtigen Blick auf ihn, murmelt *»moribundus«* und geht weiter.

Einige Jahre später sucht der Mann den Spezialisten auf und sagt ihm: »Ich wollte Ihnen schon längst für Ihre Diagnose danken. Die Ärzte sagten mir, daß ich Aussicht hätte, mit dem Leben davonzukommen, wenn Sie meine Krankheit diagnostizieren könnten, und im Augenblick, da Sie *›moribundus‹* sagten, wußte ich, daß ich es schaffen werde.«

Die wirklichkeitsschaffende Macht selbsterfüllender Prophezeiungen kann also nicht nur einen Ödipus veranlassen, genau jene Vorsichtsmaßnahmen zu ergreifen, die zur Erfüllung des Orakelspruchs führten – sie können auch – *similia similibus* – in den Dienst der Heilung und Lösung gestellt werden. Die am Mental Research Institute in Palo Alto entwickelten, auf direkten Interventionen in die Wirklichkeit zweiter Ordnung beruhenden Behandlungsformen stellen eine Anwendung des konstruktivistischen Denkens dar (WATZLAWICK 1977).

Ohne natürlich auf Einzelheiten und schon gar nicht auf Fallbesprechungen eingehen zu können, sei das Wesen dieser Technik wenigstens kurz umrissen. Zur Herbeiführung einer gezielten Veränderung in der Wirklichkeitskonstruktion eines Menschen muß man zunächst diese Wirklichkeit einigermaßen kennen. Unmittelbare Befragung hilft hier aber kaum. Jede Beschreibung setzt ja ein heraustreten aus dem Rahmen des zu Beschreibenden voraus. In anderen Worten: Um die Beschreibung geben zu können, müßte der Betreffende außerhalb der von ihm konstruierten Wirklichkeit stehen und sie daher bereits als eine von vielen möglichen sehen. Gerade aber dafür sind wir alle blind.

Was der sogenannte Patient dagegen meist klar angeben kann, sind seine bisherigen Versuche, mit dem Problem fertigzuwerden. Aus diesen versuchten Lösungen nun kann der Therapeut sehr genaue Schlüsse auf die Wirklichkeit zweiter Ordnung ziehen, in der diese Lösungsversuche die scheinbar einzig möglichen, sinnvollen, logischen oder erlaubten sind. Und wenn sie bisher das erwünschte Ergebnis nicht herbeigeführt haben, so verwenden wir alle – Menschen oder Tiere – das Unglücksrezept des »Mehr desselben« und schaffen uns damit mehr desselben Leidens. Ein einfaches Beispiel: Wer nervös ist, wird typischerweise versuchen, mit fester Stimme zu sprechen und seine Hände am Zittern zu hindern. Je mehr er dies versucht, desto stärker wird seine nervöse Spannung, und je nervöser er wird, desto mehr wird er sich zu beherrschen versuchen.

Die versuchten Lösungen sind also jene Mechanismen, die das Problem nicht nur nicht lösen, sondern es vielmehr erhalten und vertiefen.

Wie nun geht in unserem Modell der Therapeut vor, um diesen Teufelskreis zu brechen und neue Lösungsformen in die Welt seines Patienten einzuführen? Hierzu bietet sich vor allem die Technik der *Umdeutung* an, die geschickten Unterhändlern und Diplomaten seit altersher (wenn auch nicht unter dieser Bezeichnung) bekannt ist. Diese Intervention konstruiert einen neuen Wirklichkeitsaspekt anstelle eines bisherigen, wobei der neue den praktischen Gegebenheiten genauso oder noch besser entspricht als der alte. Eines der amüsantesten Beispiele aus der Weltliteratur ist und bleibt jene Szene in *Tom Sawyer*, in der MARK TWAIN beschreibt, wie sein Held strafweise an einem Samstagnachmittag einen Zaun streichen muß, während alle seine Freunde frei haben und schwimmen gehen. Wie kann er dieser Schande entgehen und sein Gesicht bewahren? Er tut es dadurch, daß er seinen hänselnden Freunden die Situation von Grund auf umdeutet, indem er das Streichen eines Zauns als ungewöhnliches, höchst erwünschtes Privileg hinstellt. Zunächst erntet er Skepsis: »Na, du willst mir doch nicht weismachen, daß du's zum Vergnügen tust?« Tom streicht weiter und bemerkt schließlich nonchalant: »Zum Vergnügen? Na, ich seh' nicht ein, warum nicht. Kann unsereiner denn alle Tage 'nen Zaun anstreichen?« Darauf Stille – und dann sagt der erste Junge: »Du, Tom, laß mich ein bißchen streichen!« Schließlich hat der Zaun drei Lagen Tünche, und Tom schwimmt in Reichtum. Ein Junge nach dem anderen hat sich von ihm das Privileg erkauft, einen Teil des Zauns anstreichen zu dürfen.

Oder ein klinisches Beispiel: Frigidität wird von der Betreffenden meist als eine persönliche Hemmung, als ein Unvermögen erlebt, und in dieser Ansicht wird sie dann durch einen reichhaltigen Katalog verschiedenartiger und zum Teil ganz widersprüchlicher »wissenschaftlicher« Erklärungen bestärkt; z. B. Unreife, ungenügende Realisierung ihrer Weiblichkeit, Penisneid, latente Homosexualität, unbewußte Aggression gegen das Männliche. Besonders letztere »Erklärung« fügt zur Unterstellung einer persönlichen Pathologie auch noch jene einer bösen Absicht. Wirksamere Als-ob-Fiktionen zur praktischen Verhinderung einer völlig normalen, natürlichen Reaktion kann man sich kaum vorstellen. Eine wesentlich zweckmäßigere Fiktion bestünde z. B. darin, dem Problem eine ganz andere Deutung und Bedeutung zu geben, indem man es als einen übertriebenen Schutz des Partners hinstellt. Glaubt sie vielleicht, daß er der Leidenschaft ihrer ungehemmten Sinnlichkeit nicht gewachsen wäre? Hat sie vielleicht Grund zur Befürchtung, daß er schockiert wäre, wenn sie ihrer Sexualität in der Beziehung zu ihm freien Lauf ließe? Würde er dann vielleicht impotent, und erspart sie ihm daher nicht die Angst, ihren natürlichen Ansprüchen nicht gewachsen zu sein? Wäre es daher nicht vielleicht besser, die Situation vorläufig unverändert zu lassen? – Ist die Umdeutung erfolgreich, so blockiert sie die oft verzweifelte Grundeinstellung: »Ich sollte reagieren, aber ich kann nicht.« Einmal mehr sei darauf verwiesen, daß weder diese noch die traditionellen Deutungen mehr als Fiktionen sind und keinerlei Anspruch auf Wahrheit und Richtigkeit stellen können; sondern daß es nur auf die praktischen Resultate ankommt, die eine bestimmte Als-ob-Fiktion erzeugt. Und ist das gewünschte praktische Ergebnis einmal erreicht, so fällt – um VAIHINGERS Ausdruck zu verwenden – die Fiktion heraus; sie hat ihren Dienst geleistet wie das 18. Kamel.

Neben den Umdeutungen haben ferner die *Verhaltensverschreibungen* einen festen Platz im Armamentarium der konstruktivistischen Therapie. Wie der Ausdruck besagt, handelt es sich hier um die Ausführung ganz bestimmter Handlungen, die der Therapeut seinem Klienten zur Aufgabe macht. Dabei unterbleibt meist jegliche Deutung, etwa so wie der Arzt seinem Patienten nur in seltenen Fällen die genauen Gründe für die Verschreibung eines Präparats und dessen pharmakologische Wirkungen gibt. Der Patient nimmt es ein, weil er annimmt, daß im Bereich der Medizin Gründe für diese Verordnung bestehen. An diesen Gründen ist er viel weniger interessiert als am praktischen Ergebnis. Die Einnahme des Medikaments springt also sozusagen vom einen Pfeiler von MUSILS Brücke gleich auf den andern, und der Mittelteil bleibt frei. Dasselbe tritt bei der Verhaltensverschreibung ein: Das verschriebene Verhalten *ist* bereits das Resultat der dazwischenliegenden Als-ob-Fiktion, die als solche aber überhaupt nicht zur Sprache kommt. Sie ergibt sich vielmehr – wenn überhaupt – rückwirkend aus der Vorwegnahme des Resultats. Der sogenannte Patient verhält sich also, *als ob* das Problem bereits gelöst sei, und es kommt dadurch sekundär zu einer wesentlichen Änderung seiner bisherigen Wirklichkeitskonstruktion.

Zum Beispiel: Einem überaus perfektionistischen cand. phil. fehlt zur Erlangung des Doktortitels nur noch die Dissertation. An dieser arbeitet er schon seit über drei Jahren, und die Universität hat ihm eine letzte Frist gestellt, die in vier Monaten abläuft. Er ist sich darüber im klaren, daß er die Arbeit unmöglich fristgerecht abliefern kann, wenn er in seiner bisherigen Weise weiterarbeitet. Seine versuchte Lösung besteht nämlich darin, die Dissertation so allumfassend und perfekt zu schreiben, daß man darin auch nicht den leisesten Grund zur Kritik finden könnte. Ohne auch nur zu versuchen, diese Einstellung im klassischen Sinne auf ihre Gründe in der Vergangenheit hin zu untersuchen und langsam Einsicht in die »wahren« Ursachen des Problems herbeizuführen, und ohne irgendwelche Gründe für die Verhaltensverschreibung anzugeben, fordert der Therapeut ihn auf, sich bis zur nächsten Sitzung in sieben Tagen einmal täglich irgendwie in der harmlosesten Weise in der Öffentlichkeit lächerlich zu machen. Er kommt zurück und berichtet:

Das erste Mal ging ich in ein mexikanisches Restaurant und bestellte ein *egg roll* [eine Spezialität der chinesischen Küche] und sagte: »Ist das nicht mexikanisch?« Ich mußte mich sehr zusammennehmen, um überhaupt hineinzugehen, und die Sache war mir äußerst peinlich. Das zweite Mal, da ging ich in einer Straße, deren Namen ich kenne, und fragte jemanden, wo diese Straße war – und es war mir schon weniger peinlich und ich mußte mich weniger zusammennehmen. Und als ich immer öfters solche dummen Fragen stellte, fand ich es immer leichter und – ah, es wurde mir immer klarer, wie todernst ich mich nehme, und wie lächerlich das ist [...] Es war eine sehr gute Übung für mich – ich meine damit, die Wirkung war ganz unmittelbar; ich begann, mich weniger ernst zu nehmen und mich weniger darüber zu sorgen, ob ich einen guten oder schlechten Eindruck mache... (WATZLAWICK 1977, S. 109).

In der Nachuntersuchung ein Jahr später stellte sich heraus, daß der junge Mann seine Dissertation fristgerecht abgeliefert und inzwischen promoviert hatte.

Ein anderer Klient klagt über seine Einsamkeit und ferner darüber, daß die Mitmenschen ihn meiden und geringschätzen. Er nimmt sich also in acht und erwartet sich nichts Gutes. Sein Gesichtsausdruck ist aber nicht so sehr traurig, als vielmehr mißtrauisch, verächtlich und zornig. Die Vermutung scheint nicht abwegig, daß die anderen einen Bogen um ihn schlagen.

Dieser selbsterfüllenden Prophezeiung ist er sich völlig unbewußt. Er fragt sich vielmehr immer wieder, was man denn eigentlich gegen ihn habe. – Die Verhaltensverschreibung besteht darin, ihm aufzutragen, in Gegenwart anderer Menschen so oft wie möglich seine Mundwinkel in einer bestimmten Weise hinaufzuziehen und genau auf die Reaktion der anderen zu achten. Er kommt zur nächsten Sitzung und berichtet, daß in der letzten Woche Bekannte wie Unbekannte viel freundlicher und an ihm interessierter gewesen seien.

Diese Interventionen beruhen auf dem Gegenteil der klassischen Auffassungen therapeutischen Wandels: Statt zuerst Einsicht in die Natur des Problems zu gewinnen und dann auf Grund dieser Einsicht sich schließlich anders verhalten zu können, ist der entscheidende Faktor in jeder erfolgreichen Verhaltensverschreibung ein bestimmtes neues Verhalten, das rein sekundär und durchaus nicht notwendigerweise zu einer anderen Als-ob-Fiktion führt.

Genug der Beispiele. Wir stehen erst am Anfang unseres Begreifens der Möglichkeiten, die der Konstruktivismus uns für die Lebenspraxis bietet. Diese Möglichkeiten reichen weit über die Psychotherapie hinaus. Ihre Anwendbarkeit auf viel größere Bereiche, z. B. in der Managementlehre, den Problemen in anderen Großorganisationen und Gesellschaftssystemen, ist bereits erwiesen. Daß sie mutatis mutandis auch auf internationale Beziehungen anwendbar sind, scheint uns heute keine Utopie mehr.

Von ebenso großer Bedeutung ist aber die Möglichkeit, daß der Konstruktivismus eines Tages die Brücke zwischen den Natur- und den Geisteswissenschaften schlagen könnte.

Und schließlich stellt der Konstruktivismus für jeden von uns eine tief persönliche Möglichkeit dar. In einem Brief WITTGENSTEINS aus dem Jahre 1917 an seinen Freund PAUL ENGELMANN (1967, S. 9) steht ein Satz, der diese Grundgegebenheit unseres Lebens besser erklärt als meine mühselige Abhandlung: »In den besseren Stunden aber wachen wir so weit auf, daß wir erkennen, daß wir träumen.«

# Kapitel 8

# Lebensstile und »Wirklichkeit«

*Im Frühjahr 1985 trafen sich Literaturwissenschaftler, Linguisten, Philosophen, Soziologen, Psychologen, Theologen, Historiker und Archäologen aus neun Ländern an einem von der Universität-Gesamthochschule Siegen im Inter-Universitäts-Zentrum Dubrovnik einberufenen Kolloquium, um die gegenwärtige Bedeutung des Stilbegriffs in den Geisteswissenschaften zu diskutieren. – Ausgehend von* ALFRED ADLERs *klassischem Postulat eines Lebensstils, versucht das folgende Referat, die wirklichkeitsschaffende Macht von Lebensstilen anhand einiger literarischer Beispiele aufzuzeigen.*

Die Relevanz meines Beitrags steht und fällt mit der Antwort auf die Frage, ob man von einem *Lebensstil* sprechen kann und, wenn ja, ob dieser Begriff dann überhaupt noch in die klassische Definition von Stil fällt. Meine Kompetenz erlaubt es mir jedenfalls nur, darüber zu referieren, wie wir Menschen der amorphen, phantasmagorischen, kaleidoskopischen Vielfalt unserer Leben Sinn, Ordnung und damit Voraussagbarkeit zu geben versuchen, und wie wir daher unsere Existenz in ganz bestimmten Weisen leben und erleben.

Von Lebensstilen spricht man in meinem Fach spätestens seit ALFRED ADLER, dem Begründer der Individualpsychologie. ADLER faßte unter diesem Begriff vor allem jene typischen Verhaltensweisen zusammen, mit denen der einzelne sich an die Lebensbedingungen und vor allem an deren Veränderungen anzupassen versucht. Er untersuchte in diesem Zusammenhang besonders die Wirkungen tatsächlicher (organischer) oder vermeintlicher (neurotischer) »Minderwertigkeiten«, die ihrerseits zum Ausgangspunkt für *Anschauungsformen* im Leben des Betreffenden werden. Wer, wie der Kliniker, sich mit den praktischen Auswirkungen solcher Anschauungsformen befaßt, kann sich schwerlich des Eindrucks entziehen, daß die Art und Weise, in der Menschen ihr Leben zu ordnen und leben versuchen, weitgehend auch von überpersönlichen Gegebenheiten abhängt – z. B. von kulturellen, religiösen, ideologischen, ethischen und philosophischen Leitbildern. »Man« hat demnach so und so zu leben, bis sich schließlich eine andere Lebensform als die »rechte« und »selbstverständliche« durchsetzt. Dies bringt den Beobachter aber bereits sehr nahe an den Begriff von *Stilepochen* heran, um so mehr, als sich in dieser Sicht unleugbare Epochenschwellen (sensu Luhmann) abzeichnen. Und es erhebt sich dann die Frage nach ihrer Entstehung: Wird zu einem gegebenen Augenblick der Lebensstil eines einzelnen zum Vorbild für viele, oder wird er umgekehrt von einer überpersönlichen Stilkonfiguration geprägt und damit auch begrenzt?

Mit dieser Fragestellung verfielen wir aber in ein heute nicht mehr vertretbares lineares Ursachendenken. Natürlich gibt es unmittelbare Beziehungen zwischen Ursache und Wirkung, doch sind diese jeweils nur ein kleiner Teil des gesamten Wirkungsgefüges, aus dem sie sich nur zum Preise völlig abstruser Reifizierungen herausschneiden und verabsolutieren lassen. Daß Genie und Wahnsinn sprichwörtlich verwandt und gleichzeitig doch unvereinbar scheinen, ist ein klassisches Beispiel für die Problematik dieses linearen Denkens. In moderner Sicht dagegen erweisen sich Ordnung und Chaos als interdependent: Ordnung braucht Unordnung, und Unordnung kommt aus zu starrer Ordnung. Sie bedingen sich gegenseitig und zusammen führen sie (und nicht ein über ihnen stehender *spiritus rector*) zur Selbstorganisation (*Autopoiese*) von Systemen aller Art. Neu freilich ist diese Einsicht so wenig wie irgend etwas anderes unter der Sonne; sie findet sich bereits in den Upanischaden, im Taoismus und bei Heraklit. Und daß auch die Welt der Wissenschaft nicht das Abbild ewiger Wahrheit ist, stellt Giambattista Vico bereits 1710 fest: »So wäre denn menschliches Wissen (Wissenschaft) nichts anderes, als die Dinge in schöne Beziehung zueinander zu bringen« (Vico 1858).

Auf Überlegungen dieser Art baut sich der moderne Konstruktivismus (Glasersfeld 1981) auf. Er postuliert, daß alle *Fakten* eben das sind, was das Wort recht eigentlich bedeutet – *factum* kommt ja von *facere* (machen, tun), genau wie »Tatsa-

chen« nun einmal *getane* Sachen sind. Hierzu auch SCHRÖDIN-
GER: »Jedermanns Weltbild ist und bleibt eine geistige Konstruktion; seine Existenz kann in keiner anderen Weise nachgewiesen werden« (SCHRÖDINGER 1958).

Alle Konstruktionen sind aber untrennbar mit dem Begriff
eines Stils verbunden – und sei dieser so unbeabsichtigt, wie
etwa im technisch bedingten Zusammenhang der Strukturele-
mente eines reinen Zweckbaus, oder so offensichtlich einmalig wie im So-und-nicht-anders-Sein eines Kunstwerks. Zwischen diesem Stilbegriff und dem des Lebensstils aber klafft
jener Unterschied, der letzteren für viele unannehmbar machen kann: Daß es unzählige Stile im herkömmlichen Sinne
gibt, wird gelassen akzeptiert; der eigene Lebensstil dagegen
wird subjektiv fast immer als einzig mögliche, »normale« Sicht
der Welt empfunden – eben weil die Welt so und nicht anders
»ist«.

Als Allegorie einer konstruktivistischen Sicht der Welt bietet
sich HERMANN HESSES *Magisches Theater* an. Der Held des
Romans, Harry Haller, empfindet sich als Steppenwolf, als
»das in eine ihm fremde und unverständliche Welt verirrte
Tier, das seine Heimat, Luft und Nahrung nicht mehr findet«.

Eines Abends, auf dem Heimweg in sein freudloses Miets-
zimmer, hat der Steppenwolf ein merkwürdiges Erlebnis. Auf
einer alten Mauer, in einem menschenleeren Gäßchen der Alt-
stadt, sieht er plötzlich bewegliche, bunte Buchstaben:

Magisches Theater
Eintritt nicht für jedermann
Nur – für – Ver–rückte!

Dieser »Gruß einer anderen Welt« führt ihn zur Suche nach
dem Theater. Weitere merkwürdige Begegnungen und Erlebnisse häufen sich und stellen sein bisheriges Weltbild immer
mehr in Frage. Schließlich, am Ende eines berauschenden Mas-
kenballs, wird er von seinem Psychopompus Pablo in das Magische Theater geführt:

Mein Theaterchen hat so viele Logentüren, als ihr wollt, zehn oder
hundert oder tausend, und hinter jeder Tür erwartet Euch das, was ihr
gerade sucht. Es ist ein hübsches Bilderkabinett, lieber Freund, aber

es würde Ihnen nichts nützen, es so zu durchlaufen, wie Sie sind. Sie würden durch das gehemmt und geblendet werden, was Sie gewohnt sind, Ihre Persönlichkeit zu nennen. Ohne Zweifel haben Sie ja längst erraten, daß die Überwindung der Zeit, die Erlösung von der Wirklichkeit, und was immer für Namen Sie Ihrer Sehnsucht geben mögen, nichts andres bedeuten als den Wunsch, Ihrer sogenannten Persönlichkeit ledig zu werden. Sie ist das Gefängnis, in dem Sie sitzen. Und wenn Sie so, wie Sie sind, in das Theater träten, so sähen Sie alles mit den Augen Harrys, alles durch die alte Brille des Steppenwolfes.

In einer der vielen Logen, die der Steppenwolf nun betritt und von denen jede eine frei gewählte Wirklichkeit enthält, erklärt ihm zum Beispiel ein Schachmeister:

Die Wissenschaft hat [...] insofern recht, als natürlich keine Vielheit ohne Führung, ohne eine gewisse Ordnung und Gruppierung zu bändigen ist. Unrecht dagegen hat sie darin, daß sie glaubt, es sei nur eine einmalige, bindende, lebenslängliche Ordnung der vielen Unter-Ichs möglich. [...]
Wir ergänzen daher die lückenhafte Seelenlehre der Wissenschaft durch den Begriff, den wir Aufbaukunst nennen. Wir zeigen demjenigen, der das Auseinanderfallen seines Ichs erlebt hat, daß er die Stücke jederzeit in beliebiger Ordnung neu zusammenstellen und daß er damit eine unendliche Mannigfaltigkeit des Lebensspieles erzielen kann. Wie der Dichter aus einer Handvoll Figuren ein Drama schafft, so bauen wir aus den Figuren unseres zerlegten Ichs immerzu neue Gruppen, mit neuen Spielen und Spannungen, mit ewig neuen Situationen. [...]
Dann strich er mit heiterer Gebärde über das Brett, warf alle Figuren sachte um, schob sie auf einen Haufen und baute nachdenklich, ein wählerischer Künstler, aus denselben Figuren ein ganz neues Spiel auf, mit ganz anderen Gruppierungen, Beziehungen und Verflechtungen. Das zweite Spiel war dem ersten verwandt: Es war dieselbe Welt, dasselbe Material, aus dem er es aufbaute, aber die Tonart war verändert, das Tempo gewechselt, die Motive anders betont, die Situationen anders gestellt.
Und so baute der kluge Aufbauer aus den Gestalten, deren jede ein Stück meiner selbst war, ein Spiel ums andre auf, alle einander von ferne ähnlich, alle erkennbar als derselben Welt angehörig, derselben Herkunft verpflichtet, dennoch jedes völlig neu (HESSE 1970).

145

Was HERMANN HESSE im *Demian* nur anklingen läßt, spricht er hier, acht Jahre später, klar aus: Es liegt in unserer Hand, das Leben aus einer Unzahl von Möglichkeiten zu gestalten wie der Künstler sein Kunstwerk.

Als Parabel dieser konstruktivistischen Weltschau bietet sich auch JOHN FOWLES' Roman *The Magus* an, in dem durch ganz ähnliche Stilmittel die Idee entwickelt wird, daß wirklich ist, was wir für wirklich halten, und daß diese Relativierung der Wirklichkeit – wiewohl auch ihrerseits ein Lebensstil – unabsehbare existentielle Folgen hat.

Der Magus ist ein reicher Grieche namens Conchis, der sich auf der imaginären ägäischen Insel Phraxos die Zeit mit dem *Godgame* vertreibt – einem Spiel, das darin besteht, die Wirklichkeitsauffassung der am dortigen Gymnasium jeweils ein Jahr unterrichtenden englischen Lehrer durch komplizierteste Machinationen von Grund auf zu erschüttern. Wie er an einer Stelle dem jungen Engländer Nicholas in seiner typisch paradoxen Weise »erklärt«, nennt er es das *Godgame*, weil es keinen Gott gibt und das Spiel kein Spiel ist. In seiner Besprechung des Romans stellt ERNST VON GLASERSFELD unter anderem fest:

FOWLES kommt dort zum Kernpunkt der konstruktivistischen Epistemologie, wo er Conchis die Idee der Koinzidenz erklären läßt. Er erzählt Nicholas zwei dramatische Geschichten, die eine von einem reichen Kunstsammler, dessen Château in Frankreich eines Nachts mit all seinem Besitz abbrennt; die andere von einem besessenen Bauern in Norwegen, der als Einsiedler seit Jahren auf die Ankunft Gottes wartet. Eines Nachts hat er die erwartete Vision. Conchis fügt hinzu, daß dies dieselbe Nacht war, in der das Château in Flammen aufging. Nicholas fragt: »Sie wollen damit doch nicht sagen...« Conchis unterbricht ihn: »Ich will damit gar nichts sagen. Zwischen den beiden Ereignissen bestand kein Zusammenhang. Kein Zusammenhang ist möglich. Oder anders gesagt, ich bin der Zusammenhang, ich selbst bin die Bedeutung des Zusammenhangs.« Dies ist eine auf den Alltag bezogene Paraphrase von EINSTEINS revolutionärer Einsicht, daß es in der physikalischen Welt keine Gleichzeitigkeit ohne einen Beobachter gibt, der sie erschafft (GLASERSFELD 1979, S. 444–448).

Conchis, mit seinen unbegrenzten Möglichkeiten, erschafft für seine ahnungslosen »Opfer« Welten, einmal in diesem, einmal in jenem Stil, und es wird Nicholas erst langsam klar, daß die vermeintliche Wirklichkeit der Insel Phraxos eine von Conchis eigens für ihn konstruierte ist. Die Zahl dieser Welten ist unermeßlich. Je nachdem, wie wir die Zusammenhänge schaffen und damit selbst zur Bedeutung des Zusammenhanges werden, »sind« wir z. B. der norwegische Bauer, der Gott endlich von Angesicht zu Angesicht sieht, oder Macbeth, für den das Leben ein Schattenspiel ist, »erzählt von einem Dummkopf, voller Klang und Wut, das nichts bedeutet«.

Damit ist noch nichts darüber ausgesagt, *wie* es im Alltag zur Bildung dieser wirklichkeitsschaffenden Lebensstile kommt. Zur Beantwortung dieser Frage bietet sich eine Klasse von Experimenten mit der schwer übersetzbaren Bezeichnung *non-contingent reward experiments* an. Es handelt sich dabei um Versuchsanordnungen, in denen zwischen dem Verhalten der Versuchsperson und jenem des Versuchsleiters ebenso wenig Zusammenhang besteht, wie zwischen der Vision Gottes und dem Brand des Châteaus, und in denen die Versuchsperson aber – wie Nicholas – dazu gebracht wird, diesen Zusammenhang (*contingency*) zu schaffen. Praktisch wird dies dadurch erreicht, daß der Versuchsperson die Aufgabe gestellt wird, durch Versuch und Irrtum langsam einen Sachverhalt zu erfassen, der ihr anfangs völlig unbekannt ist. Was sie bis zum Abschluß es Experiments nicht weiß, ist die *Nichtkontingenz* der Situation, die darin besteht, daß zwischen ihren Antworten und den Richtig- bzw. Falsch-Erklärungen der Antworten seitens des Versuchsleiters kein ursächlicher Zusammenhang besteht. In einem solchen Experiment hat die Versuchsperson herauszufinden, ob zweistellige Zahlenpaare, von denen der Versuchsleiter ihr eine lange Liste vorliest, zusammenpassen oder nicht. Auf die nie ausbleibende Frage der Versuchsperson, in welchem Sinne denn diese Zahlen »passen« oder »nicht passen« sollen, antwortet der Versuchsleiter, daß die Aufgabe eben im Herausfinden dieses Zusammenhanges bestehe. Er beginnt dann mit dem Vorlesen der Zahlenpaare, zum Beispiel »48 und 12«. Der Versuchsperson bietet sich eine Reihe offensichtlicher »Zusammenhänge« an: Es sind gerade Zahlen, beide sind Vielfache von 2, 3, 4 und daher auch von 6 und 12;

sollte es sich um Minuten handeln, so ergäben sie zusammen eine Stunde und so weiter. Die Versuchsperson sagt also »passen«, und der Versuchsleiter sagt »falsch«. Aufgrund dieser Antwort können die eben in Betracht gezogenen Möglichkeiten bereits mit Sicherheit ausgeschlossen werden. Das nächste Zahlenpaar mag dann »17 und 83« lauten. Die Versuchsperson überlegt sich unter anderem, daß diesmal die kleinere vor der größeren Zahl kam; daß beide Zahlen nicht nur ungerade, sondern auch Primzahlen sind und außerdem zusammen 100 ergeben. Sie entscheidet sich daher für »passen«, was der Versuchsleiter wiederum für falsch erklärt. So geht es eine Zeitlang, bis die Antworten langsam immer häufiger richtig sind, und die Versuchsperson schließlich eine, wenn auch noch nicht ganz hieb- und stichfeste, so doch anscheinend weitgehend richtige Hypothese über das »Zusammenpassen« dieser Zahlen entwickelt hat. An diesem Punkt bricht der Versuchsleiter das Experiment ab, läßt sich diese (meist sehr komplizierte) Hypothese erklären und teilt der Versuchsperson erst dann mit, daß er seine Richtigerklärungen der Antworten auf Grund des ansteigenden Asts einer Gaußschen (Glocken-)Kurve gab, d. h. zuerst sehr selten und dann immer häufiger, und daß zwischen den beiden Ereignissen (der Antwort der Versuchsperson und der Reaktion des Versuchsleiters) also keinerlei Zusammenhang bestand. Dies ist für die meisten Versuchspersonen zunächst unannehmbar. Wer in mühsamer Arbeit Ordnung in eine sinn- und regellos erscheinende Welt hineinkonstruiert hat, ist allein schon deswegen nicht bereit, seine Konstruktion aufzugeben, weil er diese Ordnung für eine gefundene und nicht erfundene Wirklichkeit (vgl. WATZLAWICK 1981) hält. Dies kann u. U. so weit gehen, daß die Versuchsperson den Versuchsleiter zu überzeugen versucht, daß seiner Liste von Zahlenpaaren eine Ordnung zugrunde liegt, die ihm – dem Versuchsleiter – entgangen ist.

Unter den jeweils gegebenen Umständen wird ein Lebensstil also nicht als eine von zahllosen Möglichkeiten gesehen, nach denen das amorphe Material »Wirklichkeit« in der einen oder der anderen Weise geordnet werden kann. Die Ordnung, der Stil, »ist« vielmehr die Wirklichkeit. Die Philosophie hat sich aus dieser Sichtweise spätestens seit HUME und KANT befreit; die Wissenschaft spätestens seit EINSTEIN und seiner berühmten Antwort an HEISENBERG: »Es ist durchaus falsch, zu versuchen, eine Theorie nur auf beobachtbaren Größen aufzubauen. In Wirklichkeit tritt gerade das Gegenteil ein. Die Theorie bestimmt, was wir beobachten können.«

Eigens feststellen zu wollen, daß *Stil* das Wesen des Geschaffenen prägt, käme einer Tautologie gleich. Daß diese Feststellung aber auch für Lebensstile gilt, ist weniger offensichtlich und scheint – wenigstens auf den ersten Blick – den Stilbegriff vollends zu verwässern. Die Phänomene der sogenannten sich selbsterfüllenden Prophezeiungen (WATZLAWICK 1981) aber belehren uns eines besseren. Hand in Hand mit der einmal gewonnenen Überzeugung, die Welt *sei* so und so, geht die Nemesis der *praktischen Herstellung* dieser Wirklichkeit:

Die delphische Pythia hatte prophezeit, daß Ödipus seinen Vater töten und seine Mutter heiraten werde. Dieser Mythos gilt allgemein als Allegorie der für alle emotionalen Probleme grundlegend erachteten libidinösen Hinneigung des Kindes an den gegengeschlechtlichen Elternteil und der damit einhergehenden negativen Gefühle in bezug auf den gleichgeschlechtlichen. Wie KARL POPPER (1979) dagegen vorschlug, läßt sich der Mythos aber auch ganz anders auslegen: Was immer die Eltern und auch Ödipus selbst aus Entsetzen über die für sie fraglos richtige Weissagung des Orakels zu seiner *Vermeidung* taten, führte zu dessen *Erfüllung*. Eben dies ist das Wesen jeder selbsterfüllenden Prophezeiung. Gerüchte von der bevorstehenden Verknappung einer für viele Menschen wichtigen Ware (z. B. Benzin) führen zu Hamsterkäufen, die über Nacht die Verknappung herbeiführen – und zwar auch dann, wenn das Gerücht jeder »wirklichen« oder »wahren« Grundlage entbehrt. Es genügt, daß eine hinreichend große Zahl von Menschen es für bare Münze nimmt. Wer – aus welchen Gründen auch immer – der Überzeugung ist, man mißachte ihn, erzeugt durch diese Annahme eine zwischenpersönliche Wirklichkeit, die seine Überzeugung tagtäglich »bestätigt«. Sein mißtrauisches, leichtverletzliches, feindseliges Gehabe wird in den anderen die von ihm erwartete Haltung erzeugen, was ihm wiederum »beweist«, daß die Welt *so* ist. »Häufig ist die Prophezeiung die Hauptursache für das prophezeite Ereignis«, schrieb schon THOMAS HOBBES in seinem *Behemot*.

Damit soll aber nicht der Eindruck erweckt werden, daß es sich bei den wirklichkeitsschaffenden Folgen eines Lebensstils eben doch um eine »Einbahnstraße« von linearen Zusammenhängen zwischen Ursache und Wirkung und nicht um zirkuläre Wechselwirkungen handelt. Gerade das Phänomen der selbsterfüllenden Prophezeiung zeigt, daß die wirklichkeitsschaffende Annahme von »innen« wie von »außen« kommen kann, denn ob der Ursprung der Prophezeiung im Kopf einer Pythia oder im eigenen Kopf entsteht, ob sie das Leitbild einer bestimmten kulturellen Epoche ist, ob man nur »glaubt«, die anderen verachten einen, oder ob sie es »wirklich« tun, ist in dem Augenblick gleichgültig, in dem sich der Interaktionskreis herausgebildet hat, in dem Wirkung Ursache und Ursache Wirkung bedingt. In diesem Sinne sind die Schlußfolgerungen des chilenischen Biologen und Systemtheoretikers VARELA zu seinem Thema »Der kreative Zirkel« (VARELA 1981) auch für das Verständnis von Lebensstilen voll gültig:

Daß die Welt von so plastischer Beschaffenheit sein soll, weder subjektiv noch objektiv, weder einheitlich noch trennbar, noch zweierlei und untrennbar, ist faszinierend. Das weist sowohl auf die Natur des Prozesses hin, den wir in seiner ganzen förmlichen und materiellen Beschaffenheit erfassen können, als auch auf die fundamentalen *Grenzen* dessen, was wir über uns und die Welt begreifen können. Es zeigt, daß die Wirklichkeit nicht einfach nach unserer Laune konstruiert ist, denn das hieße anzunehmen, daß wir von innen heraus einen Ausgangspunkt wählen können. Es beweist ferner, daß die Wirklichkeit nicht als etwas objektiv Gegebenes verstanden werden kann, das wir wahrzunehmen haben, denn das hieße wiederum einen äußeren Ausgangspunkt anzunehmen. Es zeigt in der Tat die eigentliche *Grundlosigkeit* unserer Erfahrung, in der uns gewisse Regelmäßigkeiten und Interpretationen gegeben sind, die aus unserer gemeinsamen Geschichte als biologische und soziale Wesen entstanden. Innerhalb dieser auf stillschweigender Übereinkunft beruhenden Bereiche gemeinsamer Geschichte leben wir in einer scheinbar endlosen Metamorphose von Interpretationen, die einander ablösen.

# Kapitel 9

# Management oder – Konstruktion von Wirklichkeiten

*Daß nicht nur Einzelpersonen, sondern ganz besonders menschliche Beziehungssysteme ihren eigenen »Stil« entwickeln und ihn auch bei Änderung der Umweltbedingungen und steigendem Leidensdruck unter Umständen bis zum Zusammenbruch des Systems hartnäckig beibehalten, ist jedem Beobachter familiärer, gesellschaftlicher, wirtschaftlicher und besonders internationaler Beziehungen bekannt. In der Betriebswissenschaft spricht man schon lange von der* Corporate Identity *eines Unternehmens und schenkt den sich aus dieser Identität entwickelnden (und nicht mehr auf Einzelpersonen reduzierbaren) Problemen immer größere Aufmerksamkeit. – Aus einer Festschrift für Prof. Dr.* HANS ULRICH, *dem hervorragendsten, langjährigen Mitglied des Instituts für Betriebswirtschaftslehre an der Hochschule St. Gallen, stammt das nun folgende Kapitel.*

> We define management, more abstractly
> than usual, as a class of necessary
> activities for the *design, control and*
> *development of purposeful social systems.*
> *Hans Ulrich*

Wenn ein Kliniker überhaupt kompetent ist, zum Thema systemorientierte Managementlehre etwas beizutragen, so wohl nur, weil die moderne, auf Interaktion und Kommunikation aufbauende Psychotherapie sich notwendigerweise mit Pathologien befaßt und nach Lösungen sucht, die mit der Eigenart menschlicher Systeme und nicht individueller Monaden zu tun haben. In diesem Sinne ist Ulrichs oben erwähnte Definition von *Management* durchaus zutreffend. Es braucht freilich nicht betont zu werden, daß sich die eigentliche Managementlehre mit ungleich komplexeren Strukturen abgibt, als es das Kleinsystem Familie oder gar eine Zweierbeziehung ist. Daraus folgt auch, daß meine Hinweise relativ primitiv sind und sich sozusagen auf Wiederentdeckung von Sachverhalten beziehen, die dem Managementdenken längst nicht mehr neu sind. Umgekehrt können aber kaum Zweifel darüber bestehen, daß zwischen den beiden Gebieten nicht nur Isomorphien von großem heuristischen Wert liegen, sondern daß die klinische Anwendung systemorientierter Prinzipien der nützliche Sonderfall einer viel umfassenderen Epistemologie ist, eines Umdenkens, das sich hoffentlich zu weiteren praktischen Anwendungen konkretisieren wird, bevor längst anachronistisch gewordene, aber stur beibehaltene Pseudolösungen alle Probleme der Menschheit durch Krieg und Pestilenz »lösen«.

FREDERIC VESTER (1980, S. 456) hat sowohl die Notwendigkeit wie auch die Schwierigkeit dieses Umdenkens überaus konzis formuliert:

Einer Änderung unseres Denkens und Handelns [...] steht weniger der Mangel an geistigen und technischen Möglichkeiten entgegen als vielmehr ein ungeheurer Ballast an Traditionen und Tabus, an Lehrmeinungen und Dogmen. Obwohl keineswegs genetisch verankert, wurden sie doch von Generation zu Generation als unverrückbare »Wahrheiten« weitergegeben. Eine der wichtigsten Aufgaben in Richtung eines neuen Denkens wird es daher sein, die eigentliche Natur jener Normen zu analysieren. Es gilt, die Scheinkonstanten unter ihnen zu erkennen, die – abgesehen von der Tatsache, daß sie unsere festgefahrene Situation zum Teil mitverschuldet haben – mit unserer heutigen Realität nicht mehr das geringste zu tun haben.

Damit ist bereits eine Systemeigenschaft umrissen, die sich jedem Versuch einer Problemlösung entgegensetzt: die Tendenz jedes Systems, sich gegen die Einführung von Änderungen seiner Organisation oder seiner Regeln zu wehren. Selbst – oder gerade – bei Vorliegen maximaler Störungen neigen Systeme erfahrungsgemäß dazu, das kontraproduktive Rezept des »Mehr desselben« anzuwenden und dadurch unweigerlich mehr derselben Problematik zu erzeugen. Dafür bestehen zumindest zwei gute Gründe. Erstens kann kein Lebewesen (und Systeme sind sehr wohl Lebewesen *sui generis*) es sich leisten, die Welt sozusagen täglich neu zu »erfinden«; zweitens besteht meist kein ohne weiteres ersichtlicher Grund, eine erprobte und bewährte, oft unter großen Schwierigkeiten gefundene Lösung wieder aufzugeben. Den brillanten Ausführungen THOMAS KUHNS (1973) zu diesem Thema ist hier nichts hinzuzufügen.

Allein schon das Umdenken vom Individuum als letzter Instanz zur Auffassung des Individuums als Teilsystem erzeugt einen Widerstand, der sich ohne Übertreibung mit dem Widerstand gegen den Übergang vom geo- zum heliozentrischen Bild unseres Sonnensystems vergleichen läßt. Es ist die Ablehnung der scheinbaren (oder vielleicht auch wirklichen) Entthronung des Individuums durch das Systemdenken und, damit verbunden, das Festhalten an der »selbstverständlichen« Annahme, die Ursache von Problemen gesellschaftlicher wie betrieblicher Art sei auf das persönliche Versagen eines bestimmten Individuums zurückzuführen. Wo anders als in der Monade wäre in diesem Begriffssystem die Ursache zu suchen? Die Erfahrungstatsache, daß die Ursache in den überpersönlichen Eigenschaften des Systems liegen kann, beginnt sich erst langsam durchzusetzen. Ein Beispiel möge diesen Tatbestand illustrieren: In einem Unternehmen mittlerer Größe wird eine neue Vizedirektorenstelle geschaffen und mit einer für durchaus kompetent gehaltenen Kraft besetzt. Nach etwa einem halben Jahr erweist sich der Neueingestellte seiner Aufgabe nicht gewachsen und muß durch einen für noch kompetenter gehaltenen Fachmann ersetzt werden. Auch dieser erfüllt die in ihn gesetzten Erwartungen nicht. Die Stelle wird zum dritten Mal neu besetzt. Gleichzeitig wird die Position selbst im Rahmen des Betriebes von Managementexperten untersucht, und es ergibt sich, daß sie deswegen unhaltbar ist, weil sie dem Betreffenden ein hohes Maß an Verantwortung ohne die nötige Autorität und Entscheidungsfreiheit aufbürdet. Der systemorientierten Psychotherapie sind die pathologischen Wirkungen solcher Kommunikationskontexte (Verantwortung ohne genügende Handlungsfreiheit) als Bestandteil von Depressionen wohlbekannt.

Die Schwierigkeit der Erfassung von Problemen in systemischen Begriffen erklärt unter anderem auch, warum jedes System an den Problemlöser in letzter Instanz nur *eine*, nämlich die stereotype Forderung stellt: Bring uns an den Zeitpunkt vor dem Eintreten des Problems zurück – da war bei uns noch alles in Ordnung. Es bedarf wohl kaum des Hinweises, daß dies das einzige ist, das der Problemlöser *bestimmt* nicht schaffen wird.

Für das früher oder später (meist später) eintretende Scheitern des »Mehr-desselben«-Rezepts gibt es zwei Ursachen. Die erste ist offensichtlich und liegt im dauernden Wandel der Umweltbedingungen. Keine Anpassung ist ein für allemal geleistet; in der Natur werden Lebensformen, die nicht über das notwendige Fließgleichgewicht verfügen, vom großen Ordner Tod unbarmherzig ausgemerzt; in der Familie kommt es zu Psychose, Scheidung, Mord oder Selbstmord; in den menschlichen Großsystemen zu immer bedrohlicheren und immer ausgedehnteren Störungen. Wie ich an anderem Orte ausgeführt habe (S. 156–186 in diesem Band), gibt es keine mörderischere Idee, als den Wahn aller Ideologien, die Endlösung gefunden zu haben.

Der zweite Grund ist systemimmanent und daher bedeutend weniger offensichtlich als der erste. In der traditionellen Denkweise besteht kein ersichtlicher Grund, weshalb einmal ausgearbeitete und zufriedenstellend funktionierende Strukturen nicht beliebig vermehrt oder vergrößert werden können. Dem Systemtheoretiker ist es jedoch längst bekannt, daß dem quantitativen Vergrößern oder Wachsen nicht nur materielle Grenzen gesetzt sind (also z. B. Mangel an Geld, Rohstoffen, Raum usw.), sondern daß dabei aller Erfahrung hohnsprechende, beim heutigen Stande unseres Wissens unvoraussehbare Diskontinuitäten *qualitativer* Art eintreten können. So lehrt uns die Entwicklungsgeschichte des Gehirns, daß menschliche (digitale) Sprache erst bei einem Gehirngewicht von ungefähr 1400 Gramm möglich wird und sich nicht vielleicht schon in weniger komplexen Zentralnervensystemen langsam anbahnt. Beim Bau von Supertankern soll es eine bei etwa 400 000 Tonnen liegende, kritische Grenze geben, bei deren Erreichen einschneidende Änderungen in der Steuerbarkeit dieser Schiffe auftreten, auf die sonst völlig unerklärliche Kollisionen bei klarer Sicht und ruhiger See zurückzuführen sind. VESTER (1980, S. 69) gibt zum selben Thema das Beispiel des Patienten, dessen Körpertemperatur von 37°C auf 40°C ansteigt; ein Zeichen, daß er krank ist. »Erhöht sich die Temperatur um weitere drei Grade, dann ist der Mensch jedoch nicht – wie mancher Wirtschaftswissenschaftler haarscharf extrapolieren würde – doppelt so krank, sondern er ist längst tot.« Das vielleicht amüsanteste Beispiel liefert JOHN GALL (1978, S. 42) von der amerikanischen Raumfahrtstation Cape Kennedy. Um die kirchturmhohen Raketen vor Witterungseinflüßen, vor allem Regen und Blitzschlag, zu schützen, wurde ein Hangar gebaut, der eines der riesigsten Gebäude der Welt ist. Was lag näher, als längst bekannte Prinzipien und Erfahrungen des Hangarbaus, zweckentsprechend multipliziert, zur Anwendung zu bringen? Was sich erst nach der Fertigstellung der immensen Struktur erwies, war, daß ein Raum derartiger Größe sein eigenes, inneres Klima hat – nämlich Regengüsse und Entladungen statischer Elektrizität, und damit genau das aus sich selbst hervorbringt, wogegen er schützen sollte. (Das Phänomen des Umschlagens zum Extrem getriebener Dinge in ihr Gegenteil war allerdings schon HERAKLIT bekannt, der ihm den Namen *Enantiodromie* gab.)

Das Schwierige an dieser Problematik ist ihre schon erwähnte Unvorhersehbarkeit. Wir müßten über ein zureichendes Verständnis der Eigenschaften großer Systeme verfügen, um prophylaktisch wirksam handeln zu können. In Anbetracht der weit über astronomische Dimensionen hinausgehenden Komplexität solcher Systeme besteht vorläufig weltweite Skepsis darüber, ob es in absehbarer Zeit auch nur möglich sein wird, die richtigen *Fragen* zu finden – von den »richtigen« Antworten ganz zu schweigen. Im Schlußwort zu seinem Buch über kybernetische Gesetzeshypothesen faßt GILBERT PROBST (1981, S. 363 ff.) die Gründe für diese gesunde Skepsis zusammen. Seine Beweisführung schließt allerdings nicht aus, daß wiederholte Konfrontation mit zunächst unvorhersehbaren Wirkungen wenigstens einigermaßen prophylaktische Maßnahmen ermöglichen können, freilich aber die Gesetzmäßigkeiten bestenfalls nur punktuell erhellen. (Auch hier ergibt sich eine Parallele zum klinischen Bereich, in dem die *konkreten* Erscheinungsformen von Pathologien einigermaßen klar erfaßbar sind, ein wirklich umfassendes Bild des Menschen und seiner Problematik uns aber wohl nie zugänglich sein wird.)

Wie weit sich Gesetzmäßigkeiten wenigstens teilweise aus einer bestimmten Grundsituation ableiten lassen, beweist eine faszinierende Studie SERGE KOLMS von der *Maison des Sciences de l'Homme* in Paris (1979, S. 61–69), die sich mit den wirtschaftlichen Folgen sozialistischer Regierungsübernahmen befaßt und nachweist, daß sich dabei erstaunlich stereotype Abläufe ergeben, die dem wohlgemeinten Regierungsprogramm diametral gegenüberstehen – gleichgültig, ob es sich dabei um Chile, Portugal, Australien oder Brasilien handelt. Die Entwicklung der französischen Wirtschaft seit der Regierungsübernahme durch die Sozialisten im Jahre 1981 scheint KOLMS »Fahrplan« nur zu genau zu folgen.

Auf eine andere Gesetzmäßigkeit haben ASHBY und BEER – um nur zwei Hauptvertreter des Systemdenkens zu nennen – immer wieder verwiesen: Das Funktionieren eines Systems hängt grundsätzlich davon ab, ob es dem Gesetz der notwendigen Vielfalt entspricht, d. h. ob seine Komplexität mindestens ebenso groß ist wie die seiner Umwelt, und *nicht*, ob es alle möglichen Umweltentwicklungen aufgrund früherer Erfahrungen richtig voraussagen kann. Damit wird die Bedeutung der Erfahrung für Entscheidung und Planung nicht geleugnet, aber auf die Gefahr verwiesen, die sich aus einem hauptsächlich auf Erfahrung beruhenden Weltbild ergibt. In dieser Sicht der Wirklichkeit ist kein Platz für das bisher nie Vorgefallene. Die Folgen können abrupt sein, wie z. B. im Falle des arabischen Erdölembargos, oder sie können – was wahrscheinlicher ist – auf trügerisch lange Zeit latent bleiben, wie in der fast unmerklichen Anbahnung des nun katastrophalen Waldsterbens.

Auch hier lassen sich lehrreiche Parallelen zum Kleinsystem Familie beobachten. Klinische Erfahrung legt die Annahme nahe, daß Familien, die mit Lebensproblemen schlecht und recht fertigwerden, offensichtlich die Fähigkeit besitzen, von sich heraus die notwendigen Anpassungen an die Veränderungen der inneren und äußeren Gegebenheiten zu leisten. In einer sogenannten pathologischen Familie dagegen scheint diese Fähigkeit des Erarbeitens neuer Verhaltensregeln aus sich selbst heraus zu fehlen. Das System durchläuft daher immer wieder sein (meist sehr beschränktes) Repertoire von Funktionsmustern, reagiert auf die sich langsam verschärfende Problematik mit dem Katastrophenrezept des »Mehr desselben«, und kommt dadurch weder an einer Lösung an noch auch nur zur Einsicht, daß die Lösung außerhalb der zur Verfügung stehenden Verhaltensweisen liegt. In der Kommunikationstheorie nennt man diese Situation ein *Spiel ohne Ende*, da das Verhalten des Systems *qua* System einerseits regelgebunden ist, andererseits aber keine Regeln für die Änderung der Regeln (also keine Metaregeln) bestehen.* In den Frühtagen der Computertechnik war diese Fatalität unter dem Namen »Halteproblem« bekannt. Der Ausdruck bezog sich auf die Situation, die dann entstand, wenn dem Rechner ein Problem eingegeben wurde, das nicht in die sogenannte Domäne (laienhaft ausgedrückt: den Anwendungsbereich) seines Programms fiel und daher unlösbar war. Der Computer durchlief dann ununterbrochen den Teufelskreis aller ihm einprogrammierten Rechenvorgänge, ohne je zu dem Ergebnis zu gelangen, daß die Berechnung unter diesen Umständen unlösbar war. Jedes »Programm« (im weitesten Sinne) »erzeugt« eine bestimmte Wirklichkeit, in der bestimmte Dinge möglich, andere unmöglich sind – und zwar nicht deswegen, weil die Möglichkeit oder Unmöglichkeit irgendwie im Wesen der Dinge selbst liegt, sondern weil sie sich zwingend aus dem betreffenden Wirklichkeitsbild ergibt. Daß es sich dabei aber nicht um eine *wirkliche* Welt, sondern nur um eine in die Welt hineinkonstruierte Ordnung handelt, ist sehr schwer einzusehen, sobald diese Ordnung einmal etabliert und damit ein dem Halteproblem ähnlicher Teufelskreis entstanden ist.

Diese Überlegungen gehen über das Grundgesetz der notwendigen Vielfalt hinaus. So besteht Grund zur Annahme, daß das Sensorium des Menschen komplex genug ist, um etwa 10 000 Sinneseindrücke pro Sekunde aufzunehmen. Diese Zahl

---

* Wir wollen hier der Einfachheit halber nicht darauf eingehen, daß diese Regeln nicht *für sich* bestehen, sondern vom Beobachter in das Systemverhalten sozusagen »hineingelesen« werden.

dürfte der Vielfalt unseres inneren und äußeren Milieus einigermaßen entsprechen. Ganz unmöglich ist es aber, diese Wahrnehmungen in ihrer Gesamtheit der Verarbeitung durch die höheren Hirnzentren zuzuführen und damit zur Grundlage von bewußten Entscheidungen zu machen. Dafür ist eine drastische Auswahl nötig, die diese Informationsmenge auf ein praktisch verwendbares Minimum reduziert; ein Filter, sozusagen, der nur das Wichtige durchläßt und uns so vor totaler Handlungsunfähigkeit durch Informationsüberflutung schützt.

Wie es zu diesen Auswahlkriterien, zur Ausbildung dieses »Filters« kommt, was für »wichtig« gilt, ist aber selbst auch nicht das Resultat rationaler Entscheidungen, sondern das unberechenbare Ergebnis einer Myriade von Zufallsereignissen im Laufe der Entwicklung des betreffenden Individuums oder Systems. Damit stehen wir vor der den Evolutionsforschern und den Biologen immer schon bekannten Tatsache, daß alles Leben das Resultat von *Zufall und Notwendigkeit* (JACQUES MONOD 1970) ist. Was immer sich nämlich im Bereich des Lebens zufällig ausbildet, wird damit zu einer Ordnung, die ihrerseits – selbstverständlich immer nur im Rahmen des Lebensfähigen – Situationen konstruiert, in denen dann eben gewisse Dinge »wirklich« sind und andere nicht. Wohlgemerkt: Diese Einschränkungen liegen also nicht im vermeintlich menschenunabhängigen »So-Sein« der Welt, sondern sind das Ergebnis einer in die Welt hineinkonstruierten Ordnung. In dieser Einsicht ist es keineswegs übertrieben, zu sagen, daß jede Sinngebung oder Sinnzuschreibung rückbezüglich ihre eigene »sinnvolle« Wirklichkeit erschafft.

Eines der bekanntesten Beispiele für das Wirken dieses Mechanismus im wissenschaftlichen Bereich war die Kontroverse der ptolemäischen (geozentrischen) und der kopernikanischen (heliozentrischen) Auffassung unseres Planetensystems. Bekanntlich waren im Laufe der Jahrhunderte im geozentrischen System Inkonsistenzen aufgetreten, die sich immer schwerer in dieses Bild einbauen ließen; so vor allem die Epizyklen (die Rückläufigkeit) gewisser Planeten, die dem widersprachen, was längst über die Mechanik der Bewegungen von Himmelskörpern bekannt war. Als nun die Sonne zum Mittelpunkt des

Systems »erklärt« wurde, fielen diese »Anomalien« weg. Sie lagen demnach im Wesen des betreffenden Bildes, nicht in jenem der Planeten.* Man könnte auch sagen, daß die betreffende Sinngebung eine bestimmte Wirklichkeit erzeugte, daß aber typischerweise diese »Wirklichkeit« für objektiv und menschenunabhängig existierend aufgefaßt wurde.

Auf die emotionalen Widerstände gegen die Degradierung unseres Planeten zu einem drittklassigen Trabanten braucht hier nicht eingegangen zu werden.

Von Bedeutung für unser Thema ist dagegen, daß auch der Manager – ob er seine Aufgabe so sieht oder nicht – ein Sinngeber ist und daher in dieselbe zirkuläre Problematik eintritt, die eben skizziert wurde. Als Sinngeber steht er selbst mit im System drin, konfrontiert mit den *Wirkungen* seiner eigenen Handlungen, die er nur zu leicht für von ihm unabhängige *Ursachen* halten kann. Agiert oder reagiert er? Die Frage ist offensichtlich falsch gestellt. Sie erinnert an das Dilemma der scholastischen Theologie, die sich vergeblich mit dem Problem herumschlug, ob Gott den Gesetzen seiner eigenen Schöpfung unterworfen ist oder über ihnen steht und daher auch das Unmögliche tun kann – was der Teufel angeblich dazu ausnützte, Gott aufzufordern, einen Felsen zu schaffen, der so riesengroß war, daß nicht einmal Gott selbst ihn aufheben könnte.

Aber – Scholastik beiseite – von noch einschneiderer Wichtigkeit zum Thema *Sinngebung* sind die sogenannten selbsterfüllenden Prophezeiungen. Es handelt sich dabei bekanntlich um bestimmte Annahmen (bzw. Erwartungen oder Überzeugungen), die ausschließlich deshalb, weil sie gemacht wurden, das angenommene Ereignis zum Eintreten bringen. In anderen Worten: Die Prophezeiung des Ereignisses führt zum Ereignis der Prophezeiung (Watzlawick 1981, S. 91–110). Bei oberflächlicher Betrachtung scheinen die selbsterfüllenden Prophezeiungen das linear-kausale Denken ad absurdum zu führen. Während im klassischen Kausalitätsdenken die Gegen-

---

* Interessanterweise bedient man sich heute in der Raumfahrt oft wieder des ptolemäischen Weltbilds, da sich in ihm die unerhört komplizierten Berechnungen der Flugbahn von Raumsonden wesentlich vereinfachen.

wart durch die *Vergangenheit* bedingt wird, determiniert hier ein mit Sicherheit erwartetes, also sozusagen in der *Zukunft* bereits »wirklich« eingetretenes Ereignis das Geschehen im Jetzt und Hier. Beiden Fällen gemeinsam aber ist ihr Verhaftetsein in einem Kausalitätsmodell, dem das kybernetische Denken in Begriffen des Rückwirkens von Folgen auf ihre eigenen Ursachen noch fremd ist. Die sich daraus ergebenden Konsequenzen sind sattsam bekannt. Sie konstruieren Situationen, die erstens ohne die betreffende Grundannahme nie eingetreten wären, und die zweitens zu ihrer Lösung nach einer verstärkten Anwendung der bisherigen Maßnahmen zu rufen scheinen. Die sowjetischen Fünfjahres-Pläne in ihrer ideologiebedingten, dirigistischen Starrheit, und die dadurch konstruierte wirtschaftliche und gesellschaftliche Wirklichkeit, sind ein besonders krasses Beispiel und gemahnen an HEGELS apodiktische Feststellung: »Wenn die Tatsachen nicht mit der Theorie übereinstimmen – um so schlimmer für die Tatsachen.«

Grundsätzlich postulierte bereits ASHBY (1956, S. 43) die für unser Thema wichtige Unterscheidung zwischen zwei Arten von Systemveränderungen:

Da ist einmal die Veränderung von einem (internen) Zustand zu einem anderen [...], was dem Verhalten der Maschine aufgrund ihrer inneren Dynamik entspricht, und da ist zum anderen die Veränderung von Transformation zu Transformation [...], die *eine Veränderung ihres Gesamtverhaltens* ist und die vom Versuchsleiter oder irgendeinem anderen externen Faktor willkürlich herbeigeführt wird. Diese Unterscheidung ist grundlegend und darf unter keinen Umständen vernachlässigt werden.

Damit ist freilich noch nichts darüber ausgesagt, wie eine solche Intervention zur Herbeiführung einer Veränderung zweiter Ordnung aussehen könnte. Um überhaupt intervenieren zu können, müßte ein Problemlöser sich zuerst volle Klarheit über alle Einzelheiten der Gesamtlage verschaffen, ganz abgesehen davon, daß er im Besitze einer Lösungsstrategie sein müßte, von der – wie schon erwähnt – heute mit Sicherheit nur feststeht, daß es sie noch nicht gibt. Die chaotische Komplexität jeder Problematik sogar in relativ kleinen Systemen, die zusätzlich noch eine Funktion des mangelnden Gesamtüberblicks des Systembeobachters ist und sich solcherarts rückbezüglich potenziert, scheint jede Interventionsmöglichkeit vorläufig auszuschließen.

Dieser Schein trügt. Genauso wie es möglich ist, in Abwesenheit einer umfassenden und endgültigen Systemtheorie gewisse Interaktionsmuster nicht nur zu identifizieren, sondern auch vorauszusehen, lassen sich auch gewisse Lösungsstrategien anwenden, die ebenfalls nicht Anspruch auf Vollständigkeit, sondern nur auf Nützlichkeit erheben können. Zwei davon seien hier kurz erwähnt.

### 1. Die Abweichung im Dienste ihrer eigenen Korrektur

Die an der Ausbildung einer bestimmten Wetterlage beteiligten Faktoren sind von einer derartigen Vielfalt, daß es der Meteorologie noch nicht möglich ist, ein einigermaßen verläßliches mathematisches Modell der Wetterbildung (und daher ihrer Voraussagbarkeit) zu entwerfen. Andererseits hat ein so einfacher Mechanismus wie der Thermostat keine Schwierigkeit, die Temperatur eines Hauses – den Temperaturschwankungen zum Trotz – stabil zu halten. Dies wird bekanntlich dadurch erreicht, daß die Vorrichtung aus der Unzahl aller meteorologischen Faktoren nur einen auswählt, nämlich die Abweichung der Temperatur von einer gewünschten Norm, und diese Abweichung durch Verkehrung ihres mathematischen Zeichens (minus in plus bzw. umgekehrt) in den Dienst ihrer eigenen Korrektur stellt. Der Vergleich scheint zu hinken, da sich einwenden ließe, daß die Innentemperatur des Hauses, wenn überhaupt, nur eine infinitesimale Rückwirkung auf die Wetterlage hat, und es sich daher nicht um eine eigentliche Interaktion handelt. Der Einwand ist an sich stichhaltig; andererseits aber kann nicht übersehen werden, daß eine verhältnismäßig kleine Zahl solcher homöostatischer Prozesse in unserem Körper für unser physisches Überleben ausreichend sind.

Im Kleinsystem Familie z. B. kann diese Strategie durchaus ausreichen. Ihr Ausgangspunkt ist eine klare, konkrete Definition des Problems und die Ermittlung der bisher versuchten, kontraproduktiven Pseudolösung. An diesem Punkt dann setzt die Intervention an. Sie versucht, den bisherigen Teufelskreis zwischen *mehr-derselben*-Lösungsversuche und *mehr-derselben*-Problematik dadurch zu brechen, daß sie eine die bisherigen Lösungsversuche neutralisierende und in ihr Gegenteil kehrende Eingabe ins System vornimmt. Dieses Vorgehen repliziert insofern die Wirkung des Thermostaten, als auch hier unter scheinbarer Außerachtlassung der enormen Komplexität der Gesamtlage nur *ein* Aspekt des Problems aufgegriffen wird. Diese »Insignifikanz« gibt der Intervention nicht selten den Anschein einer verblüffenden, paradoxen Lösung, während sie sich – um dies nochmals zu betonen – lediglich auf der Kenntnis der bisherigen, erfolglosen Lösungsversuche aufbaut und ihnen entgegenwirkt. Außerdem lehrt die praktische Erfahrung, daß dann, wenn die Intervention falsch angesetzt und daher erfolglos ist, eben ihre relative Insignifikanz keine ernsten Folgen zu haben pflegt.

In jedem einzelnen Falle muß sich der Problemlöser allerdings fragen, ob eine ihm gemeldete Störung wirklich als solche anzusehen ist. Die optimale Lebensform jedes Systems (und daher auch das Ziel von Problemlösungen) ist jener Zustand, den ASHBY (1954, S. 90 ff.) als *Ultrastabilität* bezeichnet. Wie die Kybernetiker immer wieder betonen, ist diese Form der Stabilität sehr weit von dem entfernt, was der »gesunde« Menschenverstand darunter verstehen dürfte. Es handelt sich vielmehr um ein dynamisches Gleichgewicht, das zu seiner Erhaltung paradoxerweise dauernder innerer Schwankungen bedarf. Werden diese als Störungen aufgefaßt, die zum reibungsloseren Funktionieren des Systems behoben werden müssen, so tritt das Äquivalent dessen ein, was ASHBY mit dem Beispiel des Seiltänzers veranschaulicht. Das Festhalten seiner Balancierstange zur »Behebung« ihres scheinbar regellosen Schwankens würde zum sofortigen Absturz des Seiltänzers führen. Im Sinne des Konstruktivismus ließe sich dazu sagen, daß der Versuch der Herstellung einer störungsfreien Welt eine maximal gestörte Wirklichkeit erzeugt. Auf die Praxis der Unternehmungsleitung bezogen bedeutet dies, daß wohlgemeinte Verbesserungen unter Umständen das alte Motto von der Kur, die schlimmer als die Krankheit ist, bestätigen können.

Nicht selten ist die Umkehrung der Abweichung in ihr Gegenteil eine hinlängliche Lösung; sie muß es aber nicht sein. Ist sie es nicht, so erzeugt sie zumindest einen Zustand der Schwebe oder Labilität, der es dem Problemlöser leichter macht, von außen her diejenige Veränderung einzuführen, die die Organisation nicht aus sich heraus selbst erzeugen konnte. Im Sinne des oben erwähnten ASHBY-Zitats handelt es sich hier also um eine »Veränderung von Transformation zu Transformation«, d. h. um eine Lösung zweiter Ordnung (WATZLAWICK et al. 1974, S. 99–115). Das Überraschende an diesen Lösungen ist nicht nur der schon erwähnte, fast magische Charakter, sondern auch die Tatsache, daß es sich um Maßnahmen handelt, die keinerlei besondere Entdeckungen oder neue Erkenntnisse voraussetzen. Der Grund, warum sie nicht seitens der Betroffenen von Anfang an und ganz selbstverständlich verwendet wurden, ist, daß sie nicht in deren Wirklichkeitsbild hineinpassen und daher, wenn überhaupt in Betracht gezogen, sofort verworfen wurden.

## 2. Das Denken des Undenkbaren

Von SANTAYANA soll der Ausspruch stammen, daß, wer die Vergangenheit ignoriert, dazu verdammt ist, sie zu wiederholen. Dies trifft zweifellos zu – außer in all jenen Fällen, für die die Vergangenheit deswegen keine Lehren vermittelt, weil sich das betreffende Problem noch nie ergeben hat. Gerade aber mit diesen Fällen hat der Problemlöser häufig zu tun. Läßt sich eine unvorhersehbare Zukunft nur hilflos erleiden, oder läßt sich auch das Undenkbare irgendwie denken?

In der Managementlehre, besonders im Bereich der Planung, hat sich hierzu der Begriff des *Szenariums* herausgebildet. Ein Szenarium fußt auf einer zunächst rein willkürlichen Annahme über das Eintreten einer bestimmten Situation in der Zukunft. Es akzeptiert daher Ungewißheit als eine unausweichliche Gegebenheit unserer Welt. Im Gegensatz zu Trendanalysen oder Hochrechnungen, die notwendigerweise quantitativ sind, beruht das Szenarium auf einem qualitativen Weltbild. Im Szenarium-Denken fragt sich der Manager, wie die Organisation *jetzt und hier* beschaffen sein müßte, um mit der willkürlich angenommenen Zukunftssituation fertigwerden zu können. Solcher vorstellbarer Situationen gibt es natürlich unzählige. Erfahrungsgemäß empfiehlt es sich, möglichst nur mit zwei Szenaria zu arbeiten, die sich auf zwei extrem verschiedenen Annahmen aufbauen. Von diesen zwei Situationen wird nicht angenommen, daß sie eintreten *werden*, sondern daß sie eintreten *könnten*. Das Szenarium ist also keine selbsterfüllende Prophezeiung; es entwirft und untersucht mögliche »Wirklichkeiten«, statt sich »der« Wirklichkeit hilflos ausgeliefert zu betrachten. So begann z. B. Shell International, im Gegensatz zu anderen Firmen, bereits 1979 seine Planung für die Mitte der achtziger Jahre auf zwei Szenaria aufzubauen, von denen das eine einen Erdölpreis von $ 15, das andere einen von $ 50 postulierte und zur Basis praktischer Vorkehrungen machte (LORENZ 1980). Wäre es übertrieben, zu behaupten, daß das Szenarium-Denken eine Art praktischer Anwendung des Konstruktivismus ist, d. h. das bewußte »Entwerfen« von Wirklichkeiten, aus dem sich praktische Entscheidungen ableiten lassen?

Diese Frage eröffnet Perspektiven, die weit über den Rahmen eines kurzen Essays hinausgehen. Daher zurück zu einer weniger ambitiösen, futuristischen Anwendung dieses Begriffs (im Sinne einer postulierten Wirklichkeit) im Bereich systemischer Lösungsstrategien:

Mit in der Definition eines Problems (des unerwünschten Ist-Zustandes) liegt meist auch schon eine einigermaßen klare Idee des wünschenswerten Ziels (des Soll-Zustands). Der Problemlöser ist in diesem Sinne wie ein Bergsteiger, der vom Tal auf den Gipfel hinaufblickt und seine Kletterroute festzulegen versucht. Der Anfänger neigt dazu, sich zu überlegen, in welcher Richtung er *losgehen* soll. Der erfahrene Alpinist dagegen fragt sich, an welchem Punkt unmittelbar unterhalb des Gipfels er *ankommen* müßte, um von dort die letzten Meter zur Spitze klettern zu können. Als nächstes prüft er, wo er unmittelbar vorher stehen müßte, um zu jenem Punkt kurz unterhalb des Gipfels zu gelangen, und so weiter Schritt um Schritt *hinunter* bis zu seinem Ausgangspunkt im Tal. Er geht also sozusagen den umgekehrten Weg, vom Gipfel bis ins Tal herunter, statt vom Tal aus loszusteigen und vielleicht erst nach Stunden mühsamen Kletterns einzusehen, daß es in der betreffenden Richtung nicht weitergeht.

Auch diese Technik kann als Beispiel dafür gelten, wie ein dem gesunden Menschenverstand widersprechendes Vorgehen – nämlich der Weg von der Lösung zum Problem – sehr wohl Erfolg haben kann, wo die bisherigen Lösungsversuche scheiterten.

Allerdings: Das wahre Talent eines Problemlösers liegt in der Fähigkeit, seine Klienten dazu zu bringen, »die Möglichkeit des Andersseins« (der Ausdruck stammt von ARISTOTELES) auch nur in Betracht zu ziehen. Damit ist dieses Essay wieder an seinem Ausgangspunkt angekommen, denn ohne die Tendenz aller Lebewesen zum starren Festhalten am einmal Erarbeiteten bedürfte es weder der Psychotherapie noch vielleicht so mancher Aspekte der Managementlehre. GALILEIS Zeitgenossen sollen sich geweigert haben, auch nur in sein Fernrohr zu blicken, da das, was er am Firmament zu sehen behauptete, nicht der Fall sein »konnte«. Wer davon überzeugt ist, daß seine Wirklichkeit die einzig wahre ist, verteidigt sie bis zum letzten, weil (wie CHRISTIAN MORGENSTERN es so treffend ausdrückte), »so schließt er messerscharf, nicht sein kann, was nicht sein sein darf«.

# Kapitel 10

# Münchhausens Zopf
# und Wittgensteins Leiter

## Zum Problem der Rückbezüglichkeit

*Von den verhaltensmäßigen Wirkungen der Paradoxien und den Teufelskreisen, die sie in menschlichen Beziehungen erzeugen können, war bereits mehrmals die Rede. Wenn – wie* EPI-MENIDES *behauptet haben soll – alle Kreter lügen, dann ist er als Kreter ebenfalls ein Lügner, und daher ist es gelogen, daß alle Kreter Lügner sind. Die Aussage bezieht sich also auf sich selbst zurück: Wenn sie wahr ist, ist sie gelogen, und wenn Lüge, ist sie Wahrheit. – Beschränkte sich diese Rückbezüglichkeit nur auf solche Gedankenspielereien, so könnten sich praktische Geister ungerührt praktischeren Problemen zuwenden. Daß dies aber eben nicht der Fall ist, daß das Problem der Rückbezüglichkeit unsere Denkstrukturen und Wirklichkeitsauffassungen durchzieht, ist das Thema eines vor der Siemens-Stiftung gehaltenen Vortrags.*

»Ein anderes Mal«, so beginnt eines der bekannten Abenteuer des Barons von Münchhausen, »wollte ich über einen Morast setzen, der mir anfänglich nicht so breit vorkam, als ich ihn fand, da ich mitten im Sprunge war. Schwebend in der Luft wendete ich daher wieder um, wo ich hergekommen war, um einen größeren Anlauf zu nehmen. Gleichwohl sprang ich auch zum zweytenmale noch zu kurz, und fiel nicht weit vom anderen Ufer bis an den Hals in den Morast. Hier hätte ich unfehlbar umkommen müssen, wenn nicht die Stärke meines eigenen Armes mich an meinem eigenen Haarzopfe, samt dem Pferde, welches ich fest zwischen meine Kniee schloß, wieder herausgezogen hätte.«

In einer etwas weniger abenteuerlichen Form drückt bereits ARCHIMEDES denselben Gedanken aus, wenn er nach dem festen Punkt sucht, von dem aus er die Welt aus den Angeln heben könnte. Und PETER WEISS läßt seinen *Marat* zur selben Schlußfolgerung gelangen: »Es kommt drauf an / sich am eigenen Haar in die Höhe ziehn / sich selbst von innen nach außen zu stülpen / und alles mit neuen Augen zu sehn.«

Diese Zitate enthalten die Grundelemente einer merkwürdigen und ebenso universalen wie schwer sichtbaren Gegebenheit unserer Erfassung der Welt; nämlich die Idee eines Festpunktes, von dem aus die Welt sich in ihrer Gesamtheit überblicken und verändern ließe; die Frage, wie es möglich ist, die Grenzen eines scheinbar allumfassenden Rahmens zu verlassen, und schließlich – damit eng verbunden – die Probleme der logischen Dichotomie des »innen« und »außen« statt dem klassischen Gegensatz von wahr und falsch.

Es soll hier also davon die Rede sein, wie – und besonders ob – es möglich ist, sich in der leider unleugbaren Ermangelung eines archimedischen Punktes doch am eigenen Schopfe aus dem Rahmen der Welt im weitesten Sinne zu ziehen und sie dann von außen »mit neuen Augen« zu sehen.

Es soll ferner gezeigt werden, daß es sich dabei nicht um eine intellektuelle, philosophische Spielerei handelt, sondern um eine Gegebenheit, an die man in den verschiedensten Gebieten unweigerlich und sofort dann stößt, wenn man versucht, auch nur einen bescheidenen Grad der Wahrheit, Widerspruchsfreiheit, Berechenbarkeit, Folgerichtigkeit und daher auch der Voraussehbarkeit zu erreichen.

Alle Lebewesen hängen auf Gedeih und Verderb von einer hinlänglichen Erfassung ihrer Umwelt ab. Bereits die Amöbe, die wir unter dem Mikroskop beobachten, sucht sich in ihrem Wassertropfen jene Stelle aus, an der die für sie lebenswichtigen Faktoren (Temperatur, Lichtstärke, Sauerstoff usw.) optimal gegeben sind. Wenn wir unsere Katzen und Hunde beobachten, so wird es uns unschwer klar, daß auch sie bereits ein sehr komplexes Bild der Wirklichkeit mit sich herumtragen und mit Furcht, ja Panik reagieren, wenn äußere Ereignisse sich nicht in dieses Weltbild einbauen lassen, sondern ihm vielmehr zu widersprechen scheinen. Auf der menschlichen Ebene wird – dank unserer Fähigkeit, uns über unser Weltbild und unsere

Erlebniskategorien rückbezüglich zu unterhalten – die unumgehbare Notwendigkeit eines umfassenden und verläßlichen Weltbilds vollends offensichtlich. Wo Weltbilder sich als unzulänglich erweisen, kann es zu jenen persönlichen Katastrophen kommen, für die sich die Psychiatrie zuständig hält, bzw. auf der sozialpolitischen Ebene zu jenen blutigen Umwälzungen, auf die das Sprichwort »plus ça change, plus c'est la même chose« zutrifft.

Im einen wie im anderen Falle neigt man jedoch zur Annahme, daß das Individuum wie die Gesellschaft prinzipiell zum hinlänglichen Erfassen der Welt befähigt ist und die erwähnten Krisen daher auf menschliches Versagen zurückzuführen sind. Demnach sieht der geistig Gesunde die Welt, wie sie »wirklich« ist, der geistig Kranke verzerrt sie, und für die Gesamtheit aller Menschen guten Willens ist die einzig wahre, gerechte Gesellschaftsordnung offensichtlich. Es soll gezeigt werden, daß diese Annahme unhaltbar ist und daß das Festhalten an ihr im gesellschaftlichen, wissenschaftlichen und existentiellen Bereich zu Pathologien *sui generis* führt. Den Schlüssel zu diesen Problemen bietet uns das Phänomen der *Rückbezüglichkeit*.

Halten wir nochmals fest: Um biologisch, psychologisch und gesellschaftlich überleben zu können, brauchen wir ein widerspruchsfreies Bild der Welt, eine konsistente Erklärung der Wirklichkeit, wie sie »wirklich« ist. Doch bereits HUME und KANT und viele andere nach ihnen haben darauf verwiesen, daß wir nie von *der* Welt, sondern eben nur von *Bildern* der Welt sprechen können, und daß, um JASPERS (1947, S. 627) zu zitieren, »die Welt ist, wie sie ist. Nicht die Welt, sondern nur unser Wissen kann wahr oder falsch sein«. Und schon SCHOPENHAUER (1912, S. 346) verweist in *Über den Willen in der Natur* darauf, daß Sinn und Ordnung in der Welt durch einen Akt menschlicher Zuschreibung gesetzt und dann erst »dort draußen« als vermeintliche Tatsachen wiederentdeckt werden; daß »die Zweckmäßigkeit erst vom Verstande in die Natur gebracht wird, der demnach ein Wunder anstaunt, das er erst selbst geschaffen hat. Es geht ihm (wenn ich eine so hohe Sache durch ein triviales Gleichnis erläutern darf) so, wie wenn er darüber erstaunt, daß alle Multiplikationsprodukte der 9 durch Addition ihrer einzelnen Ziffern wieder 9 geben oder eine Zahl, deren Ziffern addiert 9 betragen; obschon er selbst im Dezimalsystem das Wunder sich vorbereitet hat«. Oder man vergegenwärtige sich das Beispiel der Primzahlen. Als mathematische Laien nehmen wir naiverweise an, daß die überaus merkwürdigen Eigenschaften dieser Zahlen einen klaren Beweis für die vom Menschen unabhängige, dem menschlichen Geist aber zugängliche, objektive Ordnung der Welt darstellen. In Tat und Wahrheit wird diese unerhört komplexe, ja scheinbar göttliche Ordnung sozusagen unversehens von uns dadurch geschaffen, daß wir postulieren: Es gebe Zahlen, die nur durch sich selbst und eins teilbar sind. Was wir die Wirklichkeit nennen, wird also nicht von uns entdeckt, sondern recht eigentlich geschaffen. Dieses Aktes der Setzung einer Wirklichkeit sind wir uns aber typischerweise nicht bewußt, und ist eine sogenannte Wirklichkeit einmal solcherart gesetzt, dann leiten sich daraus scheinbar eherne, schicksalhafte Folgen ab.

Wir sind nun in der Lage, den nächsten Schritt zu tun. Wenn ein Weltbild einmal derart gesetzt und eine Wirklichkeit geschaffen ist, so erhebt sich für den seiner Schöpfung unbewußten Schöpfer dieser Wirklichkeit die bereits erwähnte dringende, ja lebenswichtige Notwendigkeit ihres möglichst allumfassenden Begreifens. Was sind ihre Grenzen, was ihre Gesetze, ihre Kausalität, wo und wie muß ich mich anpassen, wo und wie kann ich verändernd eingreifen, was darf ich als sicher annehmen, was muß ich als unsicher fürchten? Es ist also nicht nur so, daß der Mensch – wie SCHOPENHAUER das für das Dezimalsystem darlegte – »ein Wunder anstaunt, das er erst selbst geschaffen hat«, sondern daß ihn dieses »Wunder« zu den größten Leistungen beflügeln wie in die tiefste Verzweiflung stürzen kann. In anderen Worten, es erhebt sich die Frage nach dem *Sinn* der Welt. Diese Frage aber ist rückbezüglich, denn sie ist ja sozusagen die Folge einer immer schon gegebenen Antwort, d. h. einer Sinnzuschreibung, einer Sinnsetzung, die ihrerseits ja überhaupt erst die Sinnfrage auf den Plan ruft. Ohne die apriorische Setzung eines Sinnes gäbe es auch keine Sinnfrage; die Schlange beißt sich in den Schwanz, und es erhebt sich das uralte Symbol des Ouroborus.

Ich selbst wurde in die Auseinandersetzung mit der Sinnfrage nicht nur wie jeder andere durch die Tatsache meiner Existenz gedrängt, sondern zusätzlich durch meine Arbeit als Psychotherapeut und der damit gegebenen tagtäglichen Berührung mit den Tragödien und Tragikomödien anderer Menschen und nicht nur meines eigenen Ouroborus. Wer seelisch leidet, leidet eben nicht an der »wirklichen« Wirklichkeit, sondern an seinem *Bild* der Wirklichkeit. Dieses Bild *ist* aber für ihn die Wirklichkeit, und sein Sinn *ist* der wahre Sinn des Lebens. Für den Melancholiker ist dieser Sinn ein Märchen, »erzählt von einem Dummkopf, voller Klang und Wut, das nichts bedeutet«. Der Paranoide setzt mit seiner sogenannten Wahnidee einen Sinn, und aus dieser einen Grundidee folgt für ihn dann mit meist eiserner, unerschütterlicher Logik alles weitere. Die Leidenden (seien es nun Einzelmenschen, Paare, Familien oder noch größere menschliche Systeme wie z. B. Nationen) sind in ihrem eigenen Weltbild gefangen; sie spielen, was wir in der Kommunikationsforschung ein Spiel ohne Ende nennen, d. h. ein Spiel, das keine Regel für die Änderung seiner eigenen Regeln oder für seine Beendigung hat; ein Spiel, dessen erste Regel – in ALAN WATTS Worten – lautet: Dies ist kein Spiel, dies ist todernst. Es ist ein selbstrückbezügliches Universum, das sich in seinem In-sich-selbst-gekehrt-Sein ununterbrochen leidvoll in der alten Weise erneuert, »denn in diesem Universum«, wie KOESTLER (1954) das einmal formulierte, »beginnt die Zeitrechnung nach jedem Streit und jeder Versöhnung von neuem, und die Geschichte befindet sich immer im Jahre Null«.

Wenn immer es dem Leidenden gelingt – sei es spontan oder durch Therapie –, den scheinbar allumfassenden Rahmen seiner Wirklichkeit zu verlassen, so ist das die Folge eines merkwürdigen und schwer zu beschreibenden Sprungs aus diesem Rahmen heraus, eines Sich-Hochziehens-an-sich-selbst, das dem Kunststück des Barons Münchhausen in nichts nachsteht. Und ich würde sogar so weit gehen zu behaupten, daß das Wesen wirksamer Therapie im Herbeiführen dieses Kunststückes liegt – wie schockierend die orthodoxen Schulmeinungen diese Form der therapeutischen Intervention auch finden und daher semantisch vernebeln mögen.

Gestatten Sie mir aber, an das Problem der Rückbezüglichkeit von einem ganz anderen Blickwinkel heranzugehen; nämlich aus einer Perspektive, die weniger leicht von den Passionen verzerrt wird, die die Erörterung psychiatrischer Gegebenheiten im Laien wie im Fachmann fast unvermeidlich nach sich zieht.

Ein Mensch ist auf seiner Suche bis ans Ende der Welt vorgedrungen und hat die Grenze zwischen dem Innen und dem Außen durchbrochen. Und nun blickt er überwältigt hinaus und erfaßt die Welt, wie sie wirklich ist (Abb. 1). Dieser mittelalterliche (oder vielleicht auch nur apokryphe) Holzschnitt drückt eine der archetypischen Sehnsüchte der Menschheit aus – das Durchbruchserlebnis, das zum Erfassen der reinen Wahrheit führt. Und was unter »rein« zu verstehen ist, dürfte wohl klar sein: ein Erkennen der Welt in ihrer absoluten Objektivität und daher frei von jeder Kontaminierung durch den Beobachter. Damit scheint das Anliegen der Wissenschaft klar umrissen. Was dabei aber ungesagt bleibt, ist von großer Wichtigkeit für unser Thema. Wie mit einem gänzlich unbeabsichtigten Taschenspielertrick wird dabei nämlich unterstellt, daß die Welt eine feste, endgültige Ordnung hat und daß sich diese Ordnung uns erschließt, wenn wir nur die rechten Fragen stellen. Diese Annahme aber ist eine *petitio principii,* denn sie nimmt als gegeben vorweg, was durch sie erst bewiesen werden soll, und zwischen ihr und der früher erwähnten Wahnidee des Paranoiden, »man« sei hinter ihm her (und das »weiß« er, das braucht er nicht zu beweisen), besteht kein wesentlicher Unterschied. In beiden Fällen ergeben sich aus der einmal gesetzten Prämisse dann jene scheinbar unausweichlichen Konsequenzen, die der Wirklichkeit und nicht der Prämisse zugeschrieben werden. Besehen wir uns diese Folgen auf dem Gebiet der Wissenschaft.

Um die Welt objektiv zu erfassen und so zu einem widerspruchsfreien, in sich geschlossenen Erkennen der Welt vorzustoßen, ist eine absolute Trennung zwischen Objekt (Welt) und Subjekt (dem Beobachter) nötig. Ganz abgesehen davon, daß bereits EINSTEIN mit seinem Begriff der Relativität und HEISENBERG mit seiner Unschärferelation die Unmöglichkeit dieses Vorgehens ein für allemal erwiesen haben, ist es auch dem Laien klar, daß eine Welt, aus der in Befolgung der wissenschaftlichen Forderung nach absoluter Objektivität alles Subjektive verbannt würde, einfach nicht mehr wahrnehmbar wäre.

Dies alles ist zwar seit langem bekannt, doch hat sich an unserem wissenschaftlichen Vorgehen wenig geändert, was zu Resultaten führt, die im orthodoxen Sinne zwar einwandfrei wissenschaftlich, aber relativ unergiebig sind. Hierzu nur ein Beispiel aus den Verhaltenswissenschaften: In der modernen Tierforschung werden zum Teil komplizierteste Vorsichtsmaßnahmen getroffen, um den Einfluß des Beobachters auf das Verhalten der zu beobachtenden Tiere möglichst weitgehend auszuschalten. Wo dies das Erfassen des tierischen Verhaltens auf freier Wildbahn zum Ziele hat, ist es selbstverständlich die Forschungsmethode der Wahl. Dort aber, wo in den letzten Jahren das Prinzip der Subjekt-Objekt-Trennung bewußt aufgegeben wurde und der Forscher in intensive Interaktion mit dem Tiere trat, ergaben sich ungeahnte Resultate, deren Bedeutung meines Erachtens heute noch nicht zu ermessen ist. Ich denke hier vor allem an die Kommunikationsforschung mit Delphinen und an das Erlernen der menschlichen Zeichen-(Taubstummen-)Sprache durch Menschenaffen. Wie Sie wissen dürften, hat es sich erwiesen, daß z. B. Schimpansen über weitaus höhere linguistische und kognitive Fähigkeiten verfügen, als sie für ihr Leben auf freier Wildbahn je brauchen. Dieses Potential liegt im Tiere normalerweise brach und wird erst durch den völlig »unnatürlichen« Kontakt mit dem Menschen geweckt. Für uns leitet sich daraus vieles ab – vor allem die hochinteressante Frage, welche Fähigkeiten ein übermenschlicher Trainer wohl in *uns* erwecken könnte. In ähnlicher Weise hat auf dem Gebiet der Psychotherapie das Aufgeben der traditionellen Passivität und Neutralität – des klassischen Ideals des Analytikers als einem leeren Spiegel – zu neuartigen, wirksamen und zeitsparenden Behandlungsmethoden geführt.

Doch zurück zu meinem eigentlichen Thema. Wo ist – in Anbetracht der Rückbezüglichkeit aller wissenschaftlicher Prämissen – die Grenze zwischen Subjekt und Objekt, zwischen

Abb. 1

innen und außen zu ziehen? Gestatten Sie mir der Kürze halber einen Sprung über viele Zwischenglieder hinweg zu dem Resultat, das SCHRÖDINGER (1958, S. 52) in seinem Buch *Mind and Matter* präzise umreißt: »Der Grund, weshalb unser empfindendes, wahrnehmendes und denkendes Ich nirgendwo in unserem wissenschaftlichen Weltbild angetroffen werden kann, läßt sich leicht in sechs Worten ausdrücken: Weil es selbst dieses Weltbild ist. Es ist identisch mit dem Ganzen und kann daher nicht in ihm als Teil enthalten sein.«

Hierzu ist besonders auch der deutsche Kybernetiker GOTTHARD GÜNTHER (1958) zu erwähnen, der in einem Aufsatz über die nichtaristotelische Logik der Reflexion darauf verweist, daß der Prozeß der Rückbezüglichkeit im Schema Objekt-Subjekt niemals aufgehen kann, da in ihm das Subjekt, indem es seiner selbst bewußt ist, sich selbst zum Objekt macht, sich dabei aber bewußt ist, daß es trotz dieser Unterscheidung als Subjekt und als Objekt identisch ist. Wie kann aber etwas, was unterschiedlich ist, gleichzeitig identisch sein? Es ist eben in der klassischen Logik ein Widerspruch, daß das Ich als Subjekt vom Ich als Objekt einerseits unterschieden sein soll, auf der anderen Seite soll es aber identisch sein.

Wenn damit das Problem der Rückbezüglichkeit schon ziemlich klar umrissen ist, so bleibt es in dieser Form doch noch eine lebensfremde Abstraktion. Gestatten Sie mir daher, Ihnen weitere, vom Sublimen zum Lächerlichen reichende Beispiele dafür zu geben, wie dieses Problem in allen möglichen und unmöglichen Zusammenhängen sein geheimes Unwesen treibt.

Nehmen wir das Problem des Determinismus. Es handelt sich dabei bekanntlich um ein Weltbild, das alles Geschehen als streng kausal bedingt auffaßt und daher die Möglichkeit freier Entscheidung ausschließt. Im Rahmen des Determinismus wird die Annahme des Bestehens der Willensfreiheit selbst zu einer der Myriaden von Wirkungen, die ein – selbstverständlich seinerseits streng determiniertes – Ereignis in der Vergangenheit auf den Betreffenden hatte und ihn zur Auffassung determinierte, daß er einen freien Willen hat. Damit scheint die Welt in ihrem So-Sein und in ihrer Gesamtheit widerspruchslos erfaßt, und alles ist in bester Ordnung, solange man sich nicht (rückbezüglich) Gedanken darüber macht, woher die Idee des Determinismus selbst kommt. Wie wir es auch drehen und wenden, diese Idee kann auf der Basis unserer aristotelischen (zweiwertigen) Logik selbst nur entweder determiniert oder undeterminiert sein. Ist sie determiniert, dann erhebt sich sofort die Frage, ob ihre eigene Determinierung determiniert ist und so fort in einem unendlichen und daher letzthin unbeweisbaren Progreß. Ist sie selbst dagegen aber nicht determiniert, dann beruht das ganze Weltbild des Determinismus auf einer Prämisse, die sich selbst widerspricht und im Wesentlichen also auf die vollkommen willkürliche und unbeweisbare Annahme hinausläuft, daß alles determiniert ist.

In ähnlicher Weise nennt Karl Popper den Rationalismus sehr treffend einen irrationalen Glauben an die Vernunft, und lange vor ihm leitete Sören Kierkegaard von dort seinen Angriff auf den Rationalismus und seine Verteidigung des Absurden ein. Der Rationalismus ist notwendigerweise beschränkt, da die Richtigkeit eines Systems nie beweisbar ist, sondern immer wieder eine dogmatische Voraussetzung voraussetzt, eine absurde (d. h. nichtrationale) Entscheidung, deren Wahl sich durch keinerlei rationales Kriterium je beweisen läßt. Und Kierkegaard kam sogar bei der erfrischenden Behauptung an, daß sich die Rechtfertigung des Irrationalismus gerade aus den Folgen des Rationalismus ergebe.

Um seine eigene Widerspruchslosigkeit und Folgerichtigkeit rückbezüglich zu beweisen, fällt also jedes aristotelisch konzipierte System in das Dilemma, entweder zu versuchen, diesen Nachweis *innerhalb* seines eigenen Rahmens zu erbringen, was in ein Spiel ohne Ende (eine Russellsche Paradoxie) führt; oder es muß zum Zweck der Führung dieses Beweises Zuflucht zu Prämissen nehmen, die *außerhalb* seines eigenen Rahmens liegen und daher zum Beweise ihrer eigenen Wahrheit, Konsistenz und so weiter, eines noch weiteren, noch umfassenderen, selbst wieder unbewiesenen Rahmens bedürfen. Das Problem ist damit nicht gelöst, sondern nur immer weiter hinausgeschoben.

Dem Hinausschieben sind aber enge Grenzen gesetzt. In der menschlichen Kommunikationsforschung z. B. scheitern wir bereits bei der Erforschung der Metakommunikation, also der Kommunikation über Kommunikation. Jede an einen anderen gerichtete Mitteilung kommuniziert etwas, sagt aber gleichzeitig etwas über sich selbst aus; nämlich wie ihr Empfänger sie verstehen soll, also etwa als Befehl, als Witz, als Tröstung. Dieser zweite, der metakommunikative Aspekt, ist von überragender Bedeutung, da er das Wesen menschlicher Beziehungen sowohl ausdrückt als auch bestimmt. Das Studium der verhaltensmäßigen (pragmatischen) Wirkungen der Kommunikation, und besonders der durch sie hervorgerufenen Konflikte und Pathologien, erfordert daher eine Untersuchung der Metakommunikation. Während aber etwa dem Mathematiker die Sprache der Mathematik (Zahlen, algebraische Zeichen usw.) für die Mathematik selbst und die natürlichen Sprachen zum Ausdruck der Metamathematik zur Verfügung stehen, besitzen wir nur unsere natürliche Sprache zum Ausdruck sowohl der Kommunikation als auch der Metakommunikation. Es liegt daher in der Natur der Kommunikationsforschung, daß sie eben nicht Rekurs zu einem umfassenderen Ausdruckssystem nehmen, daß sie sich nicht am eigenen Schopf aus dem Morast ziehen kann. Doch selbst wenn es uns gelänge, eine Sprache der Metakommunikation zu entwickeln, so hülfe uns das wenig. Wir wären dann zwar wissenschaftlich fast so stubenrein wie die Mathematiker, doch hat über jene bekanntlich GÖDEL (1931) den Stab gebrochen, als er in seiner epochalen Arbeit über formal unentscheidbare Sätze nachwies, daß kein System, dessen Komplexität mindestens dem der Arithmetik entspricht, jemals seine eigene Geschlossenheit und Folgerichtigkeit aus sich heraus (also ohne Rekurs zu ihrerseits wiederum unbeweisbaren Lehrsätzen eines noch umfassenderen Systems) hervorbringen kann.

In der Theologie ist es nicht anders. Wo einmal der Glaube an die Wahrheit und Verbindlichkeit der göttlichen Offenbarung besteht, leitet sich daraus ein scheinbar geschlossenes Weltbild ab, in dem der Gläubige Antworten auf seine Fragen und Zweifel erhält. Aber wie steht es mit dem Glauben selbst – worauf gründet *er* sich und woraus leitet *er* sich ab? In der christlichen Glaubenslehre ist er ein Akt der Gnade Gottes und wird damit rückbezüglich. Und weiter: Steht Gott in Seiner Vollkommenheit über den Gesetzen Seiner eigenen Schöpfung, oder ist selbst Er ihnen unterworfen? Hier handelt es sich nicht mehr um eine scholastische Spielerei wie etwa die Frage, wie viele Engel auf einer Nadelspitze Platz haben. Hier bricht vielmehr die Paradoxie der Rückbezüglichkeit in die Metaphysik ein. So kommt es in der Theologie des 11. Jahrhunderts zur antidialektischen Bewegung, die den Gottesbegriff völlig aus den Grenzen der Vernunft zu befreien versucht und dabei nur die Paradoxie TERTULLIANS wiederholt, dem fälschlich, aber nicht unsinnigerweise der Satz zugeschrieben wird: *Credo, quia absurdum est* (tatsächlich sagte er: *Certum est, quia impossibile est*), und der sich wohl nicht darüber Rechenschaft ablegte, daß auch die Paradoxie, wenngleich negativ, von der Logik abhängt und sie so erneut bekräftigt.

Oder nehmen wir den Glauben an die Seelenwanderung und die für einen leidenden Menschen unendlich tröstliche Schlußfolgerung, die sich aus ihr ziehen läßt. Wenn meine Schicksalsschläge die Folgen von Taten oder Unterlassungen in meinem Vorleben sind, dann hat mein Leiden plötzlich einen Sinn, es wird zur Bereinigung, zur Lösung, und sinnvoll erscheinendes Leiden ist bekanntlich viel leichter zu ertragen als sinnloses. Ferner ist es mir nun möglich, durch gute Taten in der Gegenwart meine nächste Existenz glücklicher und schöner zu gestalten oder – der Wünsche höchster – die Wiedergeburt gänzlich zu vermeiden. Damit findet alles, was mir zustößt, eine sinnvolle Erklärung – außer der Sinn selbst, nämlich die Annahme der Seelenwanderung, die für sich selbst keine Erklärung bietet.

Immer wieder stoßen wir also auf eine Leerstelle; ganz wie auf der Netzhaut der Punkt des Austritts des Sehnervs, jener Punkt, in dem die Gesamtheit der visuellen Eindrücke zusammenkommt, bekanntlich ein blinder Fleck ist.

Mit wahrscheinlich unbeabsichtigter Klarheit zeigt ROGER GARAUDY (1972) in seinem Buch *L'alternative* das Dilemma der Rückbezüglichkeit in politischen Strukturen auf. GARAUDY, Chefideologe der Kommunistischen Partei Frankreichs (seit 1968 im Kreml allerdings *persona non grata*, da er Bitteres über den sowjetischen Einmarsch in die Tschechoslowakei zu sagen hatte), entwirft darin das Modell der *autogestion*, der Selbstverwaltung der Arbeiter. Ist dieses Modell einmal verwirklicht, so werden nicht nur die Produktionsmittel in den Händen der arbeitenden Klassen liegen, sondern auch die Entscheidung darüber, wie sie einzusetzen sind. »Sind die Arbeiter fähig, die Betriebe zu führen?« fragt GARAUDY. »Wird der Schalterbeamte am Austerlitz-Bahnhof imstande sein, eine Entscheidung über den Bau einer Einschienenbahn zu treffen? Wird er zwischen sofortigen Lohnerhöhungen und langfristigen Investitionen entscheiden können?« Für GARAUDY sind das »dumme Fragen«, mit denen nicht nur die herrschende Klasse seit den Tagen der Aristokratie die Arbeiter zu ewiger Unmündigkeit relegierte, sondern die leider sogar von Kommunisten und Sozialisten gestellt werden.

Wie befreit sich die Arbeiterklasse aus dieser Unmündigkeit und erreicht Selbstbestimmung? GARAUDYS Antwort ist von großem Interesse für unser Thema, denn er stellt schlicht fest, daß »der Schritt zur Selbstbestimmung selbst ›selbstbestimmt‹ sein muß«. Er setzt sich also selbst voraus, und damit erhebt sich wiederum das Bild des Barons von Münchhausen. Selbstbestimmung wird zum Ouroborus oder – um GARAUDY erneut wörtlich zu zitieren – »Selbstmanagement wird zur Schule für Selbstmanagement«. Praktisch soll das dadurch erreicht werden, daß die Arbeiter die Ingenieure und die anderen Fachleute wählen und diese jederzeit wieder von den Arbeitern abberufen werden können. Diese Fachleute müssen informieren, erklären und überzeugen; die endgültige Entscheidung aber liegt bei den Arbeitern. Dies bedeutet aber nicht mehr und nicht weniger, als daß die Arbeiter einerseits sich ihrer unzureichenden Fachkenntnisse bewußt sind und daher Experten beiziehen, daß sie andererseits aber sozusagen als Metafachleute über die Befunde der Fachleute befinden. Und während GARAUDY kritische Worte für die Allwissenheit der *Führung* im stalinistischen, bürokratischen Zentralismus hat, soll in seinem Modell unversehens die *Basis* diese allwissende Funktion ausüben. Damit entsteht für den Leser das *déjà vu* der platonischen Staatsidee von der Herrschaft des Weisesten, mit all ihren paradoxen, ins Gegenteil umschlagenden Folgen, die KARL POPPER in seinem Werk *Die offene Gesellschaft und ihre Feinde* beschrieben hat.

Leider geht es der Demokratie auch nicht besser. Gerade in unseren Tagen wird die Frage immer akuter, wie sie sich demokratisch gegen undemokratisches Verhalten zur Wehr setzen kann. Auch hier ist auf POPPERS Werk zu verweisen; vor allem auf die von ihm präzise herausgearbeiteten Paradoxien der Freiheit, der Demokratie und der Toleranz. Muß die Toleranz Intoleranz tolerieren? Wenn ja, wie kann sie die Wiedereinführung des Faustrechts als ihre eigene, unmittelbare Folge vermeiden; wenn nein, wie rettet sie sich davor, sich selbst rückbezüglich ad absurdum zu führen?

Besehen wir uns nur einen der Grundpfeiler demokratischer Freiheit: das Recht auf unbeschränkte parlamentarische Debatte. Der Mißbrauch dieser Freiheit durch eine undemokratisch vorgehende Oppositionspartei könnte das Parlament durch pausenlose Inanspruchnahme der Redefreiheit vollkommen paralysieren. Eine Einschränkung dieser Freiheit würde also notwendig. Die demokratische Einführung dieser Beschränkung unterliegt aber demselben Recht unbeschränkter Debatte, auf deren Beschränkung sie abzielt, und kann daher selbst endlos verzögert werden. Damit ist die Regierungsmaschinerie in einem Spiel ohne Ende verfangen.

Eine grundsätzlich ähnliche Situation ergibt sich, wenn jemand einen anderen überzeugen will, daß alle Menschen – ungeachtet ihrer Abstammung, Hautfarbe, Religion oder ihres Geschlechts – gleich sind. Dies wird in Sätze wie »Sie sind genau wie wir«, »Zwischen Weißen und Schwarzen besteht kein Unterschied« oder ähnliche Beteuerungen gekleidet. Um diese Gleichheit zu betonen, ist es notwendig, zwischen »ihnen« und »uns« zu unterscheiden, und sei es auch nur, um festzustellen, daß die Verschiedenheit keine Verschiedenheit ist. In diesem Sinne heben sich selbstrückbezügliche Aussagen gerade deswegen auf, weil sie gemacht werden.

Wie Sie sehen, kommen wir in mehr als nur einer Hinsicht bei WITTGENSTEIN an, der im *Tractatus* (4.442) feststellt: »Ein Satz kann unmöglich von sich selbst aussagen, daß er wahr ist.«

Das Malheur ist nur, daß dieser Satz selbst ein Satz ist, der etwas über sich selbst aussagt, genau wie auch mein eben ausgesprochener Satz. Ebene und Meta-Ebene, Kommunikation und Metakommunikation vermischen sich paradox, und man ist immer wieder an den Hund gemahnt, der seinen Schwanz jagt, oder an den Witzbold, der von sich sagt: »Wie froh bin ich, daß ich Spinat nicht leiden kann; denn schmeckte er mir, dann würde ich ihn essen – und ich hasse das Zeug!«

Diese Form der alptraumartigen, in sich selbst gekehrten Sinnsuche ist für ROLF BREUER eines der Hauptthemen in SAMUEL BECKETTS Werk, so etwa im Roman *Watt*: »Der Roman«, schreibt BREUER (1976), »ähnelt somit dem Versuch des Schizophrenen, nichts zu sagen (d. h. zu verraten) und zugleich zu vermeiden, daß sein Schweigen als Mitteilung aufgefaßt wird; dem Versuch des Mathematikers, der seine Logik mit sich selbst begründen will, weil er nicht einem unendlichen Rekurs verfallen mag; dem Versuch eines Menschen, der sich aufgerufen fühlt, ein Versprechen, dessen Ernsthaftigkeit bezweifelt wird, dadurch zu bekräftigen, daß er verspricht, das Versprechen zu halten; dem Dilemma des Politikers, der gute Ziele mit schlechten Mitteln durchsetzen oder scheitern muß (etwa einen Krieg zur Abschaffung des Kriegs führen); oder auch dem schlichten Problem des Kurzsichtigen, der seine Brille sucht.«

Als wir Kinder waren, rieten uns die Erwachsenen, bei langen Aufenthalten in Bahnhöfen den Zug durch Anschieben innerhalb des Abteils zum Losfahren zu bringen. Etwas später las ich vom Vorschlag eines verschrobenen Erfinders, Segelschiffe mit großen Ventilatoren auszurüsten, damit sie sich im Falle von Flauten den nötigen Wind selbst erzeugen könnten. Und noch später fand ich eine Art Antwort im Lehrsatz eines Zen-Meisters: »Das Leben ist wie ein Schwert, das verletzt, aber sich nicht selbst verletzen kann; wie ein Auge, das sieht, aber sich nicht selbst sehen kann.« Oder wesentlich banaler ausgedrückt: Man kann sich zwar selbst kitzeln, aber es wird nie so kitzlig, wie wenn es uns jemand anders antut. Und ich hoffe, Sie nehmen es mir nicht übel, wenn ich mich im Rahmen einer wissenschaftlichen Veranstaltung zum schlüpfrigen Hinweis versteige, daß gute Pornographie erregender wirken kann als unsere eigenen sexuellen Phantasien wesentlich gleicher Art. Entscheidend ist dabei irgendwie, daß die Vorstellung oder Schilderung *von außen* an uns herankommt. Weniger anstößig ein drittes Beispiel: Fremdhypnose ist normalerweise wirkungsvoller als Selbsthypnose, auch wenn dabei dieselbe Induktionstechnik angewandt wird. Wiederum also spielt das *Außen* (und zweifellos auch die Interaktion) eine entscheidende Rolle. Umgekehrt stoße ich bei der Ausbildung von Hypnotherapeuten immer wieder auf das paradoxe, rückbezügliche Phänomen, daß die Selbstsicherheit und das Selbstvertrauen des Hypnotiseurs die wichtigste Voraussetzung für Erfolg ist, daß aber umgekehrt nur wiederholter Erfolg Selbstsicherheit und Selbstvertrauen schafft. Die Frage, wie man angesichts dieses Teufelskreises dennoch zum fähigen Hypnotherapeuten werden und damit das Kunststück Münchhausens imitieren kann, würde uns trotz ihrer scheinbaren Trivialität wiederum in die Rätsel der Rückbezüglichkeit führen.

In der darstellenden Kunst findet sich dieses Rätsel als eines der Themen des berühmten holländischen Graphikers MAURITS ESCHER. Dieser hochinteressante Mann hatte rein vom Bildhaften her mehrere komplizierte Probleme der höheren Mathematik gewissermaßen ganz für sich wiederentdeckt und dargestellt. Besehen wir uns seine Federzeichnung der Kathedrale von St. Bavo aus dem Jahre 1920. In der ornamentalen Kugel des Kandelabers im Mittelpunkt des Kirchenschiffes spiegelt sich der Innenraum der Kirche und auch der Künstler mit seiner Staffelei. Das Bild enthält also nicht nur sich selbst, sondern auch seinen Schöpfer, der dabei ist, das Bild zu schaffen. Außen kehrt sich so zu innen, und innen geht in außen über, und die im bisher Erwähnten ungelösten Probleme der Rückbezüglichkeit scheinen sich hier irgendwie aufzulösen (Abb. 2).

Das Wesen dieser Lösung war allerdings schon vor ESCHER bekannt, und zwar unter anderem in Form der vom Mathematiker FELIX KLEIN (1849–1925) erdachten und nach ihm benannten Flasche. Wie Sie sehen, handelt es sich dabei um ein topologisch überaus merkwürdiges Gebilde, das zwar geschlossen ist, aber weder Innen noch Außen und nur eine Oberfläche hat. Stellt man sich selbst in der Flasche stehend vor und geht man

Abb. 2

nun weiter, so kommt man schließlich ohne Überschreiten einer Grenze oder Kante auf die andere Seite. Den Übergang von innen nach außen, der aber eben kein Übergang ist, muß man sich gewissermaßen an dem Punkte denken, an dem die Flasche sozusagen in sich selbst eintritt (Abb. 3).

Und nun vergleichen Sie damit ESCHERS Lithographie mit dem Titel *Gemäldegalerie* aus dem Jahre 1956 und die Beschreibung, die ERNST ihr gegeben hat:

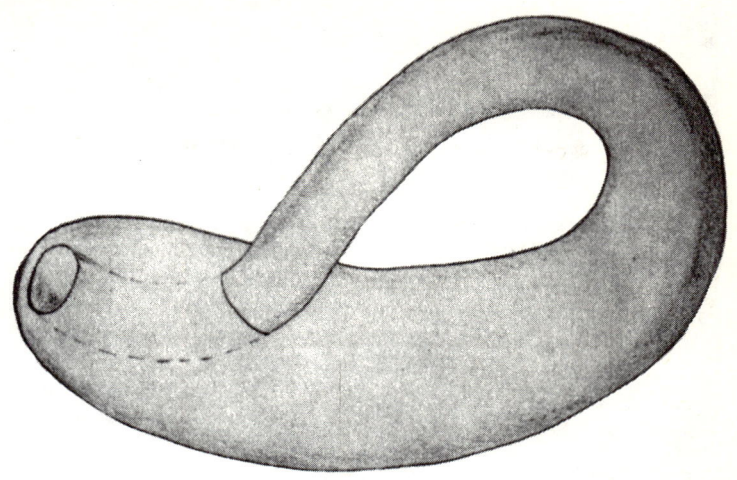

Abb. 3

»Gehen wir an dieses Bild zunächst als nichtsahnender Betrachter heran. In der rechten unteren Ecke finden wir den Eingang zu einer Kunstgalerie, in der Graphiken ausgestellt werden. Wir wenden uns nach links und stoßen auf einen jungen Mann, der sich eines der Bilder an der Wand besieht. Auf ihm sieht er ein Schiff und darüber, in anderen Worten, in der oberen linken Ecke, einige Häuser an einem Hafenkai. Wenn wir nun nach rechts hinaufschauen, setzt sich diese Häuserreihe fort, und ganz rechts senken wir unseren Blick und entdecken am unteren Rande ein Eckhaus mit dem Eingang zu einer Kunstgalerie, in der Graphiken ausgestellt werden... Unser junger Mann steht also selbst in dem Bild, das er betrachtet!« (ERNST 1976) (Abb. 4).

An mehreren Stellen seines Werks beschreibt ESCHER, wie Mathematiker ihn aufsuchten, um die in seinen Graphiken bildhaft dargestellten, komplizierten Theoreme zu besprechen, und wie sie es einfach nicht glauben konnten, wenn er ihnen versicherte, ein völlig hoffnungsloser mathematischer

Abb. 4

Ignorant zu sein. Und so schreibt er selbst zu dem eben gezeigten Bild: »Zwei Gelehrte, Prof. van Dantzig und Prof. van Wijngaarden, versuchten einmal vergeblich, mich davon zu überzeugen, daß ich eine Riemann-Oberfläche gezeichnet hatte. Ich weiß nicht, ob sie recht haben, obwohl es eine der Eigenschaften einer Fläche dieser Art zu sein scheint, daß der Mittelpunkt immer leer bleibt. Auf jeden Fall begreife ich Riemann nicht und theoretische Mathematik noch weniger, geschweige denn nichteuklidische Geometrie« (ERNST 1976).

Und damit ist der – in der Abbildung wahrscheinlich nicht leicht erkennbare – leere Fleck im Mittelpunkt des Bildes erklärt, in dem der Künstler seine Signatur angebracht hat. Wie bei der KLEIN-Flasche handelt es sich hier um den blinden Fleck, um jene fast mystische Stelle, an der innen und außen nahtlos und unbegreiflich ineinander übergehen.

Gestatten Sie mir ein weiteres Beispiel – abstrakt, rein als Analogie zu verstehen, und doch wie jede zutreffende Analogie intuitiv ansprechend. Ich zitierte WITTGENSTEIN, wonach ein Satz unmöglich von sich aussagen kann, daß er wahr ist. Es läßt sich aber der verhältnismäßig einfache Nachweis erbringen, daß es solche Sätze gibt – und die sich daraus ableitbaren Folgen sind alles andere als einfach. Sie führen vielmehr in eine Logik, in der die Paradoxie der Rückbezüglichkeit aufgehoben ist, und die sich tatsächlich beim eigenen Schopf aus dem Sumpf zieht.

Versuchen wir, von FOERSTERS rekursiver (also rückbezüglicher) Logik folgend, einen Satz zu formulieren, der eine endgültige Aussage über die Zahl der ihn zusammensetzenden Buchstaben macht. Versuchen wir es mit »Dieser Satz hat 35 Buchstaben«. Nachzählen ergibt, daß er 37 Buchstaben hat, und wir erhalten so das geradezu archetypische Schema einer Aussage, die erst im Rahmen eines erweiterten Begriffssystems Sinn hat, nämlich:

Der Satz<br>
»Dieser Satz hat fünfunddreißig Buchstaben«<br>
hat siebenunddreißig Buchstaben.

In anderen Worten, der ursprüngliche, in Anführungszeichen stehende Satz ergibt erst zusammen mit dem erweiterten Satz einen Sinn; der neue Satz aber macht selbst keine gültige Aussage über seine eigene Buchstabenzahl. Wir müßten dieselbe Operation rekursiv erneut versuchen und kämen beim Satz an:

Der Satz<br>
»›Dieser Satz hat fünfunddreißig Buchstaben‹<br>
hat siebenunddreißig Buchstaben«<br>
hat fünfundsechzig Buchstaben.

Damit ist aber das Problem dieser Aussage wieder nur hinausgeschoben, doch nicht gelöst, und man kann sich unschwer vorstellen, daß ein Verrückter dieses Spiel zu immer phantastischer verschachtelten Satzungeheuern vortreiben könnte, aber vermutlich niemals an der »Wahrheit« ankäme.

Untersuchen wir aber statt einer wahllos herausgegriffenen Zahl alle in Frage kommenden Buchstabenzahlen, also etwa 27 bis 39. Zu diesem Zweck tragen wir die in der *Aussage* des Satzes enthaltene Zahl auf der x-Achse eines Koordinatensystems ein und die *tatsächliche* Buchstabenzahl auf der y-Achse (Abb. 5).

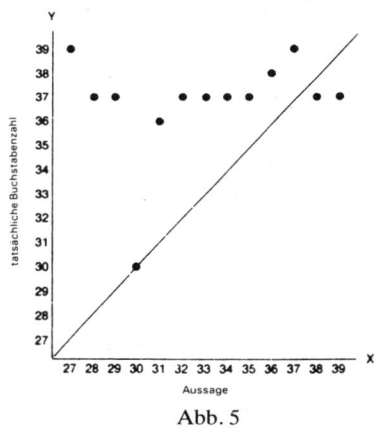

Abb. 5

Wenn es nun diesen Satz gibt, dessen Aussage und tatsächliche Buchstabenzahl identisch sind, und der daher in diesem Sinne eine wahre Aussage über sich macht, so muß er auf der Diagonale zwischen der x- und der y-Achse liegen. Wie wir sehen, ist dies bei 30 der Fall, während alle anderen Sätze dieser Bedingung nicht entsprechen. »Dieser Satz hat 35 Buchstaben« hat – wie wir nun graphisch sehen – 37 Buchstaben und fällt daher nicht auf die Diagonale. 30 ist somit der *Eigenwert* des Satzes, was besagen will, daß der Satz »Dieser Satz hat 30 Buchstaben« tatsächlich 30 Buchstaben hat. Im Englischen hat derselbe Satz sogar zwei Eigenwerte (31 und 33), im Italienischen ebenfalls (28 und 29), während man sich leicht vorstellen kann, daß es Sprachen gibt, in denen er keinen Eigenwert hat.

Die Bedeutung des Eigenwertes ist uns mathematischen Laien leider nur intuitiv erfaßbar und nur gleichnishaft auf andere Lebensbereiche übertragbar. Es ist damit z. B. der anscheinend endgültige Beweis KURT GÖDELS wieder in Frage gestellt, wonach kein System sich aus sich selbst heraus beweisen kann. In diesem Zusammenhang ist GEORGE SPENCER BROWNS Werk *Laws of Form* zu erwähnen sowie die Arbeiten des Kybernetikers HEINZ VON FOERSTER und des Neurophysiologen FRANCISCO VARELA über Rückbezüglichkeit. Was sie zeigen, ist, daß ein System sich in seinem Eigenwert transzendiert und seine eigene Folgerichtigkeit sozusagen von außen, aber ohne Zuhilfenahme eines größeren und selbst wieder nicht geschlossenen Systems nachweisen kann. Damit aber hat dieses System – ganz laienhaft ausgedrückt – das Kunststück Münchhausens fertiggebracht.

Ich weiß nicht, ob das bisher Dargelegte die Probleme der Rückbezüglichkeit auch nur in großen Umrissen aufgezeigt hat. Sicher bin ich aber, daß es damit keineswegs noch klar ist, weshalb ich Sie auf diese *tour de force* bemühte und wohin die Exkursion denn eigentlich führen soll. Hat das Gesagte irgendeine praktische, philosophische, weltanschauliche Analogie, oder bleibt es leere Spielerei? Im Grunde sind wir um nichts weitergekommen; in ihrer gedrängtesten Formulierung ist die Frage immer noch: Hat die Welt einen erfaßbaren Sinn? Wenn ja, welchen, und was ist daraus zu lernen?

Aber ich glaube, daß *eines* nun doch klar ist: Der Sinn, den wir erhalten, hängt von der Sinnfrage ab, die wir stellen. Die Sinnfrage selbst aber kann sich keinen Sinn geben; sie ist nicht ihr eigener Sinn, sie ist leer in dem Augenblick, in dem sie auf sich selbst zurückfragt. In anderen Worten: Solange die Frage nach dem Sinn des Sinnes nicht gestellt wird, *kann* die Welt als widerspruchsfrei erlebt werden – doch selbst das ist nicht notwendigerweise der Fall.

Ich möchte diese Gegebenheit mit der Geschichte des Weibs von Bath aus CHAUCERS *Canterbury Tales* beschreiben. In ihr reitet ein Mitglied von König Arthurs Tafelrunde von der Jagd zurück ins Schloß, stößt dabei auf ein wunderschönes Mädchen, das am Wegrand sitzt, und kann dem Impuls nicht wider-

stehen, sie zu vergewaltigen. Der Abscheu über diese Untat ist
so groß, daß König Arthur seine Hinrichtung verfügt. Jedoch
die Königin und die Hofdamen setzen sich für den Ritter ein
und bewegen Arthur, die Entscheidung über sein Schicksal ihnen zu überlassen. Sie beschließen, ihn zu begnadigen, wenn er
innerhalb eines Jahres und eines Tages die Antwort auf die
Frage findet: »Was ist's, was alle Frau'n am eifrigsten erstre-
ben?« Mit der Todesstrafe als Alternative wählt der Ritter natürlich dieses kleinere Übel und reitet in die Welt hinaus. Das
Jahr vergeht, der letzte Tag bricht an, und der Ritter ist auf dem
Weg zurück ins Schloß und in den Tod, denn es ist ihm nicht
gelungen, die Antwort zu finden. Dieses Mal stößt er auf ein
hexenhaftes altes Weib, »so häßlich, wie man sich's kaum denken kann«. Er kommt mit der Alten ins Gespräch, erwähnt
seine Notlage, worauf sie leichthin antwortet, daß sie die Antwort wisse und auch bereit sei, sie ihm zu eröffnen, wenn er
verspricht, »bei deiner Ehre, / mir das, was ich zuerst von dir
begehre, / zu tun, steht irgend es in deiner Macht«. Und so
steht der Ritter wiederum vor zwei Alternativen – geköpft zu
werden oder der Hexe die Erfüllung ihres Wunsches zu versprechen, was immer er sein mag –, entscheidet sich natürlich
wiederum für das kleinere Übel und erfährt so das (recht banale) Geheimnis: »...im allgemeinen steht / der Weiber
Wunsch nach Souveränität, / daß den Geliebten oder Mann in
Haft / sie halten unter ihrer Meisterschaft.« Die Königin und
ihre Damen sind mit dieser Antwort voll zufrieden, und nun
äußert die Hexe, die somit ihren Teil der Abmachung eingehalten hat, ihren Wunsch und verlangt, daß der Ritter sie zur Frau
nehme. Die Hochzeitsnacht kommt, der Ritter liegt in Verzweiflung an ihrer Seite, unfähig, seinen Abscheu vor ihr zu
überwinden. Und wieder stellt ihm die Hexe zwei Möglichkeiten zur Wahl: Entweder er nimmt sie, so wie sie ist, und sie wird
ihm zeit seines Lebens ein treues, gehorsames Weib sein – oder
sie wird sich in die schönste Jungfrau verwandeln, ihm aber
niemals treu sein. Lange überlegt sich der Ritter dieses neue
Dilemma, bis er endlich *die Wahl selbst* ablehnt, statt wiederum
eine der beiden Möglichkeiten zu wählen und die andere zu
verwerfen. Und CHAUCER erzählt uns, daß sich in diesem

Augenblicke die Hexe in das schönste Mädchen verwandelt und ihm zeit seines Lebens treu bleibt.

Die Geschichte ist offensichtlich nicht nur charmant, sondern hat eine tiefe philosophische Bedeutung. Wie lange müssen wir alle fehlgehen, bis wir schließlich nicht noch mehr desselben tun, in der Annahme, daß dieses Tun die einzig mögliche Alternative ist, sondern die *Annahme selbst* in Frage stellen? Wie lange müssen wir vergeblich suchen, bis wir nicht mehr glauben, noch nicht an der richtigen Stelle gesucht zu haben, sondern uns fragen, ob es das Gesuchte *überhaupt* gibt? KARL KRAUS fand die Antwort im Prinzip, daß er, wenn er zwischen zwei Übeln zu wählen habe, keines der beiden wählt. Und noch viel schöner ist der merkwürdig tröstliche Satz, den der Engländer CHESTERTON aus POPES Werk zitiert: »Gesegnet sei, der da nichts erwartet, denn er soll herrlich überrascht werden« – also nicht, der Hoffnungslose werde »nicht enttäuscht werden«, wie POPE meist falsch zitiert wird, sondern »...so soll herrlich überrascht werden«. Und CHESTERTON schreibt weiter: »Es ist eine der Millionen scherzhafter Wahrheiten, daß wir nichts wissen, bis wir nichts wissen.« Hier stehen wir nicht mehr vor einem unendlichen Regreß, dessen Komplexität die Denkfähigkeit des menschlichen Gehirns rasch überschreitet; hier ergibt sich eine grundsätzlich neue Situation, in der die Frage wegfällt und mit ihr die Notwendigkeit einer Antwort. Es erweist sich nun, daß das Suchen, die Frage, das Problem ist, ebenso wie – und dies sei hier nur am Rande vermerkt – in der von uns am Mental Research Institute entwickelten Kurztherapieform die versuchte Lösung als das eigentliche Problem gilt.

Gerade aber hier stößt man auf den hartnäckigsten Widerstand, denn Menschen in seelischer Not erklären sich zwar meist bereit, alles zu tun, was zur Verminderung ihres Leids führen könnte – mit einer einzigen, entscheidenden und entschiedenen Ausnahme, nämlich dem Fahrenlassen der leidschaffenden Prämisse selbst und der sich aus ihr anscheinend selbstverständlich ergebenden, in Tat und Wahrheit aber problemverewigenden Lösungsversuche. Dieses Aufgeben, Aufkündigen der Prämisse ist geradezu ein *think crime* im ORWELLschen Sinne und wird interessanterweise in totalitären

Ideologien auch konsequent als solches gesehen und behandelt.

Auf Anhieb ist es fast unmöglich, diesen Sachverhalt nicht mißzuverstehen. Wir müssen begreifen, daß in all dem eben Gesagten ein Sprung zu einer höheren logischen Ebene stattfindet – nicht eine HEGELsche Synthese der Gegensätze, die ihrerseits nur wieder ein Pol eines Gegensatzpaares ist – und daß sich durch diesen Sprung der Widerspruch der Gegensätze auflöst und die Rückbezüglichkeit sinnvoll wird. Solange unser Denken in der aristotelischen Dichotomie der Gegensatzpaare gefangen bleibt, läßt sich aus dem Gesagten nur eine Folgerung ziehen, nämlich Hoffnungslosigkeit und müde Resignation. Gerade in der psychotherapeutischen Praxis stoßen wir nur zu oft auf Menschen, für die die vermeintlich endgültige Erkenntnis der Sinnlosigkeit der Welt und des Lebens Grund zum Selbstmord sind. Wo bleibt da CHESTERTONS herrliche Überraschung? Die Lage ist hier aber grundsätzlich verschieden. Der am Unsinn der Welt Verzweifelnde ist ja weiterhin in der Illusion verfangen, daß es einen Sinn geben *muß*, es ihn aber nicht gibt. Dadurch erst wird für ihn die Welt und das Leben unerträglich. Und daraus erhellt auch die Absurdität und die gegenteilige Wirkung der in bester Absicht (selbst von Psychiatern) immer wieder versuchten »Aufmunterung« des Patienten. Dieser Tragik bar dagegen ist die Bemerkung des Königs in *Alice im Wunderland*, der nach dem Lesen des unsinnigen Gedichts des Weißen Kaninchens zur erleichterten Schlußfolgerung kommt: »Wenn kein Sinn darin ist, so erspart uns das eine Menge Arbeit, denn dann brauchen wir auch keinen zu suchen.«

Was uns das Phänomen der Rückbezüglichkeit meines Erachtens lehrt, ist, daß die Welt weder einen Sinn noch keinen Sinn hat – daß die Sinnfrage sinnlos ist. Was die Welt nicht enthält, kann sie auch nicht vorenthalten. Schon WITTGENSTEIN (*Tractatus* 6.5) sagte: »Das Rätsel gibt es nicht«, und »Die Lösung des Problems des Lebens merkt man am Verschwinden dieses Problems.« (6.521) Die Welt hat einen Eigenwert, der letztlich unser eigener ist. Die Zen-Meister sollen auf die Frage nach dem rechten Weg zur Erleuchtung geantwortet haben, daß man, solange man *satori* sucht, es nicht haben kann. Und Graf DÜRCKHEIM (1954) berichtet: Als er Altmeister Suzuki einmal »mit Bezug auf das vom Menschen immer gesuchte und ihn ja doch stetig um- und durchflutende Sein fragte, ob es etwa so sei, wie der Fisch, der nach dem Wasser sucht, antwortete er mit leisem Lächeln: ›Es ist noch mehr. Es ist so, wie wenn das Wasser nach dem Wasser sucht.‹« Der Taoismus spricht vom *wu-wei*, der absichtlichen Absichtslosigkeit. Über die enigmatische Hintergründigkeit des KAFKA-Romans *Der Prozeß* bestehen zahllose Deutungen – last but not least eine, die zu beweisen versucht, daß der Roman von hinten nach vorne zu lesen sei. Und doch scheint die Antwort in der Schlußbemerkung des Geistlichen in der Kathedrale enthalten zu sein. Nachdem er vergeblich versucht hat, Josef K. mit der Parabel vom Türhüter zu helfen, drückt er die Sinnlosigkeit von K.s Suche nach dem Sinn schließlich in einer einzigen, ganz klaren Bemerkung aus, die merkwürdigerweise in der KAFKA-Forschung (soweit sie mir bekannt ist) keine Rolle zu spielen scheint: »Das Gericht will nichts von dir. Es nimmt dich auf, wenn du kommst, und es entläßt dich, wenn du gehst.« Josef K. hört, aber versteht nicht und geht an seiner Suche nach endgültiger Gewißheit zugrunde.

»Es gibt allerdings Unaussprechliches«, sagt WITTGENSTEIN (*Tractatus*, 6.522). »Das zeigt sich, es ist das Mystische.« Und schließlich: »Meine Sätze erläutern dadurch, daß sie der, welcher mich versteht, am Ende als unsinnig erkennt, wenn er durch sie – auf ihnen – über sie hinausgestiegen ist. (Er muß sozusagen die Leiter wegwerfen, nachdem er auf ihr hinaufgestiegen ist.) Er muß diese Sätze überwinden, dann sieht er die Welt richtig.« (6.54) Und darauf folgt sein Satz vom Schweigen.

# Kapitel 11

# Bausteine ideologischer »Wirklichkeiten«

*Das abschließende Kapitel untersucht die unmenschlichen gesellschaftlichen Wirklichkeiten, die unvermeidlich durch den scheinbar so unschuldigen Glauben konstruiert werden, die endgültige Wahrheit entdeckt zu haben.*

Der Brockhaus gibt zum Stichwort Ideologie folgende Definition:

Die Gesamtheit der von einer Bewegung, einer Gesellschaftsgruppe oder einer Kultur hervorgebrachten Denksysteme, Wertungen, geistigen Grundeinstellungen (öfters auch in formulierter Form als »Lehre« überliefert); im spezifischen Sinne: künstlich geschaffene Ideensysteme.

An dieser Definition ist zweierlei wichtig: Erstens die zwar nicht ausdrücklich erwähnte, dem Begriff aber zugrunde liegende Annahme, daß das Denksystem (die »Lehre«) die Welt in ihrem So-Sein erklärt, und zweitens der grundlegende, allumfassende (und daher allgemeinverpflichtende) Charakter der Ideologie.

Es soll im folgenden untersucht werden, welche »Wirklichkeit« durch die Annahme konstruiert wird, eine derart endgültige Weltschau gefunden zu haben. Dazu sollen die Bausteine dieser Konstruktion jeweils abstrakt definiert (die kursiven Textstellen) und dann mit Hinweisen auf ihre Erscheinungsformen und mit Beispielen ihrer Symptomatik belegt werden. Diese Belege sind *nicht als Beweise* im eigentlichen Sinne gedacht, sondern als anekdotische, metaphorische oder anthologische *Veranschaulichungen* der betreffenden Auswirkungen; sie sind daher ohne jeden Anspruch auf Vollständigkeit aus verschiedensten Gebieten und Quellen zusammengetragen.

*Die These sei vorweggenommen: Was die durch die Setzung*

*einer bestimmten Ideologie erfundene Wirklichkeit betrifft, ist* ihr Inhalt *gleichgültig und mag jenem einer anderen Ideologie total widersprechen; die* Auswirkungen *dagegen sind von einer erschreckenden Stereotypie.*

Für den Ideologen – wie der Erfinder oder Verfechter einer Ideologie im folgenden bündig, aber vielleicht nicht ganz korrekterweise genannt sein soll – ist diese These absurd. Und er scheint Recht zu haben. Dem *Inhalt* nach gibt es kaum unvereinbarere Unterschiede als zwischen dem Glauben eines TORQUE-MADAS, dem *Mythus des 20. Jahrhunderts*, der endgültigen, da »wissenschaftlichen« Erklärung der gesellschaftlichen Wirklichkeit durch MARX und ENGELS, oder den Überzeugungen der Baader-Meinhof-Leute. Doch die *Praxis* der Inquisition, der Konzentrationslager, des Archipel Gulag oder der Terroristenszene sind von einer unleugbaren, grauenvollen Isomorphie. Und ob das Opfer von den Henkern Pinochets oder der *Irish Republican Army* ermordet wird, verleiht weder der einen noch der anderen Ideologie Anspruch auf Ewigkeitswert.

Der britische Historiker NORMAN COHN erwähnt in seinem Buch, *The Pursuit of the Millennium* (1975):

...in der Menschheitsgeschichte zeichnen sich gewisse unleugbare Verhaltensmuster ab, die in ihren Grundzügen immer wieder auftreten und daher immer klarer erkennbar werden. Und dies ist nirgends offensichtlicher als im Falle affektgeladener Massenbewegungen [...]. Unzählige Male haben Menschen sich in vermeintlich tausendjährigen Strömungen verschiedenster Art zusammengetan. Dies geschah in verschiedensten Zeiten und Zonen und in Sozietäten, die, was den Grad ihrer technischen Entwicklung und ihrer Institutionen, ihre Wertmaßstäbe und Überzeugungen betraf, weitgehend verschieden waren. Ihrem Wesen nach erstreckten sich diese Bewegungen von gewalttätigster Aggressivität zu mildestem Pazifismus, und ihre Ziele reichten von ätherischster Vergeistigung zu handfestestem Materialismus; [...] Aber nicht nur Unterschiede, auch Ähnlichkeiten drängen sich auf; und je eingehender man die Ausbrüche militanter sozialer Chiliasmen im späten Mittelalter mit modernen totalitären Bewegungen vergleicht, um so bemerkenswertere Ähnlichkeiten treten zutage. Die alten Symbole und Schlagworte sind verschwunden, aber nur um einigen neuen Platz zu machen; die Struktur der ihnen zugrunde liegenden Phantasien scheint sich kaum geändert zu haben.

## 1. Der pseudo-göttliche Ursprung der Ideologien

*Da dem Durchschnittsmenschen das Weltgefüge unerfaßbar ist, ist eine Ideologie um so überzeugender, je mehr sie sich auf einen ungewöhnlichen, übermenschlichen oder zumindest genialen Urheber berufen kann.*

Die höchste und daher im Laufe der Zeiten am häufigsten in Anspruch genommene Autorität ist das Wort des Schöpfers der Welt. Wenn es ihn gibt, darf füglich angenommen werden, daß er Ursprung, Sinn, Lauf und Ende der Welt kennt. Damit aber erhebt sich sofort die Frage, wie er sein Wissen und seinen Willen kundtat. Es bedarf dann der Idee des Vermittlers, der – wie die Menschheitsgeschichte zeigt – notwendigerweise halb göttlich, halb menschlichen Ursprungs sein muß: Dämonen, Demiurgen, Deuter von Orakeln, Seher – oft körperlich blind –, Propheten, von menschlichen Müttern geborene Gottessöhne treten auf und offenbaren seine Weisheit.

Doch auch nichttheologische Quellen letzthin gültiger Welterklärungen lassen sich aufführen: Philosophische Systeme, die Genialität oder Hellsicht bestimmter Individuen, die supreme, axiomatische Bedeutung der Vernunft oder auch nur des in ganz bestimmter Weise definierten »gesunden Menschenverstandes« oder »gesunden Volksempfindens« als höchster Autorität, oder in unseren Tagen wieder einmal eine besonders radikale Zuschreibung von Unfehlbarkeit und Endgültigkeit an ein angeblich wissenschaftliches Weltbild.

Zu erwähnen sind ferner kritiklos übernommene Vorurteile, das weite Feld der Tradition, des Aberglaubens und das Phänomen des Gerüchts. »Wenn eine ganze Stadt dasselbe sagt, dann muß etwas daran sein«, erhielt ein Soziologenteam zur Antwort, das die Entstehung und die lauffeuerartige Verbreitung eines Gerüchts in Orléans untersuchte (MORIN 1969, S. 141).

Die »reine« Wahrheit ist freilich axiomatisch, nicht probabilistisch. Zweifel sind unerwünscht. Auf die Frage, weshalb Kuba den Besuch seiner Gefängnisse durch das Internationale Rote Kreuz nicht gestattet, antwortet Fidel Castro der amerikanischen Fernsehreporterin Barbara Walters ganz einfach:

Wir erfüllen unsere Normen, unsere Prinzipien, was wir sagen, ist immer die Wahrheit. Wenn jemand diese Wahrheit in Zweifel ziehen möchte, soll er das tun, aber wir werden nie zulassen, daß jemand den Versuch unternimmt, unsere Realitäten zu überprüfen, daß jemand versucht, unsere Wahrheiten zu widerlegen.

Eine andere Möglichkeit, der Widerlegung oder auch nur der Diskussion auszuweichen, liegt darin, die Wahrheit so kryptisch darzustellen oder durch einen sinnentleerten Formalismus zu ersetzen, daß sie – sozusagen in vernebelter Brillanz – hochtrabend und tiefsinnig zugleich erscheint. Beispielhaft in diesem Zusammenhang ist die Definition der Freiheit durch einen ihrer Totengräber, nämlich den Propheten des Terrorismus, MICHAIL ALEXANDROWITSCH BAKUNIN, in seinem *Revolutionären Katechismus*:

Es ist nicht wahr, daß die Freiheit eines Individuums durch die Freiheit aller anderen begrenzt wird. Der Mensch ist nur in dem Grade wirklich frei, in welchem seine von dem freien Gewissen aller anderen frei anerkannte und von ihm wie aus einem Spiegel zurückstrahlende Freiheit in der Freiheit der anderen Bestätigung und Ausdehnung ins Unendliche hin findet.

Pseudoprofundes Wortgeklingel, für das sich inzwischen der herzlose Ausdruck »Parteichinesisch« durchgesetzt hat.

## 2. Die vermutlichen psychologischen Notwendigkeiten der Ideologie

*Es mag Zeitverschwendung sein, auch nur ein Wort darüber zu verlieren, warum uns so brennend viel an einem endgültigen Weltbild gelegen sein soll. Wir Menschen und – wie die moderne Primatologie lehrt – übrigens auch die anderen höheren Säugetiere scheinen psychisch in einem sinn- und ordnungslosen Universum nicht überleben zu können. Daraus ergibt sich die Notwendigkeit des Füllens der Leere, deren Erlebnis uns in seiner verdünntesten Form in Langeweile, in seiner konzentriertesten in Psychose oder Selbstmord treiben kann. Wenn aber so viel auf dem Spiele steht, muß die Erklärung der Welt hieb- und stichfest sein, darf sie keine Fragen offenlassen.*

GABRIEL MARCEL sieht das Leben als einen Kampf gegen das Nichts. VIKTOR FRANKLS Lebenswerk gibt eine Fülle von Beispielen dafür, daß Menschen an Sinnleere erkranken können, daß aber andererseits »wer ein Warum zu leben hat, fast jedes Wie erträgt« (NIETZSCHE).

Folgt daraus, daß persönliche Bedrohung durch Hunger, Krankheit, allgemeine Unsicherheit den einzelnen besonders für Ideologien anfällig macht und in ähnlicher Weise das Kollektiv in Zeiten politischer oder internationaler Bedrohung? Nicht unbedingt. »Die führenden Schriftsteller der zwanziger Jahre«, schreibt ORWELL (1954, S. 235) in seinen *Essays*,

waren vorwiegend pessimistisch. Waren sie es nicht vielleicht gerade deswegen, weil sie in einer besonders komfortablen Epoche schrieben? In solchen Zeiten nämlich grassiert ›kosmische Verzweiflung‹. Menschen mit leeren Bäuchen verzweifeln nie am Universum, ja, sie denken nicht einmal daran.

Wie noch zu zeigen sein wird, scheint die zwanghafte Suche nach brennenden Problemen ein Symptom der Wohlstandsgesellschaft zu sein. Es sei allerdings nicht bestritten, daß Resignation eine lebensgefährliche Wirklichkeit erschaffen kann. Und ferner kann schwerlich bestritten werden, daß wirkliches Elend den Nährboden für verzweifelte Versuche herstellt, die bestehenden Ungerechtigkeiten gewaltsam zu verändern. Aber bereits LENIN (1945, S. 58) lehrte, daß diese spontanen Ausbrüche kein Ausdruck eines schon bestehenden revolutionären Bewußtseins sind, sondern »viel eher ein Ausdruck der Verzweiflung und der Rache als ein Kampf«. Der Drang nach der Utopie scheint sich vielmehr aus Quellen zu nähren, die eben sehr wenig oder nichts mit materiellem Elend zu tun haben. Der Protest der amerikanischen Hippies, so z. B. der Soziologe WALTER HOLLSTEIN (1969, S. 67), war eine Bewegung, die

von Jugendlichen gelebt wurde, die alle Vorteile und Vergünstigungen des Systems in Anspruch nehmen konnten. Nicht Neid und Ehrgeiz führten zum Aufstand der Blumenkinder, sondern Überdruß und das Verlangen nach anderem.

### 3. Die Paradoxien des Ewigkeitswertes

*Der Anspruch jeder Ideologie auf Ewigkeitswert führt unvermeidlich zu einer in der Formallogik seit Jahrtausenden bekannten Paradoxie, die jedoch dem Begriffssystem die Fähigkeit verleiht, auch die größten Widersprüche scheinbar mühelos aufzulösen. Es handelt sich um die Einführung von Null oder Unendlich in mathematische Gleichungen und deren Folgen.*

Die Probleme des fahrlässigen Umgangs mit diesen beiden Größen werden meist anhand der von ZENO schon vor annähernd zweieinhalb Jahrtausenden beschriebenen Paradoxien dargestellt; z. B. der Geschichte vom leichtfüßigen Achilles, der – aller menschlichen Alltagserfahrung zum Trotz – im Wettlauf mit der Schildkröte unterliegen »muß«. Seit jenen fernen Tagen haben die Paradoxien des Unendlichen (der Ausdruck geht auf BERNHARD BOLZANO (1889) zurück) nicht aufgehört, den menschlichen Geist zu immer neuen, faszinierenden Einkleidungen zu bewegen; so etwa ARTHUR SCHNITZLER (1961, S. 917) in seiner Erzählung *Flucht in die Finsternis:*

Er erinnerte sich eines Einfalls, den Leinbach vor Jahren in größerer Gesellschaft ganz ernsthaft, ja, mit einer gewissen Wichtigkeit vorgebracht hatte. Er hatte damals einen Beweis gefunden, daß es eigentlich keinen Tod auf der Welt gebe. Es sei ja zweifellos, erklärte er, daß nicht nur für Ertrinkende, sondern daß für alle Sterbenden im letzten Augenblick das ganze Leben mit einer ungeheuren, für uns andere gar nicht zu erfassenden Geschwindigkeit noch einmal sich abrolle. Da nun dieses erinnerte Leben natürlich auch wieder einen letzten Augenblick habe und dieser letzte Augenblick wieder einen letzten, und so weiter: So bedeutet das Sterben im Grunde nichts anderes als die Ewigkeit – unter der mathematischen Formel einer unendlichen Reihe.

1941 veröffentlichte ARTHUR KOESTLER seinen berühmten Roman, *Darkness at Noon*, dessen französische Ausgabe unter dem Titel *Le Zéro et l'Infini* (1945) erscheint und damit an Prägnanz den Originaltitel bei weitem übertrifft. Das Buch handelt nämlich von den politischen Folgen der Einführung von *Null* oder *Unendlich* in – wie KOESTLER (1954) es anderswo so treffend formuliert – die »soziale Gleichung«:

Ich erinnerte mich an einen Satz aus Malrauxs *Les Conquérants*: »Une vie ne vaut rien, mais rien ne vaut une vie.« In der sozialen Gleichung ist der Wert eines einzelnen Lebens null; in der kosmischen Gleichung ist er unendlich. Jeder Schulbub aber weiß, daß, wenn man Null oder Unendlich in eine Gleichung einschmuggelt, die Gleichung gestört wird, und man dann beweisen kann, daß drei gleich fünf oder fünfhundert ist. Nicht nur der Kommunismus, sondern jede politische Bewegung, die sich implizit auf eine rein utilitaristische Ethik beruft, muß demselben fatalen Irrtum zum Opfer fallen. Es ist ein Trugschluß, der naiv wie eine mathematische Scherzfrage ist, und dennoch führen seine Folgen schnurgerade zu Goyas *Desastres de la Guerra*, zur Herrschaft der Guillotine, den Folterkammern der Inquisition, oder den Kellern der Lubianka. Und ob der Weg dorthin mit Zitaten von Rousseau, Marx, Christus oder Mohammed gepflastert ist, spielt kaum eine Rolle.

Daß jede Ideologie auch in ihren Zielsetzungen von der Utopie eines endgültigen Idealzustands erfüllt ist, ergibt sich aus dem Gesagten wiederum fast zwingend.

Hier feiert die aus der philosophischen Mottenkiste gezogene These ROUSSEAUS vom guten natürlichen Menschen und der ihn verderbenden Gesellschaft fröhliche Urstände, wobei wie schon zu ROUSSEAUS Zeiten ungeklärt bleibt, wieso die Gesamtheit aller natürlichen, guten Menschen zu dieser finsteren, üblen Macht ausartet, die für Unterdrückung, für Geisteskrankheiten und Selbstmord, Scheidungen, Alkoholismus und Kriminalität verantwortlich ist. Dagegen macht KARL POPPER (1957, S. 268) in seinem Werk, *Die offene Gesellschaft und ihre Feinde*, schon 1945 die uns heute fast prophetisch anmutende Bemerkung, daß das Paradies der glücklichen, primitiven Gesellschaft (das, nebenbei bemerkt, niemals existierte) für all jene verloren ist, die vom Baum der Erkenntnis gegessen haben. Je mehr wir zum heroischen Zeitalter des Tribalismus zurückzukehren versuchen, warnt POPPER, desto sicherer kommen wir bei der Inquisition, der Geheimpolizei und einem romantisierten Gangstertum an.

Sind aber einmal die Existenzprobleme des von Natur aus »guten« Individuums der »bösen« Gesellschaft zur Last gelegt, steht dem Höhenflug in die Vision nichts mehr im Wege. Die

Definition der machtfreien, gütigen Gesellschaft ist dann nur noch eine Frage der Phantasie. So sehen z. B. MARX (1932, S. 22) und ENGELS eine der Manifestationen bürgerlicher Macht in der unausweichlichen Zuteilung einer bestimmten Tätigkeit an den einzelnen und phantasieren dann dazu flugs die Lösung dieses Problems:

Sowie nämlich die Arbeit verteilt zu werden anfängt, hat jeder einen bestimmten ausschließlichen Kreis der Tätigkeit, der ihm aufgedrängt wird, aus dem er nicht heraus kann; er ist Jäger, Fischer oder Hirt oder kritischer Kritiker, und muß es bleiben, wenn er nicht die Mittel zum Leben verlieren will – während in der kommunistischen Gesellschaft, wo jeder nicht einen ausschließlichen Kreis der Tätigkeit hat, sondern sich in jedem beliebigen Zweig ausbilden kann, die Gesellschaft die allgemeine Produktion regelt und mir es dadurch möglich macht, heute dies, morgen jenes zu tun, morgens zu jagen, nachmittags zu fischen, abends Viehzucht zu betreiben, nach dem Essen zu kritisieren, wie ich gerade Lust habe; ohne je Jäger, Fischer, Hirt oder Kritiker zu werden.

»Ich will die Freiheit aller Unterdrückten auf der ganzen Welt. Und der einzige Weg, auf dem wir dies erreichen können, ist im Fortschritt auf eine revolutionäre Gesellschaftsform hin, in der die Bedürfnisse und Wünsche aller Menschen respektiert werden können.« Mit diesen Worten paraphrasiert die radikale Philosophieprofessorin ANGELA DAVIS den uralten messianischen Traum JESAJAS vom Löwen, der in einer vollkommen guten Welt friedlich neben dem Lamme grasen wird. Doch was der biblische Prophet vielleicht nicht wissen konnte, die heutigen Weltverbesserer aber eigentlich wissen könnten, ist in aller wünschenswerten Klarheit im Eröffnungssatz einer Ansprache des französischen Senats an Napoleon I. enthalten: »Sire, das Streben nach Vollkommenheit ist eine der schlimmsten Krankheiten, die den menschlichen Geist befallen können.« Die Autoren dieses Satzes konnten allerdings den fragwürdigen Vorteil für sich in Anspruch nehmen, die Folgen der versuchten Einführung von *liberté, fraternité* und *egalité* unmittelbar erlebt und überlebt zu haben.

Die utopischen Erwartungen erhalten weitere Impulse aus der Annahme, daß die edlen Unterdrückten sich nach ihrer Befreiung in die Vertreter der idealsten menschlichen Werte verwandeln werden – eben weil sie Unrecht und Unterdrückung am eigenen Leibe erfahren haben. Hierzu stellt aber schon GEORGE BERNHARD SHAW in seinem *Katechismus des Umstürzlers* fest: »Dennoch haben Revolutionen noch nie das Joch der Tyrannei abgeschüttelt; sie haben es bloß auf eine andere Schulter gewälzt.«

*Wie* es dazu kommt, daß gerade die herrlichsten Utopien in die grausamste Unterdrückung münden, darüber soll im folgenden noch spekuliert werden. *Daß* sie es tun, dafür bietet die Geschichte von den Tagen PLATONS bis in die allerjüngste Zeit herein einen lückenlosen Nachweis. Und dabei ist zu bedenken, daß die meisten der klassischen Utopien nur in den Köpfen ihrer Erfinder und auf dem Papier ihrer Traktate bestanden und *trotzdem* in ihrer nie in die Praxis umgesetzten Form die Merkmale unmenschlicher Unterdrückung tragen. Hierzu WOLFGANG KRAUS (1978, S. 49) in *Die verratene Anbetung*:

Untersucht man die klassischen gesellschaftlichen Utopien auf die ihren Verfassern am wichtigsten erscheinenden Werte, so kommt man zu erstaunlichen Ergebnissen. Von Platons »Staat« und »Gesetzen« über Plutarchs Lykurg-Kapitel, über Thomas Morus' »Utopia« und Campanellas »Sonnenstaat« bis Francis Bacons' »Atlantis« und vielen anderen Werken zeigt sich ein erschreckender Zug zu gewaltsam etablierten Ordnungen. Die uns heute bekannten politischen Diktaturen wirken im Vergleich zu diesen sogenannten Idealstaaten wie Gefilde der Freiheit.

Und doch rennt die Welt immer wieder den Rattenfängern der Utopie nach, bis zum bitteren Ende. Was übrigbleibt, ist fassungslose Enttäuschung, als wäre dieses Ende nicht von Anfang an voraussehbar gewesen. Mit beneidenswerter Prägnanz drückt MAX FRISCH dies in *Biedermann und die Brandstifter* aus:

Was nämlich jeder voraussieht,
Lange genug,
Dennoch geschieht es am End.
Blödsinn,
Der nimmer zu löschende jetzt,
Schicksal genannt.

Mit dem Katzenjammer der Ernüchterung versuchen verschiedene Leute in verschiedenster Weise fertigzuwerden. In der Zeitung *das konzept* vom März 1979 schreibt der Schweizer NIKLAUS MEIENBERG (1979, S. 33):

Was unser schönes Bild vom Sozialismus trüben konnte, haben wir jahrelang nicht zur Kenntnis genommen oder dann Dinge, die wir in der Schweiz bekämpfen, mit dem einmaligen politisch-historischen Kontext entschuldigt; [...] erst nachdem unser Vietnam in Kambodscha auf sehr klassische Weise einmarschiert war, mit amerikanisch anmutenden Bomben und Panzern und echter Blitzkriegtaktik [...], war bestimmten Leuten schlagartig klargeworden, daß die Roten Khmers Völkermord begangen hatten. Aber vorher nicht.

Und der Zürcher *Zeitdienst* (1979, S. 35) beklagt sich:

Es gibt nun, nach Prag, Äthiopien und Kambodscha überhaupt kein fortschrittliches Lager mehr, das Interessengegensätze prinzipiell ohne bewaffnete Auseinandersetzungen austragen würde. Es gibt – dies dürfte eine zentrale Erfahrung der heranwachsenden Generation sein – keine »guten«, keine politischen Idole oder Symbolfiguren mehr. [...] Die Zeit der Vorbilder ist vorbei.


## 4. Die Paradoxien der Vollkommenheit und Unendlichkeit

*Kühn, mächtig und scheinbar in sich geschlossen, wie es das erhabenste Lehrgebäude auch sein mag, hat es doch eine fatale Unvollkommenheit: Es kann seine eigene Geschlossenheit und Widerspruchsfreiheit nicht aus sich selbst heraus beweisen.* Diese Grundbedingung des logischen Aufbaus jeder von uns konstruierten Wirklichkeit haben die Mathematiker – vor allem KURT GÖDEL – am gründlichsten erforscht, und ihre Befunde haben für alle Denksysteme Gültigkeit, deren Komplexität zumindest dem der Arithmetik entspricht. Um den Nachweis seiner Widerspruchsfreiheit zu erbringen, ist es für das betreffende System unumgänglich, aus seinem eigenen Begriffsrahmen herauszutreten und seine Geschlossenheit und Vollkommenheit von außen her, unter Zuhilfenahme von Erklärungsprinzipien zu beweisen, die es nicht aus sich selbst hervorbringen kann. Die Widerspruchsfreiheit dieser neuen, zusätzlichen Prinzipien – also des begrifflichen Metarahmens – kann wieder nur innerhalb des Metametarahmens eines noch weiter gefaßten Systems bewiesen werden, dessen logische Folgerichtigkeit wieder nicht aus seinen eigenen Sätzen heraus beweisbar ist, und sofort ad infinitum. Seit WHITEHEAD und RUSSELL (1910–1913) wissen wir, daß, was immer sich auf eine Gesamtheit bezieht, nicht selbst Teil dieser Gesamtheit sein kann, d. h. sich nicht auf sich selbst beziehen darf, ohne in die Paradoxien der Rückbezüglichkeit zu fallen. Der berühmte Lügner, der von sich selbst sagt: »Ich lüge«, stellt die einfachste Form einer solchen Paradoxie dar. Wenn er tatsächlich lügt, dann ist seine Aussage wahr; ist sie aber wahr, dann ist es unwahr, daß er lügt, und er log daher, wenn er zu lügen behauptete. Also lügt er... und so weiter, und so weiter. In anderen Worten: Die Aussage »Ich lüge« bezieht sich einmal auf die *Gesamtheit* (mathematisch ausgedrückt: die *Menge*) seiner Aussagen und gleichzeitig aber auch auf einen *Teil* (*Element*) dieser Gesamtheit, nämlich diese *eine* Aussage. Wo Menge und Element nicht strikt auseinandergehalten werden, ergeben sich die in der Formallogik sattsam bekannten Paradoxien der Rückbezüglichkeit (siehe S. 136–155 in diesem Band). Das Bild ist nicht das Abgebildete, der Name ist nicht das Benannte, eine Erklärung der Wirklichkeit nur eine Erklärung und nicht die Wirklichkeit selbst. (Nur ein sogenannter Schizophrener ißt die Speisekarte statt die auf ihr aufgeführten Speisen.) »Aller Irrtum«, stellte schon KANT fest, »besteht darin, daß wir unsere Art, Begriffe zu bestimmen oder abzuleiten oder einzuteilen, für Bedingungen der Sachen an sich halten.«

Wenn aber eine Erklärung der Welt, also z. B. eine Ideologie, auch alles zu erklären behauptet, eines bleibt unerklärlich, nämlich das Erklärungssystem selbst. Damit aber fällt jeder Anspruch auf Vollkommenheit und Endgültigkeit. POPPER verweist auf diesen Sachverhalt in seinen *Conjectures and Refutations* (1962, S. 6), indem er feststellt, daß keine Theorie positiv bewiesen werden kann. Wir lernen nur aus ihren Versagern, können aber niemals mit Sicherheit wissen. Es gibt daher keine Autorität, die Anspruch auf Autorität erheben kann; es gibt nur Annäherungen an eine nie voll erfaßbare Wahrheit.

Noch ausführlicher zu diesem Thema der britischen Logiker LUCAS (1970, S. 114):

Es ist eine gerechtfertigte Kritik vieler Philosophen, und nicht nur des Determinismus, daß sie sich in ihren eigenen Thesen verfangen. Dem Marxisten, der behauptet, daß alle Ideologien nur die Klasseninteressen ihrer Anhänger widerspiegeln, kann man vorhalten, daß in diesem Falle seine marxistischen Anschauungen lediglich die ökonomischen Interessen seiner eigenen Klasse ausdrücken und keineswegs größeren Anspruch darauf erheben können, für wahr oder gültig gehalten zu werden, als irgendwelche anderen Ansichten. Dasselbe gilt für den Freudianer, der zur Einsicht kommt, daß jedermanns Philosophie nur eine verzögerte Reaktion auf seine Kindheitserlebnisse ist. Dem Deterministen ergeht es nicht anders. Wenn seine Aussagen wahr sind, so nur infolge seiner Erbanlage und seiner Umwelt, und aus keinem anderen Grund. Er hat seine deterministischen Ansichten nicht deshalb, weil sie wahr sind, sondern weil er in einer ganz bestimmten Weise genetisch veranlagt und ganz bestimmten Umweltreizen ausgesetzt ist; das heißt nicht deswegen, weil die *Struktur* des Universums in dieser oder jener Weise beschaffen ist, sondern lediglich deswegen, weil die Beschaffenheit eines Teils des Universums zusammen mit der Hirnstruktur des Deterministen zu diesem Ergebnis führt.

Diese nie zu überwindende Unvollkommenheit aber ist dem Ideologen unannehmbar. Seine Erklärung der Welt hat absolut wahr zu sein, hat alles zu beweisen und muß daher auch ihren eigenen Beweis enthalten. Im Versuch, das Unmögliche dennoch zu erzwingen, schneidet der politische Ideologe schlechter ab als seine theologischen Confrères. Der Grund nämlich, warum z. B. das Christentum auch in dieser Hinsicht eine für den Gläubigen tröstliche Konsistenz bewahren kann, liegt darin, daß es die Verwirklichung des Traums JESAJAS vom vegetarischen Löwen an das Ende der Zeit verschiebt und sich sozusagen durch diese Einführung des Begriffs der Unendlichkeit aus der Patsche zieht. Damit wird die Existenz des Bösen zumindest relativiert, wenn auch nicht entschuldigt, obwohl andere Probleme, wie die Idee der ewigen Verdammnis des reuelosen Sünders, der Erbsünde, der Frage, ob Gott selbst den Regeln seiner eigenen Schöpfung unterworfen ist oder auch das Unmögliche tun kann, offenbleiben, und z. B. BASILI-

DES im 2. nachchristlichen Jahrhundert zur ketzerischen Anschauung drängten, daß der Kosmos die leichtfertige und böswillige Improvisation unvollkommener Demiurgen war. Der Politideologe kann sich diese Verschiebung ans Ende der Zeit aber nicht leisten; für ihn muß die Harmonie jetzt und hier, oder spätestens zu Lebzeiten der nächsten Generation anbrechen. Auch zu diesem Thema POPPER (1968, S. 322):

Unsere Mitmenschen haben einen Anspruch auf unsere Hilfe; keine Generation darf künftigen Generationen zuliebe geopfert werden, eines Glücksideals wegen, das nie verwirklicht werden kann. Es ist, kurz gesagt, meine Behauptung, daß das menschliche Elend das Grundproblem einer rationalen öffentlichen Politik ist, und daß das Glück ein solches Problem nicht ist. Glücklich zu werden sollte unseren privaten Bemühungen überlassen bleiben.

Mit der selbstauferlegten Forderung nach Vollkommenheit verfängt sich der Ideologe in den Widersprüchen zwischen der zweiwertigen ARISTOTELISCHEN Logik des Gegensatzpaares wahr-falsch mit seinem ausgeschlossenen *tertium* einerseits und den unvertrauten Tücken einer Logik, die versucht, sich rückbezüglich selbst zu beweisen und an diesem Versuch scheitert. Denn keine Ideologie kann es sich leisten, sich mit der weisen, humanen Unvollkommenheit abzufinden, wie sie etwa in ERNST-WOLFGANG BÖCKENFÖRDES (1978) These zum Ausdruck kommt, wonach »der moderne freiheitliche Staat von Voraussetzungen lebt, die er nicht garantieren kann, ohne seine Freiheitlichkeit in Frage zu stellen« – eine These, in der sich das Unvollständigkeitsprinzip aller Welterklärungen und daher auch aller »sozialen Gleichungen« treffend widerspiegelt.

Besonders der Linksradikale dagegen verstrickt sich im unlösbaren Widerspruch seiner nichtaufgehenden »Gleichung«: Einerseits ist er nun ein Rädchen im ehernen, ein für allemal festgelegten, gesetzmäßigen, übermenschlichen Ablauf der Geschichte; gleichzeitig aber wähnt er sich berufen und verpflichtet, als messianischer Neuerer aus freiem Handeln und selbstgefaßter Initiative heraus das Steuer der Geschichte herumzuwerfen. Agiert oder reagiert er also? Kommt die Initia-

tive von innen, also spontan, oder wird sie von außen oktroyiert
– etwa durch die eherne Logik der geschichtlichen Abläufe? 
Bereits LENIN (1945, S. 58) befaßte sich mit diesem Problem.
In seiner berühmten, 1902 veröffentlichten Schrift, *Was tun?*,
wirft er die Frage nach der Spontaneität der Revolution auf und
stellt kategorisch fest:

Wir haben gesagt, daß die Arbeiter ein sozialdemokratisches Bewußtsein *gar nicht haben konnten*. Dieses konnte ihnen nur von außen
gebracht werden. Die Geschichte aller Länder zeugt davon, daß die
Arbeiterklasse aus eigenen Kräften nur ein trade-unionistisches Bewußtsein herauszuarbeiten vermag.

Und was ist dieses »Außen«, von dem der entscheidende Anstoß kommt? Es ist, erstaunlicherweise, das Lager des Feindes,
denn LENIN fährt fort:

Die Lehre des Sozialismus ist hingegen aus philosophischen, historischen und ökonomischen Theorien hervorgewachsen, die von den ge-
bildeten Vertretern der besitzenden Klassen, der Intelligenz, ausgear-
beitet wurden. Auch die Begründer des modernen wissenschaftlichen
Sozialismus, MARX und ENGELS, gehörten ihrer sozialen Stellung
nach der bürgerlichen Intelligenz an.

Der Metarahmen wäre demnach die Bourgeoisie, und man
müßte sich nun fragen, in welchem Metametarahmen *sie* einge-
bettet ist. Statt zur erhofften, endgültigen Antwort vorzudrin-
gen, verfiele man auf diese Weise aber nur in den unendlichen
Regreß, von dem bereits die Rede war, und der der Forderung
des Sich-aus-sich-selbst-heraus-Beweisens der Ideologie widerspricht.
    Der nicht von des Gedankens Blässe angekränkelte Tat-
mensch freilich neigt zu gordischeren Lösungen der Paradoxie.
Ein faszinierendes Beispiel dafür liefert MARTIN GREGOR-
DELLIN (1967) in seiner Studie sozialistischer Semantik in der
DDR. Er analysiert eine Rede ERICH HONECKERS und stößt
dabei auf den Satz: »Das ist ein gesetzmäßiger Prozeß, den unsere Partei auf lange Sicht plant und leitet.« Dazu führt GRE-
GOR-DELLIN aus:

Hier verrät das Vokabular den Betrüger, es stellt den angeblichen
Sachverwalter der Gesetze als Manipulator bloß. Also werden Ge-

setze nicht, nach Marx, von den wirtschaftlichen und gesellschaftlichen Gegebenheiten bestimmt, sondern von der Partei, die selbst die »gesetzmäßigen Prozesse plant und leitet«. Es ist mir nicht darum, nachzuweisen, daß Honecker den Marxismus verrät. Das Beispiel zeigt nur, daß durch den Selbstlauf einer vom Intellekt kaum mehr kontrollierten Sprache hier plötzlich für eine Sekunde das Visier geöffnet wird: Was hervorblickt, ist der Zynismus des Zentralkomitees, in dem man sich längst darüber einig ist, daß Gesetzmäßigkeiten nicht eingehalten, sondern vorgeschrieben werden müssen.

Und doch, dem Gläubigen bleibt damit der Schein gewahrt.

### 5. Häresie und Paranoia

> ...weil, so schließt er messerscharf,
> nicht sein kann, was nicht sein darf.
> *Christian Morgenstern*

*Aus der Setzung einer allgemeinverpflichtenden, dafür wahr gehaltenen Ideologie folgt wie die Nacht dem Tage das Auftreten der Häresie, jenes Wortes (heiresis), das ursprünglich nicht Ketzerei bedeutete, sondern* Wahl – *also einen Zustand, in dem man (noch) wählen kann.* Der sogenannte Häretiker hat somit die Freiheit, für sich selbst nach eigenem Gutdünken zu wählen und zu leben. Damit aber kommt er in Konflikt mit der Ideologie, dem wahren Glauben, der Generallinie. Hier ist es wichtig, festzuhalten, daß es die Häresie ohne die »wahre« Lehre überhaupt nicht gäbe.

Auf dem Wege zur Unterdrückung und Liquidierung des Häretikers lassen sich einige typische Stationen unterscheiden:

Die Idee, im Besitze der endgültigen Wahrheit zu sein, führt zunächst zu einer messianischen Haltung, die sich an den Glauben klammert, die Wahrheit werde sich *qua* Wahrheit von selbst durchsetzen. An diesem Punkt glaubt der Verfechter einer Ideologie vielleicht noch an die Belehrbarkeit oder die Möglichkeit der Überzeugung des Häretikers. Da die Welt sich ihm bald aber als verstockt erweist, unwillig oder unfähig, sich der Wahrheit zu eröffnen, ergibt sich als zwangsläufiger nächster Schritt, was HERMANN LÜBBE (1978, S. 65–66) die ideologische Selbstermächtigung zur Gewalt nennt. In ihrem ureigensten Interesse müssen der Welt die Augen geöffnet werden. Lübbe verfolgt diese Idee bis zur Ausgabe des Tscheka-Organs *Rotes Schwert* vom 18. 8. 1919 zurück, in der das berühmte Prinzip »Uns ist alles erlaubt« verkündet und mit der verblüffenden Erklärung gerechtfertigt wird: »Unsere Humanität ist absolut.« Wie läßt sich das vereinbaren? Hierzu Lübbe:

Die oben als [...] theoretische Bedingung uneingeschränkter Selbstermächtigung zur Gewalt genannte historizistische Geschichtsphilosophie leistet das. Sie setzt instand, ideologiekritisch den Verblendungszusammenhang zu identifizieren, der das Bewußtsein des Volkes gefesselt hält, so daß, wenn das Volk haßt, wo es lieben sollte, die Liebe zum Volk, die die Sehenden hegen, auch ohne Erfahrung akuter Gegenliebe enttäuschungsfest bleibt. Es ist diese Liebe zum Volk, die alles erlaubt, und zwar unabhängig von ihrer akuten Erwiderung.

Es bleibt dem Weltbeglücker ja keine Wahl; er ist der Chirurg, der das heilende Messer ansetzt. Er will die Gewalt nicht, aber die Wirklichkeit (die er sich erfunden hat) drängt ihm die Gewaltanwendung gewissermaßen gegen seinen Willen auf. Der Bombenwurf in ein menschengefülltes Kaufhaus wird so zu einem Akt revolutionärer Liebe zur Menschheit. (Und überhaupt, um Lübbe nochmals zu zitieren, »nicht in Kaufhäuser oder Polizeistationen wirft er seinen Primärintentionen nach seine Bomben, sondern ins öffentliche Bewußtsein«.) Im Busen des terroristischen Massenmörders Felix Dserschinskij wohnte eine »Seele von tiefer poetischer Empfindsamkeit, ständig getrieben vom Mitleid für die Schwachen und die Leidenden [...], ständig in der Spannung zwischen seinem hehren Idealismus und der Schlächterei lebend, die sein tägliches Geschäft war« (Deutscher 1959, S. 85). Von der Terroristin Gudrun Ensslin soll Günther Grass gesagt haben: »...sie war idealistisch, mit einem angeborenen Ekel vor jedem Kompromiß. Sie sehnte sich nach dem Absoluten, der vollkommenen Lösung« (Becker 1978, S. 170–198).

Wer kann, versucht freilich, sich die Hände nicht schmutzig zu machen. Himmler, der sich eine Massenhinrichtung in Smolensk ansah, wurde es schon nach der zweiten Salve übel, und er mußte abfahren. Aus der aseptischen Entfernung seines Hauptquartiers aber stattete er dann brieflich seinen Mannen Dank für ihre so schwierige, selbstlose Pflichterfüllung ab.*

Die Endlösung der Nazis war freilich nicht sehr ambitiös; ihre Ideologie war für den Hausgebrauch, nicht das Universum, bestimmt, und was ihre Gegner betraf, so begnügten sie sich mit ihrer Vernichtung. Der wahre Ideologe aber, dem es um die Verabsolutierung und Verewigung der reinen Lehre geht, steht unter der Notwendigkeit der totalen Ausmerzung, Liquidierung, Vernullung jeder ihr widersprechenden Tatsache oder Meinung. Dafür aber reichen Verbot, Verachtung, Verleugnung, Verbannung und so weiter nicht aus, denn sie alle erkennen ja zwangsläufig an, was sie bekämpfen. Nach Einführung des Begriffes der Unendlichkeit in die soziale Gleichung geht es dem Ideologen nun um die Einführung des Nullbegriffes. »Sie sind ein Fehler im Muster«, erklärt der Folterer in *Neunzehnhundertvierundachtzig* seinem Opfer,

Sie sind ein Fleck, der ausgemerzt werden muß. [...] Es ist für uns unerträglich, daß irgendwo in der Welt ein irrgläubiger Gedanke existieren sollte, mag er auch noch so geheim und machtlos sein (ORWELL 1950, S. 296).

Man kann Dissidenten und Ketzer körperlich liquidieren und sie sogar vorher – sozusagen *ad maiorem gloriam ideologiae* – seelisch so entwürdigen, daß sie im Schauprozeß sich nicht nur der absurdesten Anklagen schuldig erklären, sondern um ihre Vernichtung bitten. Aber mit den Gesetzen der Logik ist das nicht so einfach. Hier steht man ja nicht einem Feinde von Fleisch und Blut gegenüber, sondern der *Fata morgana* einer geistigen Konstruktion, die ihrem Architekten obendrein ihren eigenen Nachweis vorenthält. Wie bereits erwähnt, impliziert der Begriff der endgültigen, allgemeinverpflichtenden Welterklärung ja, daß neben ihr keine anderen Erklärungen bestehen

* Allerdings gibt es auch solche, denen es unverhohlenes Vergnügen bereitet: »Unsere Devise: Terror ohne Maß macht maßlos Spaß«; dieses Motto soll auf den Terroristen MICHAEL BAUMANN zurückgehen.

können oder, genauer gesagt, bestehen dürfen. Denn sonst befänden wir uns ja noch immer in einem Universum, in dem letzthin alles wahr sein könnte, auch sein Gegenteil. Wo die Ideologie sich rückbezüglich auf sich selbst zu beziehen versucht, um ihre Wahrheit aus sich selbst heraus zu beweisen, entsteht ein »blinder Fleck«, der ganz jenem entspricht, von dem HEINZ VON FOERSTER (in WATZLAWICK 1981, S. 41) sagt:

> Beachten Sie, daß diese örtliche Blindheit nicht durch einen dunklen Fleck in unserem Gesichtsfeld auffällt (einen dunklen Fleck sehen, würde »Sehen« voraussetzen), sondern überhaupt nicht wahrnehmbar ist; da ist weder etwas vorhanden, noch fehlt etwas: Was immer man wahrnimmt, nimmt man »fleckenlos« wahr.

Diese örtliche Blindheit, die für sich selbst blind macht, ermöglicht es dem Ideologiegläubigen, an die Wahrheit und Geschlossenheit der Lehre zu glauben. Wenn die »soziale Gleichung« dann aber doch nicht aufgeht, so ist dies offensichtlich nicht ein Defekt der reinen Lehre, sondern es muß draußen, irgendwo, noch ein unentdeckter, heimtückischer Feind lauern, der den Anbruch des Millenniums sabotiert; ein Schädling, der sich unter Umständen nur durch die Wahl seiner Worte verrät, die von der zur Pflicht gemachten Sprache abweichen. »An der Sprachherrschaft durfte nicht gerüttelt werden«, schreibt SCHNEIDER über die Nazi-Zeit, »gegen sie sich aufzubäumen, war das eigentliche Verbrechen.« Am Schluß von KLEMPERERS Buch (1966) steht die Antwort einer einfachen Frau auf die Frage, warum ihr Mann ins Konzentrationslager gekommen sei: »Wejen Ausdrücken«, sagte sie. (SCHNEIDER 1976, S. 133). Der polnische Satiriker WIESLAW BRUDZIŃSKI weiß es besser. Eine seiner Pointen lautet: »Er pflegte seine Ansprachen anspruchsvoll zu beginnen: ›Wenn ich meine Meinung äußern darf, so hat schon ENGELS gesagt, daß...‹«

Wie viele andere Philosophen schlug sich auch LEIBNIZ mit der Unvereinbarkeit unserer unvollkommenen Welt und der Vollkommenheit Gottes herum. In seinem berühmten Injunktionsschluß postuliert er, daß, wäre die bestehende Welt nicht die beste, so hätte Gott die beste Welt entweder nicht gekannt oder nicht schaffen können, oder nicht schaffen wollen. Alle drei Annahmen aber sind mit dem Wesen Gottes unvereinbar; folglich ist die bestehende Welt die beste von allen möglichen.

Anders der Ideologe: Wäre unsere Idee nicht die einzig wahre, so könnten wir die beste Welt entweder nicht kennen oder nicht vollkommen gestalten, oder nicht vollkommen gestalten wollen. Alle drei Annahmen aber sind mit dem Wesen unserer Idee unvereinbar; folglich liegt das (unbestreitbare) Übel der Welt bei noch unentdeckten Feinden.

*An diesem Punkte scheint es zum Einbruch der Paranoia in das Denksystem des Ideologen zu kommen.* Es liegt im Wesen des Begriffs der Paranoia, daß sie sich auf eine für absolut wahr gehaltene Grundannahme stützt, die, da axiomatisch, den Beweis ihrer Wahrheit nicht erbringen kann und auch nicht zu erbringen braucht. Aus dieser Grundannahme werden dann streng logische Ableitungen gemacht und damit eine Wirklichkeit erschaffen, in der alle Fehlschläge immer nur in den Ableitungen, niemals aber in der Prämisse gesucht werden.

Im elfenbeinernen Turm der Formallogik führt dieser Kunstfehler zum *enfant terrible* der Paradoxie. Daß es den Barbier nicht geben kann, der nur jene Männer seines Dorfes rasiert, die sich nicht selbst rasieren, und von dem es daher unentscheidbar bleibt, was mit seinem eigenen Bart geschehen soll, hat keine welterschütternden *praktischen* Auswirkungen. Es beweist nur, daß die Prämisse irgendwie defekt ist. Die ideologische Prämisse dagegen »kann« das nicht sein; sie ist sakrosankt. Wer sie also angreift, beweist damit seine Verworfenheit und Hinterhältigkeit. Daher z. B. die Verurteilung Solschenyzins in der *Prawda* vom 13. 1. 1974: Schon andere Autoren vor Solschenyzin hätten die Unzulänglichkeiten und Irrtümer der Vergangenheit kritisiert. Er dagegen versuche zu beweisen, daß die Verletzungen der Legalität nicht eine Verletzung der Normen der sozialistischen Gesellschaft gewesen seien, sondern sich gerade *aus der Natur des Sozialismus* (also der Ideologie) ergäben. Damit aber werde Solschenyzin zum Verräter, von dem sich jeder anständige Mensch nicht nur in der Sowjetunion in Zorn und Abscheu abwende.

Was nicht stimmt, was nicht paßt, muß irgendwo außerhalb der Ideologie liegen, denn diese steht jenseits allen Zweifels.

Damit perfektioniert sich die Ideologie in immer rabulistischeren Schuldzuschreibungen. Verrat und die finsteren Machenschaften äußerer und innerer Feinde lauern überall. Es kommt zur Ausbildung von Verschwörungstheorien, die die Absurdität der Prämisse bequem überdecken und blutige »Säuberungen« notwendig machen und rechtfertigen. Um aus ELSTERS Beitrag (in WATZLAWICK 1981, S. 188) zu zitieren: Die Kausalität wird durch die Schuld ersetzt; man vergleiche dazu ferner das von Elster angeführte Zitat aus den *Gähnenden Höhen* Sinowjews: »Aus offizieller Sicht läßt sich sogar die Verantwortlichkeit für offizielle Katastrophen (Erdbeben, Dürreperioden, Überschwemmungen) genau identifizierten Personen anlasten.«

Und nicht nur für »offizielle« Katastrophen. An den Beginn seines Buchs, *Les orangers du Lac Balaton*, setzt MAURICE DUVERGER (1980, S. 9) folgenden Bericht:

Zur Regierungszeit des Stalinisten Rákosi beschlossen die ungarischen Dirigenten, Orangenplantagen an den Ufern des Plattensees anzulegen. Er friert jeden Winter zu, obwohl seine Wassermenge die Härte des kontinentalen Klimas mildert und den von den Nordwinden geschützten Ufern einen etwas südländischen Anschein verleiht. Der mit dem Projekt beauftragte Agronom hatte die Zivilcourage, darauf zu verweisen, daß das Unternehmen ein Hirngespinst war. Vergebens. Als Deuterin des historischen Materialismus, der die wissenschaftliche Wahrheit verkündet, konnte sich die Partei nicht irren. Man pflanzte also Tausende von Orangenbäumen, die man zum Preis von kostspieligen Devisen einführte. Sie gingen ein. Als Folge davon wurde der Agronom wegen Sabotage verurteilt. Denn hatte er nicht von Anfang an seine Unwilligkeit dadurch bewiesen, daß er den Beschluß des Politbüros kritisierte?

Unzählige Beispiele für diese paradoxe, rückbezügliche Logik reichen vom Lächerlichen zum Grauenvollen. Ein Exempel für erstere Kategorie ist die Art und Weise, in der Propheten das Nichteintreten ihrer Prophezeiungen rationalisieren. Laut Zeitungsmeldungen versammelten sich am 17. 2. 1977, während der damaligen mehrjährigen Trockenperiode in Kalifornien, 400 Studenten der San Jose State University unter Führung mehrerer Lehrkräfte in der Aula Maxima und skandierten gemeinsam indianische Regensprüche, um durch diese »geballte

Energie« Regen zu erzeugen. Eine der Organisatorinnen erklärte dem anwesenden Reporter, daß »negative Einstellungen der einzige Grund dafür sein könnten, wenn die Regenzeremonie nicht erfolgreich wäre« (STIENSTRA 1977, S. 2). Der Regen blieb aus. – Diese Form der Beweisführung ist im Sinne POPPERS selbstimmunisierend; im Sinne ELSTERS entspricht sie der manichäischen Alltagslogik des »Wer nicht für mich ist, ist gegen mich«; im Sinne des bisher Gesagten ist es eine für die Ideologie typische »ouroborische« Logik. »Ein überzeugter Kommunist kann kein Antikommunist werden; ein Kommunist war SOLSCHENYZIN nie« – damit ist für Stalin-Preisträger SERGEJ MICHALKOV (1974) das Phänomen SOLSCHENYZIN aus der Welt geschafft. Irgendwie ist man an den Witz vom Wunderrabbi erinnert:

»Niemand ist meinem Rebbe vergleichbar! Nicht nur, daß er direkt mit Gott spricht, aber stellt euch vor, Gott spricht auch direkt mit ihm.«
»Das glaub ich nicht. Hast du Zeugen? Wenn dein Rebbe das erzählt – nicht nur, daß er übertreibt, nein, ganz einfach: dein Rebbe lügt.«
»So? Der beste Beweis: meinst du, Gott spreche mit jemandem, der lügt?«

Wie lange sich diese Logik aufrechterhalten läßt, scheint von einer Unzahl von Faktoren abzuhängen, wobei großen, starren, mächtigen Systemen eine ungleich längere Lebensdauer beschieden zu sein scheint als Individuen. Über letztere schreibt MANÈS SPERBER (1975):

Eine Zeitlang können Terroristen herostratische Siege erringen, die ihnen vorübergehend die Illusion verschaffen, die Herren des Geschicks zu sein – das gleiche Gefühl, das der kriminelle Kidnapper hegt, der eine Familie, die Bewohner einer Stadt um das Leben eines Kindes bangen läßt, das er jeden Augenblick töten kann. Insofern Politik Kampf um Macht ist, dürfen Terroristen in solchen Stunden glauben, daß sie, diese Wanderer ins Nichts, auf dem kürzesten Wege zur Macht vorstürmen.

Wenn die hehre Ideologie Schiffbruch erleidet, verbleibt als letzte Erklärung der Hinweis auf die Mächte der Finsternis, was natürlich besonders gut in die Götterdämmerungsmythologie des Hitlerismus paßte. In seiner Studie über den *Mythus des 20. Jahrhunderts* schreibt KURT SONTHEIMER (1978, S. 113) über ROSENBERG:

In Nürnberg, als der Mythos des Reiches zerstoben war, vertrat er unbeirrt die Auffassung, die nationalsozialistische Idee sei im Kerne richtig und wertvoll gewesen und nur durch ihre korrupte Anwendung seitens anderer im Kampf unterlegen. »Der Instinkt für das in der Tiefe sich vollziehende Geschehen der Zeit«, den der Nazi-Philosoph ALFRED BÄUMLER ihm noch 1943 lobhudelnd bescheinigt hatte, war offenbar so stark geblieben, daß ROSENBERG auch in der Stunde der Besinnung und der Abrechnung durch die Sieger unfähig blieb, die grauenhafte Wirklichkeit zu erkennen.

Auf einem von den Regierungen der Vereinigten Staaten und Guayanas geheimgehaltenen, der Presse aber doch zugänglich gewordenen Tonband der letzten Ansprache des Reverend JIM JONES (1979, S. 5) an seine Anhänger am 18. 11. 1978, kurz vor dem Massenselbstmord von ungefähr 900 Personen im »People's Temple« im guayanischen Urwald, hört man die ihrer Struktur nach identische Apologie und Projektion der Schuld nach außen:

Ich habe mein Bestes getan, um euch ein gutes Leben zu geben. Trotz all meiner Bemühungen hat eine Handvoll unserer Leute unser Leben mit ihren Lügen unmöglich gemacht. Wir sind nicht nur in einer höchst schwierigen Lage; da sind nicht nur jene, die uns verlassen und den Verrat des Jahrhunderts begangen haben; einige haben die Kinder anderer gestohlen und sind gerade dabei, sie zu töten [...] Wir sind so verraten worden. Wir sind so schrecklich verraten worden.

Das Leitmotiv der feindlichen, auf Vernichtung abzielenden Umwelt hat viele Variationen. Hitler kämpfte den Kampf auf Leben und Tod gegen eine (von ihm überhaupt erst konstruierte) Koalition der »vom Vatikan unterstützten jüdisch-plutokratisch-bolschewistischen Kräfte«; Ulrike Meinhofs Empörung richtete sich gegen »die deutsche Bundestagskoalition, die amerikanische Regierung, die Polizei, die staatlichen und Universitätsbehörden, das Bürgertum, den Schah von Persien, die internationalen Gesellschaften, das kapitalistische System« (BECKER 1978, S. 170–198); die Atomkraftgegner wähnen sich

213

einer machtvollen, monolithischen Vereinigung verantwortungsloser Großindustrien, dem Kapital und ihm höriger Gerichte, Behörden, Universitäts- und anderer Forschungsinstitute und politischer Parteien gegenüber.

*Der Übergang von schlimmstenfalls verschrobener, weltfremder, unpraktischer Utopieseligkeit zu kalter, paranoider Unmenschlichkeit scheint sich oft von einem Tage auf den anderen zu vollziehen* und stellt die Psychiatrie vor Rätsel. Widersprüchlich, wie die bisherigen Forschungsresultate und Erklärungsversuche – die sich keineswegs nur auf historische Persönlichkeiten, sondern ebenfalls die modernen Radikalen, Revolutionäre, Terroristen und vor allem die mächtig ins Kraut schießenden Sekten und Kulte beziehen – auch sind, *eines* scheint ihnen allen gemeinsam: Die seelischen und geistigen Auswirkungen des Ideologieglaubens können von einer lemurenhaften Mitleidslosigkeit sein, der gegenüber sich die Taten Berufskrimineller wie bedauerliche Ungezogenheiten ausnehmen. Zu diesem Thema einer, der es wissen dürfte, nämlich der russische Emigrant NAUM KORSCHAWIN (1978) in seiner 1968 noch in Moskau geschriebenen Autobiographie:

Das Berufsrevoluzzertum [...] ist mir zutiefst verhaßt als die extremste, kostspieligste (für die anderen) und gnadenloseste Form des Egoismus, als das einfachste und billigste Mittel zur Befriedigung des eigenen Ehrgeizes und zur Tarnung geistiger Leere, als ein Mittel auch, um ohne besonderen eigenen Aufwand (dafür um so mehr auf Kosten fremden Lebens und fremder Schicksale) so etwas wie das Reich Gottes zu erlangen.

In den Augen des Ideologen liegen die Dinge freilich umgekehrt. Von der Annahme der Böswilligkeit und Verwerflichkeit des Dissidenten war bereits die Rede. Wer sich der durch die Ideologie erzeugten Wirklichkeit und ihren segensreichen Auswirkungen gegenüber verschließt, kann natürlich auch geistig (und nicht nur moralisch) abnorm sein. Der Wunsch, auszuwandern z. B., läßt sich daher nicht nur als Ablehnung, sondern auch als individuelles Problem der Wirklichkeitsanpassung des Betreffenden auslegen. Schon der Volksschädling der Nazis war ein in seiner – meist genetisch definierten – Minderwertigkeit lebensunwürdiges Subjekt. – Als im Oktober 1973 der damalige Präsident der *American Psychiatric Association*, Dr. ALFRED FREEDMAN (1973), an einem psychiatrischen Symposium in der Sowjetunion teilnahm, kamen er und seine Kollegen zur Vermutung, daß gewisse »Vergehen«, wie z. B. Demonstrationen auf dem Roten Platz, für Anzeichen von Geistesstörung gelten:

Obwohl [seitens der sowjetischen Kollegen] betont wurde, daß Kritik als solche kein Anzeichen von Psychopathologie ist, erhält man doch den Eindruck, daß Dissens, Kritik und Opposition als bedeutsame Krankheitsmanifestationen gesehen werden. [...] In diesem Zusammenhang scheint von der Norm abweichendes Verhalten annehmbar zu sein, solange es nicht mit politischem Dissens einhergeht.

Die ideologische Ausrichtung und Gleichschaltung ist von zentraler Bedeutung. Mit ihrer Insistenz auf nicht nur passive Unterwerfung, sondern auf aktive, freiwillige Annahme verfällt die Ideologie in eine weitere Paradoxie.

### 6. Die Paradoxie der geforderten Spontaneität

*Quer durch alle Hochreligionen, besonders aber die christliche Ethik, zieht sich die bedrückende, im wesentlichen unbeantwortete Frage, wie die Schwäche und die Sündhaftigkeit des Menschen mit den Erfordernissen eines reinen Glaubens in Einklang gebracht werden können.* Wie vollkommen muß die Hingabe an den Willen Gottes sein? Die katholische Moraltheologie unterscheidet zweierlei: die Befolgung der Gebote Gottes aus Angst vor Strafe für ihre Nichtbefolgung (was als eine zwar ausreichende, aber weniger wertvolle Glaubenshaltung gilt) und die Befolgung des Willens Gottes aus Liebe zu ihm – also in freiwilliger Unterwerfung. Das für den Gläubigen leidvolle Dilemma zwischen seiner fehlhaften Menschlichkeit und dem reinen Leben in der *Imitatio Christi* fand seine wohl schärfste Darstellung in DOSTOJEWSKIS *Legende vom Großinquisitor.*
Neben DOSTOJEWSKI kommt einem vor allem PASCAL in den

Sinn, der sich mehr als andere Denker mit der Frage herumschlug, wie ein Ungläubiger *von sich aus* – also spontan – in den Zustand des Glaubens kommen kann. In seinem *Pensée* 233 entwickelt er das bekannte Argument, wonach man den Glauben in sich hervorrufen kann, indem man sich so verhält, als glaube man bereits* – indem man etwa betet, Weihwasser verwendet, zur Messe geht und ähnliche Glaubenshandlungen verrichtet. In Anbetracht des potentiellen Gewinnes (Glauben und Seelenheil), ist für PASCAL der zu leistende Einsatz gering – *»Qu'avez-vouz à perdre«*, fragt er rhetorisch. Die Paradoxie des Entschlusses, zu glauben, um zum Glauben zu gelangen, wurde von ELSTER (1979, S. 47–54) einer eingehenden Analyse unterzogen. Auch hier erhebt sich das Problem der Rückbezüglichkeit: ELSTER verweist darauf, daß selbst, wenn es möglich wäre, sich zum Glauben an $p$ zu entschließen, man dennoch nicht wohl an $p$ glauben könnte, als *auch daran,* daß der Glaube an $p$ seinerseits aus dem Entschluß, $p$ zu glauben, herrühre. Etwas anders ausgedrückt: Der Entschluß, $p$ zu glauben (also die Ursache dieses Glaubens), kann nicht gleichzeitig auch seine eigene Ursache (also der Grund, sich zum Glauben an $p$ zu entschließen) sein. PASCALS Argument liefert demnach keinen Beweis für die Existenz Gottes, sondern bestenfalls einen Beweis für die Vorteile des Glaubens an Gott – es sei denn, man brächte es fertig, willentlich zu vergessen, daß man sich zu glauben entschloß. Davon abgesehen, handelt es sich bei PASCALS Argument um Aufforderungen, die der Betreffende *an sich selbst* stellt und sich dann mit ihren paradoxen Folgen herumzuschlagen hat.

Im Augenblick aber, da die Forderung *von außen her* auferlegt wird, läßt sich der Trugschluß nicht mehr wegschmuggeln. Es ergibt sich dann, was in der Theorie der menschlichen Kommunikation unter dem Begriff der »Sei-spontan!«-Paradoxie bekannt ist. Gemeint ist damit die unhaltbare Lage, die dann entsteht, wenn Person *B* sich in einem Abhängigkeitsverhältnis

---

* Für die Liebe hatte das bereits OVID in seiner *Liebeskunst* gesagt: »Rede dir ein, du liebst, wo du flüchtig begehrst. Glaub es dann selbst. [...] Aufrichtig liebt, wem's gelang, sich selbst in Feuer zu sprechen.«

zu *A* befindet, und *A* von *B* ein Verhalten fordert, das seiner
Natur nach spontan zu sein hat, nun aber eben deswegen, weil
es gefordert wurde, auch beim besten Willen nicht mehr spontan sein kann. Die Forderung nach Spontaneität erzeugt eine
RUSSELLsche Paradoxie, wie sie schon in Abschnitt 4 erwähnt
wurde. Ein Beispiel für eine »Sei-spontan!«-Paradoxie ist der
in Frageform gekleidete Wunsch einer Ehefrau an ihren Mann:
»Warum bringst du mir nie mehr Blumen?« Es stehen ihm nun
lediglich zwei Verhaltensweisen offen: Entweder er bringt ihr
weiterhin keine Blumen, was sie zweifellos enttäuschen wird,
oder er bringt ihr welche – was sie ebenfalls enttäuschen dürfte,
denn er sollte das Gewünschte ja spontan, von sich aus tun und
nicht deswegen, weil sie es gefordert hatte. In anderen Worten:
Er tut das Rechte aus dem falschen Grunde.

Das Dilemma der geforderten Spontaneität ist Bestandteil
aller ideologischen »Wirklichkeiten«. KOESTLER (1946, S. 229)
spricht davon in seiner *Sonnenfinsternis*:

Die Partei leugnete den freien Willen des Individuums – und forderte
gleichzeitig seine freiwillige Hingabe. Sie leugnete seine Fähigkeit,
zwischen zwei Möglichkeiten zu wählen – und forderte gleichzeitig,
daß es ständig die rechte Wahl treffe. Sie leugnete sein Vermögen,
zwischen Gut und Bös zu unterscheiden – und sprach gleichzeitig in
pathetischen Tönen von Schuld und Verrat. Das Individuum stand im
Zeichen der ökonomischen Fatalität, ein Rad im Uhrwerk, das vor
Urzeiten einmal in Gang gesetzt, unaufhaltsam und unbeeinflußbar
abschnurrte – und die Partei verlangte, daß das Rad gegen das Uhrwerk aufstehe und seinen Ablauf ändere. Irgendwo mußte ein Fehler
in dieser Rechnung stecken; die Gleichung ging nicht auf.

Und auch das Opfer in ORWELLS *Neunzehnhundertvierundachtzig* (1950, S. 296) muß zur Spontaneität gebracht werden:

Wir geben uns nicht zufrieden mit negativem Gehorsam, auch nicht
mit der kriecherischsten Unterwerfung. Wenn Sie sich am Schluß beu-
gen, so muß es freiwillig geschehen. Wir vernichten den Ketzer nicht,
weil er uns Widerstand leistet [...]. Wir bekehren ihn, bemächtigen
uns seiner geheimsten Gedanken, formen ihn um. Wir brennen alles
Böse und allen Irrglauben aus ihm aus; wir ziehen ihn auf unsere Seite,
nicht nur dem Anschein nach, sondern tatsächlich, mit Herz und
Seele. Wir machen ihn zu einem der Unsrigen, ehe wir ihn töten.

Wiederum im Sinne ELSTERS könnte man spekulieren, daß es nicht nur zwei Formen der Negation, die passive und die aktive, gibt, sondern auch eine passive und eine aktive Form der Annahme oder Befolgung. Ein Beispiel für erstere wäre vielleicht die unter Hitler von vielen Menschen praktizierte »innere Emigration«, die meist mit einem äußeren, pro forma So-tun-als-ob einherging und die – wo immer man sie nachweisen konnte – von den Naziideologen wütend angegeifert wurde. Der Geist des guten Soldaten Schwejk kam aus den Tagen der k. u. k.-Armee zurück und verbrüderte sich im 2. Weltkrieg mit der »Heimtücke« (einer Geisteshaltung, zu deren Bekämpfung bekanntlich ein eigenes Heimtückegesetz bestand) des Gefreiten Hirnschals von Radio London.

Dem Herrn Reichsminister für (bewaffnete) Volksaufklärung und Propaganda waren beide Formen der Befolgung wohlbekannt. In einer Rede am 16. 9. 1935 ruft GOEBBELS unter offensichtlicher Berufung auf TALLEYRANDS Satz von den Bajonetten aus: »Es mag vielleicht schön sein, über die Bajonette zu gebieten, aber schöner ist es, über die Herzen zu gebieten! [...] Wir müssen den Zwang des Herzens zum gebieterischen Gebot des Handelns im deutschen Volke machen.« Die »Sei-spontan!«-Paradoxie war ihm geläufig; so SCHNEIDER (1976, S. 128):

Am verblüffendsten war seine Technik, das Freiwillige, Zukünftige und Unberechenbare schamlos zum Befehlsobjekt zu machen: »Der Aufforderung zur Beflaggung wird binnen einer halben Stunde in Stadt und Land *in überwältigender Form* Folge geleistet«, verkündete er am 15. Januar 1935 nach der Saar-Abstimmung. »Die Bevölkerung versammelte sich [...] zu großen Kundgebungen *spontanen Charakters*.«

Ihrer Natur nach ist der Ideologie letzthin nur die aktive Befolgung annehmbar, denn »wer nicht für uns ist, ist gegen uns«. Damit wird sie pseudoreligiös. Über die »kirchlichen« Aspekte der sowjetischen Kommunistischen Partei schreibt der Moskauer Korrespondent der *Neuen Zürcher Zeitung*, ROGER BERNHEIM (1970, S. 3):

Die Partei hat ihren Gott. Der Satz: »Lenin lebte, lebt und wird immerfort leben« gehört zum Credo eines Sowjetkommunisten, muß zum Credo eines jeden Sowjetbürgers gehören. Die Partei hat ihre Priester, ihre Seelsorger, ihre heiligen Schriften und ihre Schriftgelehrten. Sie hat ihre Liturgie. Ihre Verlautbarungen bestehen aus *liturgischen Formeln*. Zum Begriff Oktoberrevolution gehört das Beiwort groß, zu KPdSU das Wort glorreich, zu Lenin das Wort genial. [...] Ist die Rede von der Unterstützung des sowjetischen Volkes für die Partei, so muß diese Unterstützung immer als einstimmig, vorbehaltlos und glühend gekennzeichnet sein. Die Arbeiter, Bauern und Intellektuellen des Landes sind »monolithisch um die Partei geschart«.

Im irrationalen Universum der geforderten Spontaneität greift die Staatsmacht also über das Verbot gesellschaftswidriger *Taten* hinaus und maßt sich die Aufgabe an, dem Staatsbürger *Gedanken und Überzeugungen* vorzuschreiben. Um REVELS (1976, S. 320) lapidare Feststellung zu zitieren, »*c'est dans les sociétés totalitaires que l'Etat se charge de ›donner un sens‹ à la vie des êtres*«.* Damit wird Andersdenken staatsfeindlich und das Leben zu einer Hölle ganz besonderer Art. Laut einer nun auch auf deutsch vorliegenden Veröffentlichung des literarischen Untergrunds, des *Samisdat*, besteht sie darin,

daß über alle physischen und ökonomischen Zwänge hinaus auch noch eine vollständige Hingabe der Seele verlangt wird: die unaufhörliche aktive Teilnahme an der gemeinschaftlichen, allen ersichtlichen Lüge. (SOLSCHENYZIN 1975)

Die Lüge treibt ihre eigenen Blüten. Von den angeblichen freudentränen-erstickten arischen Aufschluchzern beim Anblick des Antlitzes des angebeteten Führers (einer, RECK-MALLE-CZEWEN [1966], der sich darauf unvorsichtigerweise als »Exkrementalvisage« bezog, kam aus dem Konzentrationslager nicht zurück) führt eine monotone, ununterbrochene Litanei der Lobhudelungen quer durch die stereotype Wirklichkeit der

---

* »In den totalitären Gesellschaften übernimmt es der Staat, den Menschen ›einen Lebenssinn zu geben‹.« Und REVEL fügt hinzu: »Dagegen tendiert der liberale Staat dazu, jene Voraussetzungen herbeizuführen, in denen das Kollektiv dem Individuum keinerlei Lebensstil, keine prototypische Gefühlseinstellung von vornherein auferlegt.«

verschiedensten Ideologien bis in die modernste Zeit herein. Denn welcher Unterschied besteht schon zwischen den schwülstigen Machwerken, die das Aufkeimen der Liebe zwischen dem Hitlerjungen und dem BdM-Girl in ewig rauschenden Wäldern oder unter flatternden Fahnen verewigten, oder der sich im Mai 1968 in den tränengaserfüllten Korridoren der Sorbonne herausbildenden heterosexuellen Seelensauce, oder der modernen chinesischen Kurzgeschichte *Die Stellung der Liebe*, in der die Erzählerin beschreibt, wie sie sich in einen jungen Mann verliebt?:

Wir begannen einander Fragen zu stellen: »Hast du gesehen, wie Premier Tschous Leichenwagen für die Abdankungsfeierlichkeiten die Changanstraße hinunterfuhr? Wo hast du gestanden? Hast du einen Abzug der Gedichtsammlung zum Gedächtnis Tschou En-Lais erwischt? [...] Wann hörtest du zum erstenmal vom Sturz der Viererbande?« Als wir sprachen, sah ich, daß wir so manches gemeinsam hatten. (MÄDER-BOGORAD 1979, S. 70)

Die der »Sei-spontan!«-Paradoxie innewohnende Lüge muß glaubhaft gemacht werden; dafür muß Propaganda und vor allem die zu Propaganda umfunktionierte Kunst herhalten. Der Eindruck muß erweckt werden, daß in allen anderen die glühende Begeisterung tatsächlich bebt, – und wer sie daher in sich *nicht* verspürt, der soll merken, daß es mit *ihm* nicht stimmt und nicht vielleicht mit der amtlichen Definition der Wirklichkeit. Vermutlich muß man diese Gefühle à la PASCAL in sich pflegen, damit man sie schließlich spontan hat. Dann kann man für Hua, den Nachfolger Maos, das fühlen, was ein gewisser YO KU-ANGH-LIEH (1977, S. 5) in seinem Gedicht ausdrückt:

Mein pulsendes Herz
sprang in den Hals;
Tränen des Glücks
machten mich blind.
Aber durch das Meer roter Fahnen,
durch Wogen von Blumen
sah ich, sah ich
Vorsitzenden Hua auf dem Tienanmen
in seiner grünen Armeeuniform.

Nicht allen gelingt der Trick der spontanen Selbstbegeisterung. Was der ostdeutsche Thomas Brasch (1979, S. 160–161) in seiner ironischen *Selbstkritik* zu sagen hat, klingt wesentlich anders, wahrscheinlicher und menschlicher:

Ich gebe alles zu. Ich bleibe nicht beim Thema. Ich beziehe nicht Stellung. Ich kratze mir nur den Dreck weg zwischen den Zehen. Ich habe mich noch immer nicht engagiert. [...] Halleluja, der Aufstand fault zwischen meinen gelockerten Zähnen. Halleluja, der Wind. Er fegt durch unsere verstaatlichten Hirne.

Das bisher gesagte hat nur Gültigkeit, wenn die Macht einmal in den Händen des Ideologen liegt. Bis es soweit ist, hat die »Sei-spontan!«-Paradoxie eine andere Funktion. Sie ergibt sich aus der Notwendigkeit der Herstellung des revolutionären Bewußtseins, und die dafür anzuwendende Technik ist das aus dem Englischen schlecht übersetzbare *consciousness raising*, etwa »Bewußtmachung«. Die Herbeiführung der Vollkommenheit setzt das akute Gewahrsein der Unvollkommenheit der Welt voraus. Nun scheint es aber eine der Schwächen des Menschen zu sein, die Unvollkommenheit der Welt weitgehend tolerieren zu können. Sowohl für die Herstellung dieses Zustands der Blindheit durch die herrschende Klasse als auch für sein Bestehen prägte Marx den Begriff der Mystifikation. Der Advokat der Perfektion muß daher vor allem demystifizieren. Dazu genügt es nicht, Unzulänglichkeiten einfach objektiv aufzudecken und anzuprangern; um ihren Zweck zu erfüllen, darf die Indignation nicht einfach nachgebetet werden, sondern muß spontan sein. Erst dann kann auch der Ruf nach Vollkommenheit zum spontanen Erschallen gebracht werden. Nichts steht dem Ideologen mehr im Wege als die Bescheidung auf das Mögliche und die dem Möglichen stets innewohnende Unvollkommenheit. Daher die heute immer krampfhaftere Suche der Weltbeglücker nach brennenden Problemen gerade in jenen Ländern, die sich eines in der Menschheitsgeschichte nie dagewesenen Zustands von Freiheit, Sicherheit und Wohlstand erfreuen. Da dieser Zustand weitgehend das Ergebnis des steil ansteigenden wissenschaftlichen Fortschritts ist, rückt die Wissenschaft immer mehr ins Blickfeld der Ideologien.

## 7. Der Anspruch auf Wissenschaftlichkeit

> Wenn die Tatsachen nicht mit der Theorie
> übereinstimmen – um so schlimmer für die
> Tatsachen.
>
> *Hegel, zitiert von Marcuse*

*Mit der wachsenden Zuversicht auf eine totale Erfassung der Wirklichkeit aufgrund objektiver, jederzeit wiederholbarer Beobachtungen und Experimente begann die Wissenschaft das ideologische Vakuum zu füllen, das sich in den letzten hundert Jahren allmählich durch das Verblassen der großen religiösen, ethischen und philosophischen Leitbilder ergab.* Freilich gab es schon frühe Verkünder der wissenschaftlichen Heilslehre, etwa BACON und DESCARTES, doch die der göttlichen Offenbarung entzogenen und der Wissenschaft zugeschriebenen utopisch-politischen Erwartungen sind relativ jüngeren Datums.

Die Idee besticht in ihrer scheinbaren Einfachheit und Klarheit: Wem es gelingt, das Wirkungsgefüge der Natur in ihrem von menschlichen Meinungen, Überzeugungen, Vorurteilen, Hoffnungen, Wertsetzungen und so weiter unabhängigem So-Sein zu erfassen, hat die ewige Wahrheit auf seiner Seite. Der Wissenschaftler tritt somit an die Stelle des Gottsuchers, die objektive Wahrheit an Stelle des Aberglaubens.

Daß keine wissenschaftliche Theorie oder Erklärung mehr sein kann, als bestenfalls ein Bild, eine bestimmte Deutung der Welt, nicht aber *die* Wirklichkeit schlechthin, haben kompetente Geister seit Giambattista Vico immer wieder betont und braucht daher hier nicht zur Debatte zu stehen. An dieser Stelle soll nur untersucht werden, zu welchen praktischen Folgen die Annahme führt, die Welt sei ein für allemal wissenschaftlich erklärbar (oder gar schon erklärt) oder, in anderen Worten, was geschieht, wenn die Ideologie ihren allgemeinverpflichtenden Wahrheitsanspruch aus der Wissenschaft abzuleiten versucht.

Welche Gültigkeit haben wissenschaftliche Feststellungen? Für die Belange des täglichen Lebens kann pauschal angenommen werden, daß sie tatsächlich allgemeingültig sind. Die Beobachtung des freien Falles eines Körpers im luftleeren Raum auf Meereshöhe ergibt – vorausgesetzt, daß sie unter identischen Bedingungen stattfindet – jedesmal dieselben Werte. Es soll dabei unberücksichtigt bleiben, daß damit weder die Gründe dieses Phänomens (d. h. die Natur der Schwerkraft) erklärt sind, noch mehr als eine statistische *Wahrscheinlichkeit* gewonnen ist, daß sich der Körper auch beim 1001. Versuch so verhalten (und nicht z. B. nach oben wegfliegen) wird. Unter Zurückgreifen auf eine bereits an anderem Orte (WATZLAWICK 1976, S. 142–144) versuchte Unterscheidung zweier grundsätzlich verschiedener Aspekte unserer Wirklichkeitsauffassung ließen sich die aus Beobachtung und Experiment abgeleiteten Gegebenheiten als Elemente der Wirklichkeit erster Ordnung bezeichnen. Diese Wirklichkeit wäre demnach das Universum aller »Tatsachen«, die sich in einem ganz bestimmten Rahmen, eben der Beobachtung und/oder des Experiments (die natürlich beide wiederum Konstruktionen der dahinterstehenden Theorien sind) insofern »objektiv« feststellen lassen, als die Wiederholung *derselben* Untersuchung *dasselbe* Resultat ergibt – unabhängig davon, von wem, wann und wo die Wiederholung durchgeführt wird.*

Die Versuchung liegt nun nahe, mit scheinbarer Folgerichtigkeit anzunehmen, daß damit der Schlüssel zur endgültigen Erklärung der Welt gefunden sei und mit ihm daher auch die endgültigen Richtlinien für die rechte Einstellung des Menschen zur Welt, zu den Mitmenschen und zur eigenen Existenz. Denn allen Menschen guten Willens wäre die Wahrheit nun zugängig, und nur die Verrückten, Verstockten und sonstwie Heimtückischen würden sich der Vernunft verschließen. Für sie wären Irren- und Zuchthäuser zuständig.

---

* Es soll hier ferner unberücksichtigt bleiben, daß dies natürlich nur dann möglich ist, wenn alle Beteiligten sich desselben linguistischen und semantischen Kommunikationssystems bedienen. Der Turmbau von Babel stockte, als Gott seinen Engel auftrug, »herniederzufahren und ihre Sprache zu verwirren«.

Was diese schreckliche Vereinfachung übersieht, ist, daß die Tatsachen der Wirklichkeit erster Ordnung keine Anhaltspunkte für den Sinn der menschlichen Existenz geben. Was uns selbst betrifft, so lehren uns etwa die Gesetze des freien Falls nicht mehr, als wir immer schon wissen: daß ein Sturz aus großer Höhe zum Tode führt. Der Sinn des Lebens (oder des Todes) ergibt sich daraus aber nicht. Schon SHAKESPEARE kannte keinen Philosophen, der über sein eigenes Zahnweh hinwegkam, und im *Tractatus* schreibt WITTGENSTEIN (1951, zweisprachige Ausgabe, Absatz 6.52, S. 186): »Wir fühlen, daß, selbst wenn *alle möglichen* wissenschaftlichen Fragen beantwortet sind, unsere Lebensprobleme noch gar nicht berührt sind. Freilich bleibt dann eben keine Frage mehr; und eben dies ist die Antwort.«

Die Wirklichkeit, die hier angesprochen wird (und die die Ideologie sich zu erklären vornimmt), ist eben nicht die der wissenschaftlichen Fakten, der ersten Ordnung. Worum es hier geht, ist vielmehr jener Aspekt der Wirklichkeit, durch den den Fakten der ersten Ordnung Sinn, Bedeutung und Wert zugeschrieben werden. Auch ein normalsichtiges Kleinkind kann ein rotes Licht wahrnehmen, weiß aber deshalb nicht auch schon immer, daß es das Überqueren der Straße verbietet oder ein Bordell bezeichnet. Diese *Bedeutung* des roten Lichtes hat absolut nichts mit der Wellenlänge des Rotlichts oder dergleichen zu tun; sie ist vielmehr eine menschliche Konvention, eine Zuschreibung von Bedeutung, die genau wie jedes andere Signal und – noch viel offensichtlicher – jedes Wort keinerlei andere Beziehung zu dem durch sie Benannten hat (die »lautmalenden«, sogenannten onomatopoetischen Wörter natürlich ausgenommen). Wie BATESON & JACKSON (1964, S. 270–283) feststellen, »hat die Zahl fünf nichts besonders Fünfartiges an sich und das Wort ›Tisch‹ nichts besonders Tischähnliches«, und gaben damit nur SHAKESPEARES Bemerkung neuen Ausdruck: »An sich ist kein Ding weder gut noch bös, das Denken macht es erst dazu.« Jener Aspekt der Wirklichkeit, in dessen Rahmen die Zuschreibung von Sinn, Bedeutung und Wert stattfindet, sei die Wirklichkeit zweiter Ordnung genannt.

Während es also im Bereich der Wirklichkeit erster Ordnung sinnvoll ist, im Falle von Meinungsverschiedenheiten zu untersuchen, wessen Meinung den konkreten Tatsachen gerecht wird und wer daher Unrecht hat, ist es im Bereich der Wirklichkeit zweiter Ordnung sinnlos, über die wissenschaftlich festgestellte »Wahrheit« zu streiten oder sie für sich in Anspruch zu nehmen. Um nur eines aus einer Unzahl möglicher Beispiele anzuführen: Für den Konflikt zwischen den arabischen Staaten und Israel gibt es keine »wissenschaftliche«, »objektive« Lösung, ebensowenig wie es eine solche für den Konflikt zwischen zwei individuellen Beziehungspartnern gibt. Beziehungen sind nicht Aspekte der Wirklichkeit erster Ordnung, deren »wahre« Natur wissenschaftlich eruiert werden könnte. Sie sind reine Konstruktionen der Beziehungspartner und entziehen sich als solche jeder objektiven Verifikation. Damit fällt aber der naive Glaube an die auf wissenschaftlichen Erkenntnissen beruhende Vernunft als letzter Instanz. Es fällt damit auch die Hoffnung auf den »von Natur aus guten Menschen« (ROUSSEAU), dessen Güte aus seiner freiwilligen, spontanen, vernünftigen Unterordnung unter die so klar erkennbaren, wissenschaftlich begründeten Wertgrundlagen hervorwächst, und für den daher die eigenen Wünsche und Bedürfnisse sich voll und ganz mit denen der menschlichen Gesellschaft decken.

Gerade aber dies ist der Kern der szientistischen Utopien von einer heilen, friedlichen, selbstlosen Welt: der Anspruch auf die Wissenschaftlichkeit der Ideologie, der sich auf der Konfusion der Wirklichkeiten erster und zweiter Ordnung aufbaut.

Wo dies der Fall ist, ergibt sich die Konstruktion einer Wirklichkeit, die der Zwangswelt irgendeiner anderen, »unwissenschaftlichen« Ideologie keineswegs nachzustehen braucht. In der soziologischen Anwendung der wissenschaftlichen Heilslehre glaubt man heute – wie ANDERSSON und RADNITZKI (1978, S. 33) in einer Replik so treffend bemerkten – ganz ernsthaft an eine Überwindung der Kluft zwischen Sein und Sollen, jenem jahrtausendealten Menschheitstraum von einer Welt, in der unleugbare Tatsachen und menschliche Wünsche und Hoffnungen ein und dasselbe sein werden.

Wenn schließlich eine wissenschaftliche Theorie durch politisches *fiat* für endgültig erklärt und zur allgemeinverpflichtenden Staatsräson erhoben wird, senkt sich der eiserne Vorhang des Obskurantismus. ALFRED ROSENBERGS *Mythus des 20. Jahrhunderts* (eine Rassentheorie, deretwegen Millionen von Menschen für wertlos erklärt und getötet wurden) oder TROFIM DENISOWITSCH LYSENKOS Theorie von der Vererbung umweltbedingter Eigenschaften (die zur Verhaftung und zum Tode sie wiederlegender Kollegen führte und die sowjetische Genetik jahrzehntelang paralysierte) sind besonders grelle Beispiele – um so greller, wenn man sich vor Augen hält, daß schon zu Lebzeiten beider Männer (und nicht vielleicht erst später) diese »Theorien« hanebüchener Unsinn waren.

In der sublunaren Welt wissenschaftlicher Ideologien ist kein Platz mehr für weitere Forschung, für das Infragestellen bisheriger Annahmen, für schöpferischen Zweifel am bisher erreichten: Was in der freien Wissenschaft selbstverständliche Voraussetzung ist, wird dort zwangsläufig staatsfeindlich und subversiv, wo die Machthaber sich im Besitz der endgültigen Wahrheit wähnen.

Freilich, nicht selten ist der Lauf der Ereignisse selbst subversiv, indem er der Ideologie widerspricht. Die Ideologen pflegen dann einen Sprung zu machen, der zum *salto mortale* nur für diejenigen wird, die sich nicht rasch genug umstellen. Die Wahrheit von gestern wird dann eben zur Häresie von heute; die für ihre Abweichungen Ermordeten werden zu genialen Sehern rehabilitiert.

## 8. Die Enantiodromie

Wo aber Gefahr ist, wächst
Das Rettende auch.

*Hölderlin*

*Unter Enantiodromie versteht man seit* HERAKLIT, *dem großen Philosophen des Wandels, das Umschlagen der Dinge in ihr Gegenteil:* »Sich in ihr Gegenteil wendend ist die Harmonie, welche durch die Gegensätze schießt«, lautet das 45. Fragment. Seit ihm haben, über die Jahrtausende hinweg, zahlreiche Denker dieses Phänomen in seinen verschiedensten Erscheinungsformen beschrieben und zu erklären versucht. Dem modernen Denken in Begriffen von Systemen und Systemeigenschaften scheint es vorbehalten, einen brauchbaren begrifflichen Zugang zu diesen prozeßhaften Abläufen zu finden, die im Sinne der klassischen, linearen Kausalitätsauffassung unlogisch und daher unerklärbar sind. In diesem Zusammenhang sind vor allem die (dem in Biologie, Physik und Chemie ungeschulten Leser allerdings schwer erfaßbaren) Arbeiten des Nobelpreisträgers ILYA PRIGOGINE (z. B. 1949) über *dissipative Strukturen* als Erklärungsprinzip der Enantiodromie zu erwähnen. PRIGOGINE verweist darauf, daß die stabilisierenden wie die destabilisierenden Funktionen dieser Strukturen auch in gesellschaftlichen Systemen nachweisbar sind. Rein empirisch drängt sich der Eindruck auf, daß die Enantiodromie dort am sichersten zu erwarten ist, wo eine bestimmte Haltung, Einstellung oder Orientierung extrem wird. Dies trifft offensichtlich auf die von Ideologien geschaffenen Wirklichkeiten zu, denn dort muß – wie in diesem Beitrag zu zeigen versucht wurde – alles der Ideologie Widersprechende als nichtexistent behandelt oder zur Nichtexistenz gebracht werden. Eben damit aber verfängt sich die Ideologie in den Tücken der aktiven Negation, denn wie ELSTER dies beispielsweise für den Atheismus analysiert, bleibt der negative Glaube des Atheisten ebenso mit Gott verbunden, wie der des Gläubigen (oder sogar noch mehr, falls der Gläubige von keinem besonderen Bekehrungseifer besessen ist); denn »die Ohnmacht des Atheismus rührt ja gerade daher, daß

227

er das Unmögliche will: durch die aktive Negation einen Zustand passiver Negation herbeizuführen« (in Watzlawick 1981, S. 172).

Solange sich dieses Dilemma nur im Kopfe des Ideologen abspielt, kann die übrige Menschheit es mit Achselzucken oder Lachen abtun. Wie die Erfahrung aber lehrt, vergeht uns das Lachen sehr rasch, sobald der enantiodromische Baustein zur Konstruktion der ideologischen Wirklichkeit tatsächlich und nicht nur in der Phantasie hinzugefügt wird. Ein Beispiel dafür bietet die Figur des Schigaljów in Dostojewskis Roman *Die Dämonen*. Schigaljów ist der Erfinder eines utopischen Systems, durch das »die jetzige Gesellschaftsform abgelöst werden wird«. Wie sich denken läßt, ist dieses System überaus komplex. Er ist bereit, es seinen Mitverschwörern in gekürzter Form vorzutragen, warnt sie aber von vornherein, daß

ich noch eine Menge mündlicher Erklärungen hinzuzufügen habe, und es fordert daher die ganze Auseinandersetzung mindestens zehn Abende, gemäß der Anzahl der Kapitel meines Buchs. (Gelächter läßt sich hören.) Außerdem erkläre ich von vornherein, daß mein System nicht beendet ist. (Wiederum Gelächter.) Ich habe mich in meinen eigenen Behauptungen verfangen, und mein Schluß steht in direktem Widerspruch zu der ursprünglichen Idee, von welcher ich ausgehe. Indem ich von schrankenloser Freiheit ausgehe, schließe ich mit unbeschränktem Despotismus. Aber ich füge hinzu, daß es außer meiner Lösung der gesellschaftlichen Formel keine andere geben kann. (Das Gelächter wuchs immer mehr.)

Während Schigaljów eine fiktive Persönlichkeit ist, ist sein Dilemma dies keineswegs. Es ist vielmehr krasse Wirklichkeit in vielen Ländern, in denen der Schigaljowismus zur Macht kam. Je aktiver die Negation, desto machtvoller drängt sich das Negierte auf. Freud sprach von der Rückkehr des Verdrängten; für Jung (1952, S. 654) enthält jedes psychologische Extrem »im Geheimen seinen Gegensatz oder steht sonstwie mit diesem in nächster und wesentlichster Beziehung«; Lenin, der glaubte, »den Beamtenapparat vollständig zertrümmert« zu haben, erlebte die diesbezügliche Enantiodromie als bittere Enttäuschung. Hierzu Heinz Abosch (1976, S. 69):

Auf den Trümmern des alten Apparates enstand eine neue, zahlenmäßig ungleich größere Bürokratie mit noch absoluteren Machtbefugnissen. Die letzten Lebensjahre verbrachte Lenin mit unaufhörlichen Klagen über dieses Krebsgeschwür; jetzt pries er nicht mehr die »Zertrümmerung« des Beamtenapparates, sondern bedauerte dessen allseitigen Triumph. In einer geheimen Notiz gestand er 1922, daß der Sowjetstaat »vom Zarismus übernommen und nur ganz leicht mit Sowjetöl« gesalbt worden sei.

Nicht jeder Ideologe nimmt es gleich so tragisch. Die nach Jahren aus dem Untergrund auftauchenden Terroristen scheinen dazu zu neigen, pausbäckig und treuherzig zu versichern, daß »es« ihnen leid tue, irren aber eben menschlich sei. Der Präsident vom Kambodscha, KHIEU SAMPHAN, der mit seiner der Sorbonne vorgelegten Dissertation den Khmer Rouge die ideologische Basis und Rechtfertigung für die Ermordung von ungefähr 250 000 Menschen und die langsame Liquidierung einer weiteren Million durch Zwangsarbeit und Entbehrungen gab, erklärte laut *United Press International* vom 20. 8. 1980 einsichtsvoll:

Wir wissen, daß für unsere Generation die Hoffnung auf eine sozialistische Revolution nicht mehr besteht. Das einzige Ziel, das wir zu unseren Lebzeiten erhoffen können, ist das Überleben Kambodschas. [...] Die Bevölkerung hat noch etwas Angst vor uns, aber wir sagen ihnen, daß wir in erster Linie Nationalisten und dann erst Kommunisten sind, und daß wir jetzt begreifen, daß wir unseren Traum vom Sozialismus nicht erfüllen können.*

Das Scheitern der Ideologie führt nicht notwendigerweise zu einer Einsicht in den fatalen Prozeß des ideologischen Konstruktivismus. Es macht nur Raum für eine neue Konstruktion. Denn von der Wirklichkeit wissen wir bestenfalls, was sie *nicht* ist, oder wie von GLASERSFELD (in WATZLAWICK 1981, S. 37) es so klar ausdrückt: nämlich daß

---

* Wenige Minuten später, im selben Interview, beschuldigt Khieu dann die Vietnamesen, »in Kambodscha systematisch Hungersnot zu erzeugen und die Verteilung der internationalen Lebensmittelhilfe an die Bevölkerung absichtlich zu behindern«.

die »wirkliche« Welt sich ausschließlich dort offenbart, wo unsere Konstruktionen scheitern. Da wir das Scheitern aber immer nur in jenen Begriffen beschreiben und erklären können, die wir zum Bau der scheiternden Strukturen verwendet haben, kann es uns niemals ein Bild der Welt vermitteln, die wir für das Scheitern verantwortlich machen könnten.

Es ist schwierig, sich der enantiodromischen Tatsache bewußt zu werden, daß die in der praktischen Anwendung einer Ideologie anzutreffenden Schattenseiten weder auf »Betriebsunfälle« noch auf die Unfähigkeit kleiner (oder auch großer) Apparatschiks, oder auf die finsteren Machenschaften innerer oder äußerer Feinde, abgeschoben werden können. Der Falle einer bestimmten grundsätzlichen Auffassung kann man nur dadurch entgehen, daß man diese Auffassung nicht mehr als eine vermeintlich unabhängig von uns existierende Tatsache sieht, die dann zu gewissen Schlüssen führt (die ihrerseits [rückbezüglich] die »Wahrheit« der Auffassung »beweisen«), sondern dadurch, daß man die Grundauffassung in Frage stellt.

Eben diese Fragen stellt DUVERGER (1980, S. 9) in seinem bereits erwähnten Buch *Les orangers du Lac Balaton*:

Was aber, wenn MARX nicht verraten wurde? Er wollte die schrecklichen Regime nicht, die sich auf ihn berufen. Sie hätten ihm wahrscheinlich Grauen eingeflößt. Aber wenn sie nicht ein Auswuchs, eine Fehlauffassung, eine Abweichung von seiner Lehre sind? Was, wenn sie vielmehr ein Aspekt sind, der ihre bis zur letzten Konsequenz geführte, innere Logik enthüllt?

Und im Verlauf seines Buchs zeigt DUVERGER meisterhaft, daß sich diese »Auswüchse« tatsächlich aus der Natur der Ideologie ergeben.

In ähnlicher Weise sprechen die »Neuen Philosophen« Frankreichs heute das klar aus, was – wie oben erwähnt – einem SOLSCHENYZIN vor weniger als zehn Jahren noch als heimtückische Verdrehung der Tatsachen angekreidet wurde. »Es gibt keinen Wurm in der Frucht, keine später gekommene Sünde, sondern der Wurm ist die Frucht, und die Sünde ist MARX«, so BERNARD LÉVY (1980) in seiner *Barbarei mit menschlichem Antlitz*. Dieselbe Erkenntnis findet sich in ANDRÉ GLUCKS-

MANNS *Maîtres Penseurs* (1977): Keine russischen Lager ohne Marxismus. Und MONIQUE HIRSHHORN (1978, S. 301–313) faßt diese Entwicklung mit den Worten zusammen:

> Aus ihrem dogmatischen Schlummer erweckt, entdecken die Neuen Philosophen die Wahrheit in einer Überlegung von eklatanter Einfachheit. Die Verbindung von Gulag zu Marx ist offensichtlich. Der Gulag ist kein Verkehrsunfall, der sich aus dem Phänomen der Bürokratie ergibt, aus den Abweichungen Stalins oder den Irrtümern Lenins, sondern er ist die unmittelbare logische Folge der marxistischen Prinzipien. Die klassenlose Gesellschaft ist kein messianisches Trugbild, sondern der andere Name des Terrors.

Es ist eine der Folgen des primitiven Ursachendenkens, daß die Enantiodromie – allen historischen Gegenbeweisen zum Trotz – Schwärmern wie Ideologen unvorstellbar bleibt und für sie daher völlig unerwartet hereinbricht. Erschwerend kommt dazu, daß diese Flachdenker die Menschlichkeit, Moral und Gerechtigkeit für sich gepachtet haben. Welcher Mensch guten Willens wäre nicht bereit, sich vorbehaltlos solch zündenden Parolen wie klassenlose Gesellschaft, Freiheit, Gleichheit, Brüderlichkeit und dergleichen zu verschreiben? Die Ernüchterung kommt für die meisten zu spät – außer für den seltenen Großinquisitor, der es schon immer weiß. Weder der Inhalt noch der geographische Locus der Ideologien ändert daran etwas. Ob z. B. der Zustand der Gleichheit aller im marxistischen oder kapitalistischen Sinne hergestellt werden soll, hat auf das stereotype Resultat keinen Einfluß: Der Versuch, die natürliche Verschiedenheit der Menschen auszugleichen, führt unweigerlich zu totalitären Exzessen von Ungleichheit. In ähnlicher Weise kann sich die Vernichtung der Freiheit sowohl aus ihrer schrankenlosen Überbetonung wie auch aus ihrer allzu ängstlichen Behütung ergeben.

Was der Ideologe in seiner Suche nach Vollkommenheit auch dann nicht annehmen könnte, wenn er es sähe, ist eine uralte Wahrheit, die in den letzten Jahrzehnten in immer überzeugenderer Form in den scheinbar verschiedensten Wissensgebieten wiederentdeckt wird. Es ist die Tatsache, daß komplexe Systeme, wie z. B. die menschliche Gesellschaft, *ho-*

*möostatisch, d. h. selbstregulierend sind, daß in ihnen Norm-abweichungen selbst* zur Korrektur von Zuständen führen, die das System gefährden oder seine natürliche Weiterentwicklung hemmen. Aber alles, was sich weiterentwickelt, ist eben deswegen unvollkommen – und unvollkommen darf die ideologische Wirklichkeit nicht sein. In komplexen Systemen ergibt sich Wandel und Evolution nur aus Faktoren, die zunächst als Abweichung und Pathologie erscheinen, und ohne die das System in hoffnungsloser Sterilität (die sich auch »kein Jota« an Änderung leisten kann) erstarren würde. In dieser Sicht erweist sich der vermeintliche Feind dann als der archetypische dunkle Bruder oder der dämonische Doppelgänger, der nicht liquidiert, sondern akzeptiert werden muß.

Zum Verständnis dieser Komplexität und ihrer dem »gesunden Menschenverstand« noch unfaßbaren Logik, die sich paradoxerweise sowohl bestätigt wie auch aufhebt, werden die Denker des Konstruktivismus ihre neuen Ansätze konstruieren. Einstweilen bleibt uns als Lichtblick WINSTON CHURCHILLS weiser Ausspruch: *Democracy is a lousy form of government, but I don't know a better one.*

# Epilog:

# Ausblick in eine kommunikative Zukunft

Der Ausdruck *Kommunikation* ist seit Jahrzehnten in vieler Menschen Mund; er ist zum Modewort geworden, das eine schillernde und daher sehr schwammige Bedeutung hat, z. B.: Statt »Wir verstehen uns nicht« oder »Wir streiten« ist es heute, vor allem in meinem Fach, viel wissenschaftlicher geworden, »Wir kommunizieren nicht« zu sagen. Damit scheint der Konflikt klar umrissen.

*Kommunikativ* soll hier als Eigenschaftswort jenes Aspektes unserer Welt stehen, dessen Wirklichkeit dadurch geschaffen wird, daß »Entitäten« im weitesten Sinne, vor allem natürlich Menschen, zueinander in Beziehung treten und aufeinander einzuwirken beginnen. Das Ergebnis dieser Interaktion oder, einfacher ausgedrückt, das Wesen jeder Beziehung ist trotz seiner Unmittelbarkeit und Alltäglichkeit schwer erfaßbar. Was sich nämlich sogar dem klassischen, linear-kausalen Denken der Wissenschaft (von unserem schlampigen Alltagsdenken ganz zu schweigen) entzieht, ist, was die Biologen das Phänomen der *Neubildung* nennen. Damit soll gesagt sein, daß das Wesen jeder Beziehung (und daher aller Interaktion und Kommunikation) immer schon mehr und andersgeartet ist, als die bloße Summe der Elemente, die die Kommunikanten in die Beziehung hereinbringen. Nicht nur erzeugt hier Ursache eine Wirkung, sondern jede Wirkung wirkt ihrerseits ursächlich auf ihre eigene Ursache zurück. Daraus entstehen Komplexitäten, die sich jeder Reduktion auf ihre Einzelbestandteile entziehen. Wasser ist nun einmal mehr und andersgeartet als die bloße Addition der Eigenschaften zweier Atome Wasserstoff und eines Atoms Sauerstoff.

In dem Maße, in dem durch die Entwicklung der modernen Elektronik, durch die immer engere wirtschaftliche Verknüpfung aller Erdteile und durch viele ähnliche Faktoren die moderne Welt immer vernetzter (und daher »kommunikativer«) wird, steigert sich die eben erwähnte Komplexität in einem Maße, zu dessen Bewältigung uns die klassischen Denkmodelle schon längst im Stich gelassen haben. Um welche neuen Dimensionen es sich dabei handelt, soll ein Beispiel veranschaulichen: Als an der Universität von Illinois im Jahre 1946 der erste Großcomputer angeschaltet wurde, verdoppelte sich in jenem Augenblick die Rechenkapazität unseres Planeten. Und im Vergleich mit z. B. einem modernen Cray-Supercomputer war jener erste ein Dinosaurier.

Welche Ausblicke eröffnen sich also für unsere kommunikative Zukunft? Vor allem müssen wir feststellen, daß wir eine unseren Vätern fast unbekannte Grenze erreicht haben, nämlich jenen Punkt, an dem die naive Vergrößerung oder Multiplizierung des Wünschenswerten und Guten nur zu oft in ihr Gegenteil umschlägt. Und so stehen wir diesem scheinbar unvorhersehbaren Umkippen von Quantität in Qualität fassungslos gegenüber und fragen uns, wie es möglich ist, daß die schwindelerregenden Fortschritte der Medizin bisher unbekannte Probleme schaffen, daß immer »wissenschaftlichere« Unterrichtsmethoden immer weniger Bildung zu fördern scheinen, daß immer schnellere Verkehrsmittel uns immer weniger Zeit lassen, und daß mehr und bessere Sozialeinrichtungen »irgendwie« immer mehr hilfsbedürftige und unselbständige Menschen in ihrem Gefolge zu haben scheinen.

Angesichts der Tatsache, daß wir also vor systemischen Komplexitäten stehen, zu deren Bewältigung uns unsere Erfahrung in der Vergangenheit keine Lösungen bieten, dürfte es nicht überraschen, daß brauchbaren Verfahrensweisen immer etwas Verblüffendes oder geradezu Unannehmbares anhaftet. Auch hierzu ein Beispiel, nämlich die nur scheinbar absurde Überlegung, die im Bereich der systemischen Therapie ihre Probe aufs Exempel längst bestanden hat: Was müßte ich tun, um das Gefürchtete zu verursachen? – im medizinischen Bereich also z. B. die Frage: Wie könnte ich diesen Patienten umbringen?

Lösungsstrategien dieser Art erzeugen in vielen Menschen sofortigen Widerstand und werden als pessimistisch-nihilistisch abgelehnt. Große, umfassende Probleme sind scheinbar nur durch ebenso große, umfassende Maßnahmen zu lösen. Aber das utopieselige Fortschrittsdenken der Vergangenheit ist in unserer kommunikativen Gegenwart schon längst zum Fortschrittswahn geworden, der interessanterweise nun seinerseits bereits der Enantiodromie verfällt. Den herrlichen technischen und sozialen Utopien steht als finstere Drohung schon das gegenüber, was HERMANN LÜBBE (1986) so treffend die Schrekkensutopien nennt. Nur am Rande sei bemerkt, daß diese eine verblüffende Ähnlichkeit damit haben, was historische Quellen uns von der Stimmung am Ausgang des ersten Millenniums berichten. Ganze, runde Zahlen haben bekanntlich für viele Menschen eine besondere Bedeutung. Der 60. Geburtstag z. B. ist viel bedeutungsschwangerer als der 59., und von einem in gleich drei Nullen endenden Jahr kann man sich noch viel mehr Unheil erwarten. Ganz wie heute erwartete man sich damals, beim Näherrücken des Jahres 1000, das Ende der Welt durch Feuer und Pestilenz, flammende Schwerter durchschnitten (wenn auch keine Ozonlöcher verursachend) den Himmel, militante Kulte versuchten, das Heil der Welt noch rasch mit Gewalt durchzusetzen, während andere, überschwengliche Glaubensgemeinschaften sich in die Einsamkeit zurückzogen, um sich dort introspektiv auf das Ende vorzubereiten.

Lassen Sie mich aber lieber auf einige unmittelbarere und weniger historische Aussichten auf das bevorstehende dritte Jahrtausend eingehen. Hierzu kommt einem vor allem die Nukleardrohung in den Sinn, über die alles Sagbare und Unsagbare seit Jahren bereits gesagt zu sein scheint. Dennoch ist ein Aspekt dabei zu kurz gekommen, nämlich die unleugbare Tatsache, daß gerade das Bestehen der Nuklearwaffen und ihre unvorstellbaren Wirkungen *bisher* einen stabilisierenden Einfluß nicht nur in ihrem eigenen Bereich, sondern auch auf dem Gebiet der konventionellen Strategie gehabt haben. Die offene Erwähnung dieses Sachverhalts scheint vielen Menschen geradezu unmoralisch. Wer sich, wie der Psychotherapeut, aber mit persönlichen Schreckensutopien zu befassen hat, wird kaum um den Eindruck herumkommen, daß die Angst vor dem atomaren Weltuntergang fast schon zur Rationalisierung eines viel diffuseren »Unbehagens in der Kultur« (wie FREUD es nannte) geworden ist, die das Ignorieren anderer, unter Umständen drängenderer Probleme ermöglicht – z. B. die rapide Überbevölkerung der Erde und die Vergiftung der Biosphäre. Oder: Hat der Mensch das Potential seiner genetischen Möglichkeiten bereits erschöpft? (wie sich viele namhafte Biologen ernsthaft fragen); wie lange noch können wir ungestraft an der Substanz zehren, um immer grandiosere Sozialisierungen zu finanzieren (Frankreich, Griechenland, Portugal und Österreich sind jedenfalls bedenkliche Beispiele); und wie lange noch kann sich der an den Pathologien großer Systeme interessierte Forscher damit trösten, daß solche Systeme sich nur unter dem Druck ihrer Mißerfolge reorganisieren und daß daher ein gewisser Grad des Scheiterns Voraussetzung für das Finden neuer Formen von Problembewältigungen ist? Was aber, so lautet die bange Frage, wenn es dann schon zu spät wäre?

Doch auch diese Überlegungen sind noch zu allgemein und abstrakt. Gerade im Hinblick auf die Rolle der Kommunikation in der nahen Zukunft zeichnen sich viel konkretere Probleme ab, die freilich angesichts jener globalen an Bedeutung zu verblassen scheinen. Eines dieser Probleme versteckt sich in Lord KELVINS prägnantem Ausdruck: *Everything that exists, exists in a quantity and can, therefore, be measured.* Damit wurde er sozusagen zum Wortführer des (freilich schon lange vor ihm bestehenden) Glaubens an die Quantifizierbarkeit unserer Welt und, damit verbunden, an die endgültige Ausmerzung alles Unlogischen und Irrationalen. Der moderne Computer scheint diese Hoffnung an die Schwelle ihrer Verwirklichung gebracht zu haben. Der zukünftige Einfluß der EDV auf die Struktur unserer Gesellschaft läßt sich derzeit auch nicht annähernd ermessen; bereits sichtbar aber sind die ersten Symptome dieser Entwicklung, die der rumänische Schriftsteller VIRGIL GHEORGHIU schon 1950 beschrieb:

Eine Gesellschaft, die sich aus Millionen von Millionen mechanischer Sklaven und bloß 2000 Millionen Menschen zusammensetzt, wird – wenn sie auch von den Menschen beherrscht wird – die Eigenschaften ihrer proletarischen Mehrheit haben. [...] Die mechanischen Sklaven unserer Zivilisation behalten diese Eigenschaften bei und leben gemäß den Gesetzen ihrer Natur. [...] Um seine mechanischen Sklaven verwenden zu können, muß der Mensch sie verstehen lernen und ihre Gewohnheiten und Gesetzmäßigkeiten nachahmen. [...] Eroberer übernehmen, wenn sie zahlenmäßig den Eroberten unterlegen sind, die Sprache und Gewohnheiten der beherrschten Nation, sei es der Einfachheit halber, oder aus anderen praktischen Gründen – und dies, obwohl sie die Herren sind. Derselbe Prozeß ist in unserer eigenen Gesellschaft im Gange, obwohl wir ihn nicht wahrhaben wollen. Wir lernen die Gesetzmäßigkeiten und den Jargon unserer Sklaven, um ihnen Befehle geben zu können. Und langsam und unmerklich verzichten wir auf unsere menschlichen Eigenschaften und unsere Gesetze. Wir entmenschlichen uns, indem wir die Lebensgewohnheiten unserer Sklaven annehmen. Das erste Symptom dieser Dehumanisierung ist die Mißachtung des Menschlichen.

Wer erst als Erwachsener diese »neue Welt aus Null und Eins« (KREUZER 1985) betrat, dürfte aus seiner Vergangenheit noch genügend Immunität gegen jene Infektionen mitgebracht haben, denen man in der Kommunikation mit dem Genossen Computer ausgesetzt zu sein scheint. Doch bereits auch unter der erwachsenen Bevölkerung des globalen »Silicon Valley« – ob es sich nun um Mathematiker, Physiker, Ingenieure, Informatiker oder andere EDV-Spezialisten handelt – beginnen sich merkwürdige Persönlichkeitsveränderungen abzuzeichnen, deren gemeinsamer Nenner die Unwilligkeit oder sogar Unfähigkeit ist, mit den »unvernünftigen«, also unlogischen, irrationalen, emotionalen Aspekten des menschlichen Zusammenlebens – auch, oder sogar besonders im rein persönlichen Bereich und der Intimsphäre – fertigzuwerden. Ganz ernsthaft sehen diese Menschen leuchtenden Auges den Tag herbei, da endlich alles »Analoge« (wie es in ihrer Sprache heißt) ausgemerzt und Welt und Menschen in den Begriffen der objektiven, »digitalen« Logik erfaßt sein werden. Die Digitalisierung wird so zur modernen Vision eines irdischen Paradieses.

Von dieser Entwicklung ist zu befürchten, daß sie lawinenartig zunehmen wird, wenn einmal die heute Acht- oder Zehnjährigen das Erwachsenenalter erreichen – was uns ziemlich genau zum Anbruch des dritten Milleniums bringt. Die Welt dieser Kinder ist, wenigstens in den USA, bereits weitgehend digitalisiert. Damit soll gesagt sein, daß der Heimcomputer (und, nicht zu vergessen, die Violenz der auf ihm abrufbaren elektronischen Spiele) heute in Hunderttausenden von Familien bereits das wichtigste Spielzeug geworden ist, und daß diese Kinder daher lernen, mit einer seelenlosen Maschine zu kommunizieren und sich auf ihre Erfordernisse einzustellen, während früher das erste nicht rein familiäre Bezugsobjekt eine Katze oder ein Hund gewesen sein mag. Wie subtil diese Verkümmerung ist und wie leicht sie das Weltbild eines Kindes beeinflussen kann, legt ein an sich unbedeutendes Beispiel nahe: Nicht nur nimmt der Taschenrechner diesen Kindern die Notwendigkeit der vorstellungsmäßigen Erfassung der Zahlenwelt ab, sondern die Digitaluhr läßt das Bild eines zeitlichen Ablaufs nicht mehr zur Ausbildung kommen, das die altmodischen (Analog-)Uhren durch die Bewegung der Zeiger vermittelten. Die Bedeutung der Zeitangabe »10 Minuten *vor* 12« ist daher vielen dieser Kinder bereits unverständlich, ganz zu schweigen von der Verwendung des Zifferblatts als Richtungsangabe z. B. in der Navigation oder Raumorientierung. (Dies soll nicht heißen, daß die Vorstellung der Zeit als eines kreisförmigen Ablaufs *per se* besondere Wichtigkeit habe; das Beispiel soll nur zeigen, wie sich subtile Änderungen im Weltbild unzähliger Menschen durch den Gebrauch von Gegenständen des Alltagslebens ergeben können.)

Eine andere Verheißung der EDV ist eine radikale Änderung der Arbeitsgegebenheiten, genannt »Telecomuting«. Für Millionen von Menschen werde es demnach in absehbarer Zeit möglich sein, nicht mehr in überfüllten, öffentlichen Verkehrsmitteln oder im eigenen Wagen auf verstopften Straßen in Werkstatt oder Büro und abends wieder nach Haus fahren zu müssen, sondern ihre Arbeit daheim, bequem in Filzpantoffeln vor dem Computerschirm sitzend, gerade zu jener Tageszeit zu verrichten, die ihnen persönlich am meisten zusagt – und dennoch in elektronischer Kommunikation mit allen anderen »Heim«-Arbeitern und den Vorgesetzten zu stehen. Die persönlichen und gesellschaftlichen Auswirkungen dieser Umstellung – wenn sie einmal Wirklichkeit werden sollte – kann man sich noch nicht annähernd ausmalen.

Ein weiteres bereits unübersehbares Symptom unserer kommunikativen Zukunft sind die Folgen der Informations-Überschwemmung auf allen Gebieten. Die technischen Möglichkeiten der Speicherung und daher auch der sofortigen Verfügbarkeit von Information haben Ausmaße erreicht, von denen wir Laien uns auch keine annähernde Vorstellung machen können. Hierzu ein Berufener, nämlich der Philosoph Jürgen Mittelstrass (1986):

Derzeit ist viel, vor allem in Politikermunde, von einer Informationsgesellschaft die Rede, zu der die bürgerliche Gesellschaft aufgebrochen sei. Mit diesem Schlagwort garniert man die Medienpolitik und die Vorstellung von einer technologischen Zukunft, in der sich die gesellschaftlichen Rationalitäten vornehmlich nach den Einfällen der Ingenieure richten sollen. Was dabei [...] übersehen wird, ist die Opposition von Information und Wissen, der Umstand nämlich, daß sich Information *an die Stelle von Wissen* zu setzen sucht und damit einer Art neuen Oberflächenexistenz das Wort redet. Während Wissen Gegensatz von Dummheit ist, gilt dies von Information nicht in allen Fällen. Gemeint ist: Wir durchschauen immer weniger, was uns in Form von Informationen zur Verfügung steht. [...] Wissen kann man sich nur als Wissender aneignen, Informationen muß man glauben.

Und damit sind wir bereits in der Nähe eines anderen Wunderwerkes der Digitalisierung angekommen, dem Fernseher. Weit mehr als es die Propagandaministerien totalitärer Staaten bisher fertiggebracht haben, erzeugt das Fernsehen eine freiwillige Unterwerfung und Gleichschaltung des Denkens und Fühlens, wie sie in der Geschichte der Menschheit wohl einmalig dasteht – nicht weil die Menschen früherer Epochen vielleicht immuner waren, sondern weil die moderne Technologie zur Vertrottelung und Verrohung von Millionen von Individuen noch nicht bestand. Erst das Fernsehen lehrt uns, wie wir sprechen, handeln und uns kleiden sollen, welche Probleme der elegante, moderne Mensch haben darf, und wie er mit ihnen (meist gewalttätig) fertig werden kann. Auch hierzu nur ein Zitat aus berufener Quelle, nämlich aus Neil Postmans (1985) Buch *Wir amüsieren uns zu Tode*:

HUXLEY hat gezeigt, daß im technischen Zeitalter die kulturelle Verwüstung weit häufiger die Maske grinsender Betulichkeit trägt als die des Argwohns oder des Hasses. In HUXLEYS Prophezeiung ist der Große Bruder gar nicht erpicht darauf, uns zu sehen. Wir sind darauf erpicht, ihn zu sehen. Wächter, Gefängnistore oder Wahrheitsministerien sind unnötig. Wenn ein Volk sich von Trivialitäten ablenken läßt, wenn das kulturelle Leben neu bestimmt wird als eine endlose Reihe von Unterhaltungsveranstaltungen, als gigantischer Amüsierbetrieb, wenn der öffentliche Diskurs zum unterschiedslosen Geplapper wird, kurz, wenn aus Bürgern Zuschauer werden und ihre öffentlichen Angelegenheiten zur Varieté-Nummer herunterkommen, dann ist die Nation in Gefahr – das Absterben der Kultur wird zur realen Bedrohung.

Die grenzenlose Verkümmerung all dessen, was jahrtausendelang für die vornehmsten Eigenschaften und Möglichkeiten des Menschen galt, hinterläßt das schon eingangs erwähnte Gefühl der Leere und der vagen Bedrohung, und gibt Anlaß zu meist hilf- und planlosen Versuchen, diese Leere irgendwie zu füllen. Es dürfte wohl kein Zufall sein, daß der Kokainverbrauch im kalifornischen *Silicon Valley* besonders hoch ist – sehr zur Freude nicht nur der Drogenhändler, sondern auch der Betriebs- und der Rüstungs-Spione.

In *Neue Jugendreligionen* beschreibt der Psychoanalytiker JOHANNES R. GASCARD (1984) zu Recht ein Schwanken zwischen »Sehnsucht und Sucht« der heutigen Jugendlichen (und oft auch der nicht mehr allzu Jugendlichen). Rausch und Ekstase waren freilich immer schon mit der Hoffnung auf das Durchbrechen in eine andere, verklärte Wirklichkeit verbunden. Im Gegensatz zum oben Gesagten scheint es sich hier also um Probleme zu handeln, für die uns die Vergangenheit sehr wohl Lehren für die Gegenwart zu bieten hat. Bei näherem Hinsehen nämlich erweisen sich die wunderbaren »Ideen« der modernen Weltbeglücker praktisch ausnahmslos als bereits in früheren Epochen verkündet, bald aber als nutzlos, wenn nicht gar unmenschlich erkannt und verworfen. *Plus ça change, plus c'est la même chose*, sagt die Weisheit des Sprichworts. Auch in dieser Hinsicht wäre also die ganze Information *verfügbar*, aber ihre bloße Verfügbarkeit ist eben nicht gleichbedeutend mit *Wissen*.

Genug des Kulturpessimismus, werden Sie, meine Damen und Herren, mit Recht bereits denken. Was bleibt uns als Ausblick in die kommunikative Zukunft des Jahres 2000? Die Antworten, die größere Geister als ich bisher auf diese Frage gegeben haben, scheinen enttäuschend dürftig. Gerade aber darin liegt ihre Wichtigkeit. Wie schon erwähnt, neigt man immer zur Annahme, daß komplexe Probleme mindestens ebenso komplexe Lösungsstrategien erfordern. Die Natur aber lehrt uns eines besseren. Leben entwickelt sich bekanntlich in kleinsten Schritten, während alle großen Änderungen katastrophisch sind. Auch im Leben des einzelnen scheint es nicht anders zu sein: Es sind kleine Schritte, nicht selten sogar unvorhergesehene Zufallsereignisse, die zum Ausgangspunkt wichtiger Neuentwicklungen werden können. Diesen Zusammenhang von Zufall und Notwendigkeit festgestellt zu haben, ist Verdienst der modernen Biologie, und auf ihm bauen sich Lösungsstrategien auf, die ihre Nützlichkeit sowohl im kleinen Rahmen der Psychotherapie als auch in der Interaktion großer Systeme bereits bewiesen haben. Die Annahme scheint nicht ganz von der Hand zu weisen, daß wir in absehbarer Zeit vielleicht die Grundgesetze einer *Wissenschaft des Wandels* als eines Phänomens *sui generis* erarbeiten können. Die moderne, wissenschaftliche Futurologie dürfte dabei eine zentrale Rolle spielen.

Das alles ist vorläufig ein tastender Anfang, der aber seiner Bescheidenheit wegen gegen Utopien immun sein dürfte, ja diese aktiv zu vermeiden versucht. Aber nur wenige Dinge erzeugen rascheren Widerstand und moralische Entrüstung, als eben eine Philosophie der kleinsten Schritte, wie sie schon KARL POPPER empfiehlt. Und mit ihm kommt einem auch der Philosoph ROBERT SPAEMANN in den Sinn, der den Mut hat, darauf zu verweisen, daß die einzig humane Definition des Friedens nur eine negative, nämlich die *Abwesenheit von Gewalt*, sein kann, und daß jede positive Definition *eo ipso* zu Gewalt und Unmenschlichkeit führen *muß*. Die für viele Idealisten und Ideologen allzu bittere Pille ist: Wer das *summum bonum* anstrebt, setzt damit auch schon das *summum malum*.

# Literaturverzeichnis

ABBOTT, E. A.: Flatland. A Romance in Many Dimensions. Dover Publications, New York 1952².

ABOSCH, H.: Karl Kautskys Kritik am Bolschewismus. In: Neue Zürcher Zeitung vom 27./28.11.1976, S. 69.

ALLPORT, G. W.: Mental Health: A Generic Attitude. Journal of Religion and Health, 4, 1964.

ANDERSSON, G.; RADNITZKY, G.: Finalisierung der Wissenschaft im doppelten Sinn. In: Neue Zürcher Zeitung vom 19./20.8.1978, S. 33.

ARDREY, R.: The social contract. Atheneum, New York 1970.

ARIETI, S.: Schizophrenia: Other aspects; Psychotherapy. In: Arieti, S. (ed.), American Handbook of Psychiatry. Basic Books, New York 1959.

ASCH, S. E.: Opinions and Social Pressure. Scientific American, 193, 1955.

ASHBY, W. R.: Design for a Brain. New York 1954.

ASHBY, W. R.: An Introduction to Cybernetics. Chapman & Hall, London 1956 (1964²), Wiley, New York 1963.

AUSTIN, J. L.: How to Do Things with Words. Oxford University Press, Oxford 1962.

AYER, A. J.: Language, Truth and Logic. Dover, New York o. J. (2. Aufl.).

BAKUNIN, M. A.: Revolutionärer Katechismus. Zit. in: Oberländer, E. (Hrsg.), Der Anarchismus. Dokumente der Weltrevolution Bd. 4. Walter, Olten/Freiburg 1972.

BALINT, M.: Therapeutische Aspekte der Regression. Klett, Stuttgart 1970.

BATESON, G.: Conventions of communication. In: Ruesch, J.; Bateson, G. (eds.), Communication, the Social Matrix of Psychiatry. Norton, New York 1951.

BATESON, G.: The group dynamics of Schizophrenia. In: Appleby, L.; Weakland, J. (eds.), Chronic Schizophrenia. Exploration in Theory and Treatment. Free Press, Glencoe/Illinois 1960.

BATESON, G.: Ökologie des Geistes. Suhrkamp, Frankfurt 1981.

BATESON, G.; JACKSON, D. D.: Some Varieties of Pathogenic Organization. In: Rioch, D. M. (ed.), Disorders of Communication. Research Publications, Association for Research in Nervous and Mental Disease, Vol. 42, 1964.

BATESON, G.; JACKSON, D.; HALEY, J.; WEAKLAND, J.: Toward a theory of schizophrenia. Behav. Sci., 1, 1956. Deutsch: Auf dem Wege zu einer Schizophrenie-Theorie. In: Habermas, J. et al. (Hrsg.), Schizophrenie und Familie. Suhrkamp, Frankfurt 1969.

BECKER, J.: Hitler's Children: The Story of the Baader-Meinhof Terrorist Gang. Lippincott, Philadelphia/London 1977. Zit. v. Stierlin, H. in seiner Übersetzung »Familienterrorismus und öffentlicher Terrorismus«. Familiendynamik, 3, 1978.

BERGER, M. M.: Beyond the Double Bind. Brunner/Mazel, New York 1978.

BERNHEIM, R.: Der »kirchliche« Aspekt der sowjetischen KP. In: Neue Zürcher Zeitung vom 16.8.1970, S. 3.

BERTALANFFY, L. VON: An outline of general system theory. Brit. J. Philos. Sci., *1*, 1950.

BERTALANFFY, L. VON: General system theory – a critical review. Gen. Syst. (Yb.), 7, 1962.

BLEULER, E.: Dementia praecox oder Gruppe der Schizophrenien. Deuticke, Leipzig 1911.

BLEULER, E.: Lehrbuch der Psychiatrie. Springer, Berlin 1923.

BÖCKENFÖRDE, E. W.: Der Staat als sittlicher Staat. Duncker & Humblot, Berlin 1978.

BOLZANO, B.: Paradoxien des Unendlichen. 2. Ausgabe, hrsg. v. F. Prihonsky. Mayer & Müller, Berlin 1899.

BORN, M.: Rede auf der 14. Nobelpreisträgertagung in Lindau 1964.

BRASCH, T.: »Selbstkritik 2«. In: Kargo: 32. Versuch, auf einem untergehenden Schiff aus der eigenen Haut zu kommen. Suhrkampf, Frankfurt 1979.

BREUER, R.: Die Kunst der Paradoxie. W. Fink, München 1976.

BROCH, H.: Wunderrabbis. In: Neue Zürcher Zeitung vom 4./5.10.1975.

BUBER, M.: Distance and Relations. Psychiatry, *20*, 1957.

CARNAP, R.: Die logische Syntax der Sprache. Springer, Heidelberg 1934.

CARNAP, R.: Introduction to Semantics. Harvard University Press, Cambridge 1942, 1959[2].

CASTRO, FIDEL: Zit. in Neue Zürcher Zeitung vom 7./8.1.1978.

CHERRY, C.: Kommunikationsforschung – eine neue Wissenschaft. S. Fischer, Frankfurt 1967.

COHN, N.: The Pursuit of the Millennium. Essential Books Inc., Fairlawn (N. J.) 1975.

COYNE, J. C.: Depression and the response of others. Abnormal Psychology, *75*, 1976 a.

COYNE, J. C.: The Place of informed consent in ethical dilemmas. Consulting and Clinical Psychology, *44*, 1976 b.

DAVIS, M.: Computability and Unsolvability. MacGraw-Hill, New York 1958.

DEUTSCHER, I.: The Prophet Unarmed. Oxford University Press, London/New York/Toronto 1959.

DEWEY, J.: Human Nature and Conduct; an Introduction to Social Psychology. Modern Library, New York 1950.

DÜRCKHEIM, K. VON: Das Überpersönliche in der Übertragung. Acta psychotherapeutica, Separatum Vol. II, fsc. 3/4, 1954.

DUVERGER, M.: Les orangers du Lac Balaton. Le Seuil. Paris 1980.

ELSTER, J.: Ulysses and the Sirens: Studies in Rationality and Irrationality. Cambridge University Press, London/New York/Melbourne 1979.

ENGELMANN, P.: Letters from Ludwig Wittgenstein. With a Memoir. Blackwell, Oxford 1967.

ERICKSON, M. H.: The confusion technique in hypnosis. Amer. J. Clin. Hyp. *6*, 1964.

ERNST, B.: The magic mirror of M. C. Escher. Random House, New York 1976.

FOERSTER, H. VON: Notes pour une épistémiologie des objets vivants. In: Morin, E.; Piatelli-Palmarini, M. (eds.), L'unité de l'homme. Ed. du Seuil, Paris 1974.

FOERSTER, H. VON: Das Konstruieren einer Wirklichkeit. In: Watzlawick, P. (Hrsg.), Die erfundene Wirklichkeit. Piper, München 1981.

FRANKL, V. E.: Ärztliche Seelsorge. Deuticke, Wien 1966, 1971[8].

FREEDMAN, A.: Zit. im Monitor der American Psychiatric Association, Vol. 4, No. 12, Dezember 1973, und von United Press International vom 2.11.1973.

FREY, G.: Sprache – Ausdruck des Bewußtseins. Kohlhammer, Stuttgart 1965.

GALIN, D.: Implications for psychiatry of right and left cerebral specialization. A neurophysiological context for unconscious processes. Archives of General Psychiatry, 31, 1976.

GALL, J.: Systemantics. Pocket Books, New York 1978.

GALLIE, W. B.: Peirce and Pragmatism. Dover, New York 1966.

GARAUDY, R.: L'alternative. Laffont, Paris 1972.

GARDNER, M.: Free Will Revisted, with a Mind-Bending Prediction Paradox by William Newcomb. Scientific American, 229, 1973.

GARDNER, M.: Reflections on Newcomb's Problem: A Prediction and Free-Will Dilemma. Scientific American, 230, 1974.

GASCARD, J. R.: Neue Jugendreligionen. Zwischen Sehnsucht und Sucht. Herder, Freiburg 1984.

GEORGE, H.: The Brain as a Computer. Pergamon Press, Oxford 1962.

GHEORGIU, C. V.: 25 Uhr. Ullstein, Berlin 1962.

GLASERSFELD, E. VON: Reflections on John Fowles' »The Magus« and the Construction of Reality. The Georgia Review, 33, 1979.

GLASERSFELD, E. VON: Einführung in den radikalen Konstruktivismus. In: Watzlawick, P. (Hrsg.), Die erfundene Wirklichkeit. Piper, München 1981.

GLOVER, E.: Freud or Jung? Meridian, New York 1956.

GLUCKSMANN, A.: Les maîtres penseurs. Grasset, Paris 1977.

GÖDEL, K.: Über formal unentscheidbare Sätze der Principia Mathematica und verwandter Systeme, I. Monatshefte für Mathematik und Physik, 38, 1931.

GOEBBELS, J.: Zit. in: Schneider, W. (1976).

GREGOR-DELLIN, M.: Zit. in: Schneider, W. (1976). Aus: Baroth, H. D. (Hrsg.), Schriftsteller testen Politikertexte. München 1967.

GÜNTHER, G.: Die aristotelische Logik des Seins und die nicht-aristotelische Logik der Reflexion. Z. f. philosoph. Forschung XII, 1958.

HART, O. VAN DER: Rituals in Psychotherapy. Irvington, New York 1983.

HESSE, H.: Der Steppenwolf. In: Ges. Werke, Bd. 7, 118–413, Suhrkamp, Frankfurt 1970.

HIRSHHORN, M.: Les nouveaux philosophes. L'écume et la vague. Stanford French Review, Bd. II, Nr. 2, 1978.

HOLLSTEIN, W.: Der Untergrund. Luchterhand, Neuwied 1969[2].

JACKSON, D. D.: The question of family homeostasis. Psychiat. Quart., 31, 1957.

JACKSON, D. D.: A suggestion for the technical handling of paranoid patients. Psychiatry, 26, 1963.

JAMES, W.: Pragmatism. Longmans & Green, New York 1907.

JASPERS, K.: Von der Wahrheit. Piper, München 1947.

JOHNSON, A. M.; GRIFFIN, M. E.; BECKETT, P. G. S.: Studies in schizophrenia at the Mayo Clinic II. Observations on ego functions in schizophrenia. Psychiatry, *19*, 1956.

JONES, J.: Zit. in: San Francisco Chronicle vom 15. 3. 1979.

JUNG, C. G.: Symbole der Wandlung. Rascher, Zürich 1952.

KLEMPERER, V.: Die unbewältigte Sprache. Melzer, Darmstadt 1966. Zit. in: Schneider, W. (1976).

KOESTLER, A.: Darkness at Noon. The Modern Library, New York 1941.

KOESTLER, A.: Le zéro et l'infini. Calmann-Lévy, Paris 1945.

KOESTLER, A.: Sonnenfinsternis. Artemis, Zürich 1946.

KOESTLER, A.: Die Geheimschrift. Bericht eines Lebens, 1932–1940. Desch, Wien/München/Basel 1954.

KOLAKOWSKI, L.: Leben trotz Geschichte. Piper, München 1977.

KOLM, S. C.: A General Theory of Socialist Failure. In: Persson B. (ed.), Surviving Failures. Atlantic Heights und Stockholm 1979.

KORSCHAWIN, N.: In: Maximov, V. E. (Hrsg.), Kontinent. Unabhängiges Forum russischer und osteuropäischer Autoren, Bd. 8. Ullstein, Berlin 1978. Zit. in: Neue Zürcher Zeitung vom 1./2. 7. 1978.

KORSZYBSKI, A.: Science and Sanity. International Non-Aristotelian Library, New York 1933.

KRAFT, V.: Der Wiener Kreis. Springer, Wien 1968 [2].

KRAUS, W.: Die verratene Anbetung. Piper, München 1978.

KREUZER, F. (Hrsg.): Neue Welt aus Null und Eins. Deuticke, Wien 1985.

KUHN, T. S.: Die Struktur wissenschaftlicher Revolutionen. Suhrkamp, Frankfurt 1973.

LAING, R. D.: The Self and Others. Further Studies in Sanity and Madness. Tavistock, London 1961.

LAING, R. D.: Mystification, confusion, and conflict. In: Boszormenyi-Nagy, I.; Framo, J. L. (eds.), Intensive Family Therapy. Harper & Row, New York 1965.

LAING, R. D.: Knots. Pantheon Books, New York 1970. (Deutsch: Knoten. Rowohlt, Reinbek 1973.)

LAING, R. D.; ESTERSON, A.: Sanity, Madness, and the Family, Vol. I. Tavistock, London 1964.

LAING, R. D.; PHILLIPSON, H.; LEE, A. R.: Interpersonelle Wahrnehmung. Suhrkamp, Frankfurt 1971.

LANGSLEY, D. G.; KAPLAN, D. M.: The treatment of families in crisis. Grune & Stratton, New York 1968.

LANGSLEY, D. G. et al.: Family crisis therapy – results and implications. Fam. Proc., *7*, 1968.

LAPLACE, P. S. DE: Philosophischer Versuch über die Wahrscheinlichkeit. Akadem. Verlagsges., Leipzig 1932.

LASÈGUE, C.; FALRET, J.: La folie à deux ou folie communiquée. Annales Médico-Psychologiques, Band *18*, 1877.

LENIN, W. I.: Was tun? Verlag Neuer Weg, Berlin 1945.

LÉVY, B.-H.: Die Barbarei mit menschlichem Antlitz. Rororo 4276. Rowohlt, Reinbek 1980.

LIDZ, T.; CORNELISON, A.; TERRY, D.; FLECK, S.: Intrafamilial environment of the schizophrenic patient, VI. The transmission of irrationality. Arch. Neurol. Psychiat., *79*, 1958.

LORENZ, C.: Shell strikes a refined way of exploring the future. In: Financial Times vom 4.3.1980.

LÜBBE, H.: Ideologische Selbstermächtigung zur Gewalt. In: Neue Zürcher Zeitung vom 28./29.10.1978.

LÜBBE, H.: Die Schreckensutopien. Rückblick auf das Orwell-Jahr. Schweiz. Monatshefte, *66*, Dezember 1986.

LUCAS, J. R.: The Freedom of the Will. Clarendon Press, Oxford 1970.

MÄDER-BOGORAD, Y.: Literatur als Zerrspiegel der Wirklichkeit. In: Neue Zürcher Zeitung vom 5./6.5.1979.

MALLY, E.: Grundgesetze des Sollens. Leuscher & Lubensky, Graz 1926.

MARX, K.: Die deutsche Ideologie. Verlag für Literatur und Politik, Wien/Berlin 1932.

MEAD, G. H.: Geist, Identität und Gesellschaft. Suhrkamp, Frankfurt 1968.

MEIENBERG, N.: In: Das Konzept, März 1979. Zit. in: Neue Zürcher Zeitung vom 17./18.3.1979.

MICHALKOW, S.: In: Der Spiegel, *28*, vom 4.2.1974.

MILLER, G. A.; GALANTER, E.; PRIBRAM, K. H.: Plans and the Structure of Behavior. Holt, Rinehardt & Winston, New York 1960.

MISCHEL, W.: Personality and Assessment. Wiley, New York 1968.

MITTELSTRASS, J.: Bibliothek und geisteswissenschaftliche Forschung. In: Neue Zürcher Zeitung vom 28./29.6.1986.

MONOD, J.: Zufall und Notwendigkeit. Philosophische Fragen der modernen Biologie. Piper, München 1970, 1971[2].

MORIN, E. et al: La rumeur d'Orléans. Le Seuil, Paris 1969.

MORRIS, C.: Foundations of the theory of signs. In: Neurath, O.; Carnap, R.; Morris, Ch. (eds.), International Encyclopedia of Unified Science, Vol. 1. University of Chicago Press, Chicago 1938.

MUSIL, R.: Die Verwirrungen des Zöglings Törless. In: Prosa und Stücke. Rowohlt, Reinbek 1978.

NAGEL, E.; NEWMAN, J. R.: Gödel's Proof. New York University Press, New York 1958.

NEWMAN, J. R.: The World of Mathematics. Simon & Schuster, New York 1956.

NIEDERLAND, W. G.: The Schreber case. Quadrangle Books, New York 1974.

NOZICK, R.: Newcomb's Paradox and the Two Principles of Choice. In: Rescher, N. (ed.), Essays in Honor of Carl E. Hempel. J. Reidel, Publ. Co., Dordrecht 1979.

ORWELL, G.: 1984. Diana, Zürich 1950.

ORWELL, G.: Inside the Wale. In: A Collection of Essays. Doubleday, Garden City (N. J.) 1954.

OSGOOD, CH. E.: Reciprocal initiative. In: Roosevelt, J. (ed.), The Liberal Papers. Anchor, New York 1962.

PEIRCE, C. S.: Pragmatism and pragmaticism. In: Collected Papers of Charles Sanders Peirce, Vol. *V*. Harvard University, Cambridge 1934, 1960[2].

PESESCHKIAN, N.: Der Kaufmann und der Papagei. S. Fischer, Frankfurt 1979.

PFUNGST, O.: Das Pferd des Herrn von Osten (Der kluge Hans). Bart, Leipzig 1907.

PIAGET, J.: La construction du réel chez l'enfant. Delachaux & Niestlé, Neuchâtel 1937.

PLANCK, M.: Scheinprobleme der Wissenschaft. In: Vorträge und Erinnerungen. Wisenschaftl. Buchgesellschaft, Darmstadt 1969.

POPPER, K. R.: Die offene Gesellschaft und ihre Feinde. A. Francke, Bern 1957.

POPPER, K. R.: Conjectures and Refutations. The Growth of Scientific Knowledge. Basic Books, New York 1962.

POPPER, K. R.: Utopie und Gewalt. In: Neusüß, A. (Hrsg.), Utopie: Begriff und Phänomen des Utopischen. Luchterhand, Neuwied/Berlin 1968.

POPPER, K. R.: Ausgangspunkte: Hoffmann & Campe, Hamburg 1979.

POSTMAN, N.: Wir amüsieren uns zu Tode. S. Fischer, Frankfurt 1985.

PRIGOGINE, I.: Vom Sein zum Werden. Piper, München 1979.

PROBST, G. J. B.: Kybernetische Gesetzeshypothesen als Basis für Gestaltungs- und Lenkungsregeln im Management. Haupt, Bern/Stuttgart 1981.

RAPOPORT, A.: Fights, Games and Debates. Ann Arbor 1960.

RECK-MALLECZEWEN, F. P.: Tagebuch eines Verzweifelten. Henry Goverts, Stuttgart 1966.

REVEL, J.-F.: La tentation totalitaire. Laffont, Paris 1976.

ROSEN, J. N.: Direct Analysis. Grune & Stratton, New York 1953.

ROSEN, S.: My Voice will go with you. W. W. Norton, New York 1982.

ROSENHAN, D. L.: Gesund in kranker Umgebung. In: Watzlawick, P. (Hrsg.), Die erfundene Wirklichkeit. Piper, München 1981.

ROSENTHAL, R.: Experimenter Effects in Behavioral Research. Appleton-Century. Crofts, New York 1966.

RUESCH, J.: Disturbed Communication. Norton, New York 1957.

SALIMBENE: La bizzarra cronaca di Frate Salimbene. Carabba, Lanciano 1926.

SALZMAN, L.: Reply to critics. Int. J. Psychiatry, *6*, 1968.

SCHATZMAN, M.: Die Angst vor dem Vater. Rowohlt, Reinbek 1974.

SCHNEIDER, W.: Wörter machen Leute. Piper, München 1976.

SCHNITZLER, A.: Flucht in die Finsternis. In: Die erzählenden Schriften, Bd. I, S. Fischer, Frankfurt 1961.

SCHOPENHAUER, A.: Über den Willen der Natur. In: Sämtliche Werke, Bd. III, Piper, München 1912.

SCHRÖDINGER, E.: Mind and Matter. Cambridge 1958.

SEARLES, H. F.: The effort to drive the other person crazy. Brit. J. med. Psychol., *32*, 1959.

SELVINI-PALAZZOLI, M. et al: Family rituals: A powerful tool in family therapy. Family Process, *16*, 1977.

SHAH, I.: Insgesamt 22 Titel. Institute for the Study of Human Knowledge, Los Altos (Ca)

SLUZKI, C. E.: Process of symptom production and patterns of symptom maintenance. J. Marit. Fam. Ther., 7, 1981.

SLUZKI, C. E.; BEAVIN, J.; TARNOPOLSKY, A.; VERÓN, E.: Transacciones descalificadoras. Acta psiquitát. pscol. Amér. lat., 12, 1966. (Auch engl.: Transactional disqualification. Arch. Gen. Psychiat., 16, 1967.

SLUZKI, C. E.; RANSOM, D. C. (eds.): Double bind. Grune & Stratton, New York 1976.

SLUZKI, C. E.; VÉRON, E.: The double bind as a universal pathogenic situation. Fam. Proc., 10, 1971.

SOLSCHENIZYN, A. et al.: Stimmen aus dem Untergrund. Zur geistigen Situation in der UdSSR. Luchterhand, Darmstadt 1975.

SONTHEIMER, K.: Die Erweckung der Rassenseele. In: Rühle, G. (Hrsg.), Bücher, die das Jahrhundert bewegten. Piper, München 1978.

SPENCER-BROWN, G.: Laws of Form. Bantam Books, New York 1973.

SPERBER, M.: Die Erben des Herostratos. In: Süddeutsche Zeitung vom 20./21. 9. 1975.

SPITZ, R. A.: Die Entstehung der ersten Objektbeziehung. Klett, Stuttgart 1960[2].

STIENSTRA, T.: 400 Students Chant Ritual at Rain-Making Ceremony. In: Palo Alto Times vom 18. 12. 1977.

VAIHINGER, H.: Die Philosophie des Als Ob. Reuther & Reichard, Berlin 1911.

VARELA, F. J.: Der kreative Zirkel. In: Watzlawick, P. (Hrsg.), Die erfundene Wirklichkeit. Piper, München 1981.

VARELA, F. J.: A Calculus for Self-Reference. Intern. J. of General Systems, 2, 1975.

VAUGHN, C. E.; LEFF, J. P.: The Influence of family and social factors in the course of psychiatric illness. Brit. Journal of Psychiatry, 129, 1970.

VESTER, F.: Neuland des Denkens. Deutsche Verlagsanstalt, Stuttgart 1980.

VICO, G.: De Antiquissima Italorum Sapentia. Stampa de' Classici Latini, Neapel 1958.

WATZLAWICK, P.: An Anthology of Human Communication: Text and Tape. Science & Behavior, Palo Alto 1964.

WATZLAWICK, P.: Patterns of psychotic communication. In: Doucet, P.; Laurin, C. (eds.), Problems of Psychosis. Excerpta Medica, Amsterdam 1969.

WATZLAWICK, P.: Wie wirklich ist die Wirklichkeit? Piper, München 1976.

WATZLAWICK, P.: Die Möglichkeit des Andersseins. Zur Technik der therapeutischen Kommunikation. H. Huber, Bern/Stuttgart/Wien 1977.

WATZLAWICK, P.: Münchhausens Zopf und Wittgensteins Leiter. In: Preisl, A.; Mohler, A. (Hrsg.), Der Mensch und seine Sprache. Propyläen, Berlin 1979.

WATZLAWICK, P. (Hrsg.): Die erfundene Wirklichkeit. Piper, München 1981.

WATZLAWICK, P.: Selbsterfüllende Prophezeiungen. In: Watzlawick, P. (Hrsg.), Die erfundene Wirklichkeit. Piper, München 1981.

WATZLAWICK, P.: Das Kriterion der Wirklichkeitsanpassung. In: Janzarik, W. (Hrsg.), Psychopathologische Konzepte der Gegenwart. Enke, Stuttgart 1982.

WATZLAWICK, P.; BEAVIN, J. H.; JACKSON, D. D.: Menschliche Kommunikation. Formen, Störungen, Paradoxien. H. Huber, Bern 1969, 1972[3].

WATZLAWICK, P.; WEAKLAND, J.; FISCH, R.: Lösungen. Zur Theorie und Praxis menschlichen Wandels. H. Huber, Bern/Stuttgart/Wien 1974.

WATZLAWICK, P. et al.: Gegen Revisionismus und Deviation. In: Watzlawick, P.; Weakland, J. (Hrsg.): Interaktion. H. Huber, Bern 1980.

WEAKLAND, J.: Family somatics. A neglected edge. Family Process, 16, 1977.

WEAKLAND, J.; FISCH, R.; WATZLAWICK, P.; BODIN, A.: Brief Therapy: Focused problem resolution. Family Process, 13, 1974.

WHITEHEAD, A. N.; RUSSELL, B.: Principia Mathematica. Cambridge University Press, Cambridge 1910–1913.

WITTGENSTEIN, L.: Logisch-Philosophische Abhandlungen. Humanities Press, New York 1951 (zweisprachige Ausgabe).

WITTGENSTEIN, L.: Bemerkungen über die Grundlagen der Mathematik. Blackwell, Oxford 1956.

WITTGENSTEIN, L.: Über Gewißheit. In: Anscombe, G. E. M.; Wright, G. H. (Hrsg.). Blackwell, Oxford 1969.

WYNNE, L. C.; RYCKOFF, I. M.; DAY, J.; HIRSCH, S.: Pseudomutuality in the family relations of schizophrenics. Psychiatry, 21, 1958.

Yo KUANG-LIEH: Zit. in: Neue Zürcher Zeitung vom 12./13.3.1977.

ZEIG, J. G. (Hrsg.): Meine Stimme begleitet Sie überall hin. Ein Lehrseminar mit Milton H. Erickson. Klett/Cotta, Stuttgart 1986.

ZEITDIENST, DER, Zit. in Neue Zürcher Zeitung vom 17./18.3.1979.

ZELENY, M. (ed.): Autopoiesis. Elsevier, North Holland/New York/Oxford 1981.

# Namensregister

# Sachregister

# Nachweis der Texte

(Autor und der Verlag Hans Huber danken den hier genannten Organisationen und Verlagen für die freundliche Erlaubnis zur Wiederverwendung der einzelnen Arbeiten, die vom Autor selbst ausgewählt und bearbeitet worden sind.)

1. ## Wesen und Formen menschlicher Beziehungen
   Zuerst erschienen in *Neue Anthropologie* Band 7 (Hrsg. H.-G. Gadamer & P. Vogler), S. 103–131. Thieme, Stuttgart 1975.

2. ## Der Wandel des Menschenbildes in der Psychiatrie
   Vortrag, gehalten in der Carl Friedrich von Siemens Stiftung. Zuerst erschienen in *Reproduktion des Menschen*, S. 174–200. Ullstein, Berlin 1981 (Band 5 der Schriften der Carl Friedrich von Siemens Stiftung).

3. ## Problemzentrierte Kurzbehandlung einer Depression
   Zuerst erschienen in *Familiendynamik*, Jahrgang 4, S. 148–157. Klett-Cotta, Stuttgart 1979.

4. ## Hypnotherapeutische Ansätze in der Familientherapie
   Zuerst erschienen in *Familiäre Wirklichkeiten – der Heidelberger Kongreß* (Hrsg.: H. Stierlin, F. B. Simon & G. Schmidt), S. 68–77. Klett-Cotta, Stuttgart 1987.

5. ## Kurzbehandlungen schizophrener Störungen
   Zuerst erschienen in *Psychotherapie und Sozialtherapie der Schizophrenie* (Hrsg.: H. Stierlin, L. C. Wynne & M. Wirsching), S. 247–261. Springer, Heidelberg 1985.

6. ## Imaginäre Kommunikation
   Zuerst erschienen in *Wie wirklich ist die Wirklichkeit?*, S. 205–219. Piper, München 1976.

7. ## Wirklichkeitsanpassung oder angepaßte »Wirklichkeit«?
   Vortrag, gehalten in der Carl Friedrich von Siemens Stiftung. Zuerst erschienen in *Einführung in den Konstruktivismus*, S. 69–83. Verlag Oldenbourg, München 1985 (Band 10 der Schriften der Carl Friedrich von Siemens Stiftung).

8. Lebensstile und »Wirklichkeit«

Zuerst erschienen in *Stil: Geschichten und Funktionen eines kulturwissenschaftlichen Diskurses* (Hrsg.: H. U. Gumbrecht & K. L. Pfeiffer), S. 673–681. Suhrkamp, Frankfurt a. M. 1986.

9. Management oder – Konstruktion von Wirklichkeiten

Zuerst erschienen in *Integriertes Management* (Hrsg.: G. J. B. Probst & H. Siegwart), S. 365–376. Verlag Paul Haupt, Bern 1985.

10. Münchhausens Zopf und Wittgensteins Leiter. Zum Problem der Rückbezüglichkeit

Vortrag, gehalten in der Carl Friedrich von Siemens Stiftung. Zuerst erschienen in *Der Mensch und seine Sprache*, S. 243–264. Propyläen, Berlin 1979 (Band 1 der Schriften der Carl Friedrich von Siemens Stiftung).

11. Bausteine ideologischer »Wirklichkeiten«

Zuerst erschienen in *Die erfundene Wirklichkeit*, S. 192–228. Piper, München 1981.

12. Ausblick in eine kommunikative Zukunft

Vortrag, gehalten am Prognos Forum 87 in Basel. Zuerst erschienen in *Erfolge mit Dienstleistungen – Initiativen für neue Märkte* (Hrsg.: H. Alfheldt). Horst Poller Verlag, Stuttgart 1988.

## SERIE PIPER

# Viktor E. Frankl

## Der leidende Mensch

Anthropologische Grundlagen der Psychotherapie
406 Seiten mit 6 Abbildungen. Serie Piper 1223

## Der Mensch vor der Frage nach dem Sinn

Eine Auswahl aus dem Gesamtwerk
Mit einem Vorwort von Konrad Lorenz.
292 Seiten. Serie Piper 289

Dieser Band bietet einen Querschnitt durch das gesamte
publizistische Schaffen des Autors auf dem Gebiet der Psychotherapie
und ihrer anthropologischen Grundlagen.

## Die Psychotherapie in der Praxis

307 Seiten. Serie Piper 475
»Die Stärke dieses Buches liegt in seiner Unvoreingenommenheit,
Lebensnähe und seinem Einfallsreichtum.«
Zentralblatt für die gesamte Neurologie und Psychiatrie

## Die Sinnfrage in der Psychotherapie

204 Seiten. Serie Piper 577
»Ich glaube, daß die Arbeiten von Frankl der wichtigste Beitrag
zur Psychotherapie seit Freud sind.«
Therapiewoche

## Der Wille zum Sinn

Ausgewählte Vorträge über Logotherapie
Mit einem Beitrag von Elisabeth Lukas.
335 Seiten. Serie Piper 1238

## Viktor E. Frankl / Franz Kreuzer
## Im Anfang war der Sinn

Von der Psychoanalyse zur Logotherapie. Ein Gespräch
168 Seiten. Serie Piper 520

# Veröffentlichungen der
# Carl Friedrich von Siemens Stiftung

### Die Herausforderung der Evolutionsbiologie
Herausgegeben von Heinrich Meier. Mit Beiträgen von R. D. Alexander, N. Bischof, R. Dawkins,
H. Kummer, R. D. Masters, E. Mayr, I. Prigogine und C. Vogel.
Mit 28 Abbildungen. SP 997.

### Die Zeit
Dauer und Augenblick. Mit Beiträgen von J. Aschoff, J. Assmann, J. P. Blaser, H. Cancik, G. Colpe,
M. Eigen, D. Epstein, O. J. Grüsser, P. Häberle, H. Heimann, E. Lüscher, E. Pöppel, F. Seibt, J. A. Wheeler.
Mit 51 Abbildungen. SP 1024.

»Die Zeit« als Dimension und die Frage »Was ist Zeit?« waren Thema der vielbeachteten inter-
disziplinären Vortragsreihe der Münchner Friedrich von Siemens Stiftung.

### Zur Diagnose der Moderne
Herausgegeben von Heinrich Meier. Mit Beiträgen von Daniel Bell, Joseph Cropsey, Hans-Martin Gauger,
Agnes Heller, Jean-François Lyotard, Kenneth Minogue und Winfried Schulze.
SP 1143.

### Die Welt der Stadt
Herausgegeben von Tilo Schabert. Mit Beiträgen von Manuel Castells, Nathan Glazer, Peter Hall,
Wolfgang J. Mommsen, Karl Riha, Joseph Rykwert, Tilo Schabert und Mattias Schreiber.
Mit 24 Abbildungen. SP 1317.

Themen u. a.: Vielfalt, Nonkonformismus und Kreativität – der Fall New York; Gibt es sie noch – die
Stadt?; Die Stadt als Zentrum bürgerlicher Kultur; Menschen in Massen; Für die Stadt – Argumente für
ihre Zukunft; Wie werden Städte regiert?; Die Stadt als Medium

### Einführung in den Konstruktivismus
Mit Beiträgen von Heinz von Foerster, Ernst von Glasersfeld, Peter M. Hejl, Siegfried J. Schmidt und
Paul Watzlawick. Mit 15 Abbildungen. SP 1165.

### Vom Urknall zum komplexen Universum
Die Kosmologie der Gegenwart. Herausgegeben von Gerhard Börner, Jürgen Ehlers und Heinrich Meier.
Mit Beiträgen von Immo Appenzeller, Gerhard Börner, Jürgen Ehlers, Sir Fred Hoyle,
Sir Martin Rees, Herwig Schopper, Engelbert L. Schücking und Dennis W. Sciama.
222 Seiten mit 26 Abbildungen. SP 1850.

PIPER

## Paul Watzlawick im Verlag Hans Huber

Giorgio Nardone, Paul Watzlawick
### *Irrwege und Umwege*
Zur Therapie versuchter Lösungen. 1994, etwa 160 Seiten, Abbildungen,
Tabellen, kartoniert etwa Fr. 28.50 / etwa DM 29.80 / etwa öS 233.–

Paul Watzlawick, Janet H. Beavin, Don D. Jackson
### *Menschliche Kommunikation*
Formen, Störungen, Paradoxien. Aus dem Amerikanischen übersetzt von
P. Watzlawick. (Wissenschaftliches Taschenbuch). 8. unveränderte Auflage
1990, 271 Seiten, kartoniert Fr. 25.70 / DM 26.80 / öS 209.–

Paul Watzlawick, John h. Weakland, Richard Fisch
### *Lösungen*
Zur Theorie und Praxis menschlichen Wandels. Mit einem Vorwort von
M.H. Erickson. (Wissenschaftliches Taschenbuch). 5. Auflage 1992,
198 Seiten, kartoniert Fr. 25.70 / DM 26.80 / öS 209.–

Paul Watzlawick
### *Die Möglichkeit des Andersseins*
Zur Technik der therapeutischen Kommunikation. (Wissenschaftliches
Taschenbuch) 4. Auflage 1991, 131 Seiten, 5 Abbildungen, kartoniert
Fr. 21.– / DM 22.– / öS 172.–

Paul Watzlawick, John J. Herr (Herausgeber)
### *Interaktion*
Kommentiert von Paul Watzlawick. 526 Seiten, 3 Abbildungen,
12 Tabellen, kartoniert Fr. 34.– / DM 38.– / öS 297.–

Verlag Hans Huber
Bern Göttingen Toronto Seattle